AF364107

Au Pays des Pyrénées

ÉMILE DAULLIA

Au Pays

des

Pyrénées

PARIS

CHARLES MENDEL, ÉDITEUR

118 ET 118 *bis*, RUE D'ASSAS

—

Tous droits réservés

Perdu à travers l'espace, absorbé dans la contemplation de la nature, l'œil de l'observateur se délecte, en voyage, à découvrir des spectacles, dont jamais il ne se lasse.

Comme en un vaste kaléïdoscope, les villes et les campagnes, les fleuves et les rivières, les lacs et les forêts, les vallons et les plaines, surgissent successivement; et ceux-ci, frappant l'imagination du voyageur, viennent se refléter dans son esprit. Les montagnes surtout, avec leurs aspects variés et pittoresques, ont le don, en vraies sirènes qu'elles sont, d'attirer et de fasciner le regard. Aussi le touriste va-t-il volontiers de l'une à l'autre, impatient de s'en approcher, curieux de les découvrir, empressé à faire leur connaissance, et d'avance assuré de prendre quelque plaisir à cette fréquentation.

C'est qu'en vérité, à la recherche des horizons nouveaux, à cette aspiration de l'infini, s'attache un charme enivrant, qui vous entraîne dans le champ des découvertes et vous ravit tout à la fois. A marcher ainsi à l'aventure, on va de surprise en surprise, on voudrait avoir des ailes... et toujours lancé plus avant, se laisser emporter dans le domaine du rêve et de la fantaisie! D'où, cette soif impérieuse de locomotion, qui sévit de nos jours, s'exerçant à tout âge et en toutes saisons, et qui fait que tout le monde veut être dans le mouvement. D'où aussi, l'attrait particulier qui découle des relations de voyage, ayant de plus en plus conquis la faveur du public.

S'agit-il de contrées inconnues? On a hâte d'aller au devant d'elles, et, par une description anticipée, d'en avoir quelque aperçu, de même que si l'on a déjà visité la région décrite, on est bien aise de comparer son propre jugement avec les impressions d'autrui. De toutes façons l'élan est donné, on s'agite et l'on part.

On est parti! Quel bonheur! Quel plaisir de voyager... Sans même quitter le coin de son feu, de faire du chemin, et de se laisser doucement aller, d'étape en étape, là où vous entraîne la folle du logis! Et puis, au retour, comme on est heureux d'évoquer ses souvenirs, de pouvoir se rappeler ce qu'on a vu, senti, admiré, et d'en faire part aux autres! Car un homme d'esprit l'a dit :

« Après le plaisir de préparer un voyage et de le
« faire, le plus grand est de le raconter, au risque de
« ne pas faire partager son plaisir par celui qui vous
« écoute ou qui vous lit. »

Remarque des plus judicieuses. Raconter son voyage,

n'est-ce pas en effet le faire une deuxième fois, en nouvelle compagnie et avec d'autant plus d'entrain, que l'entourage nous paraît plus sympathique? C'est ainsi que le narrateur éprouvera un réel intérêt à s'identifier en quelque sorte avec son auditoire, en cherchant à l'associer dans son récit, à ses joies, comme à ses déconvenues, à lui faire partager sa propre émotion, à éveiller enfin dans son esprit des impressions analogues à celles que lui-même aura ressenties.

Après la relation d'un voyage dans les *Alpes*, celle d'un voyage aux *Pyrénées* se déduit tout naturellement. Et, par le temps qui court, des *Alpes* aux *Pyrénées*, il n'y a qu'un pas, pour ainsi dire. Le franchir, n'est qu'un jeu, en somme. Dans tous les cas, rien de plus aisé que de l'essayer.

Si, pénétré de cette idée, ami lecteur, qui déjà avez bien voulu me suivre dans mes pérégrinations autour du *Mont-Blanc*[1], vous consentez une fois de plus à vous attacher à mes pas, laissez-moi vous guider, vers ces contrées bénies du soleil, qu'on rencontre au *Pays des Pyrénées*.

En marchant ensemble, à petites journées, nous ferons durer le plaisir, sans risquer de nous fatiguer. Du moins, c'est là mon rêve! Et que ce soit aussi mon excuse, si malgré tout nous n'y avons pas réussi.

ÉMILE DAULLIA.

---

1. *Le Tour du Mont-Blanc*, par Émile Daullia. *Alpes et Pyrénées* (t. I) (Ch. Mendel, éditeur à Paris, 118, rue d'Assas). — Prix : 7 fr. 50.

AU PAYS DES PYRÉNÉES

CHAPITRE I

Parmi les contrées de la France les plus parcourues, la région des *Pyrénées* est sans contredit l'une des plus belles et des plus universellement admirées. Ces *Filles du feu*, comme on les a appelées, ont tour à tour excité la verve des littérateurs et les accents lyriques des poètes, qui les ont décrites et chantées sur tous les tons.

Aussi le monde des voyageurs, des savants et des artistes, séduit par la célébrité de leur réputation, s'est-il porté en foule vers elles, déterminant le grand courant de tourisme, de jour en jour plus développé.

Pas plus qu'un autre, je n'avais échappé à cette sorte d'attrait irrésistible, qui s'empare des esprits aventureux, épris des merveilleux spectacles de la nature. Après avoir été à même de contempler de près la grandiose ampleur des *Alpes* et leur majestueuse sévérité, j'avais le plus vif désir de m'initier à la grâce souveraine des *Pyrénées*, et de rendre aux contrées bénies du soleil le tribut d'admiration qui leur est dû. Depuis longtemps déjà je l'avais caressé, ce projet de voyage, m'en promettant d'avance monts et merveilles. Mais jusqu'alors je n'avais pu y donner suite, tant il est vrai qu'entre la coupe et les lèvres il y a loin, souvent! Il vint un jour cependant où, mes vœux étant exaucés, il me fut enfin loisible de mettre à exécution l'itinéraire que je m'étais plu à préparer. Sans perdre une minute, je m'empressai de boucler ma valise, de faire mes derniers préparatifs, et d'arrondir l'intérieur de mon porte-monnaie. Une circonstance fortuite me tenait cependant encore en suspens, l'état de ma santé, qui n'était pas aussi bon que je l'eusse désiré. Toutefois, je ne m'y arrêtai pas, tant j'avais hâte de profiter d'une occasion, impatiemment attendue, et qu'en laissant échapper, je craignais de ne pouvoir de sitôt retrouver. J'espérais du reste que le changement d'air et les distractions, inhérentes au voyage, auraient par leur heureuse influence facilement raison de mon indisposition. Tout bien considéré, étant résolu à me mettre en route, je fixai le jour du départ.

On était au milieu du mois de juillet, six heures sonnaient ce matin-là à l'horloge de la ville. Un commissionnaire était venu, quelques minutes auparavant, prendre mes bagages et les transporter à la gare, distante à cinq minutes de mon habitation. Je sortis à pied, après avoir fait mes adieux à mon entourage, et de peur de manquer le train je dus me hâter.

Levé depuis longtemps, le soleil, vif et clair, dardait ses rayons obliques sur la campagne environnante, qu'une pluie abondante avait rafraîchie pendant la nuit. Cependant, malgré l'heure matinale, le temps me parut un peu lourd. Çà et là, de gros nuages marbraient l'azur du ciel, faisant présager de nouvelles averses pour la journée.

A l'heure réglementaire le train vint en gare et s'y arrêta. Je montai dans un compartiment qui était vide, puis me laissai entraîner à toute vapeur dans la direction de *Lyon*. A la station de *Perrache*, je descendis, ayant quelques emplettes à faire en ville. Je m'empressai d'abord, au sortir de la gare, de déposer à la consigne mes nombreux colis à la main ; puis, délivré de ces *impedimenta*, je m'occupai de mes commissions. M'étant chargé au départ

d'un appareil photographique, dont je comptais largement
me servir pendant le voyage, je dus me rendre chez un
fournisseur, pour lui faire une commande de plaques, et
le prier de me les expédier à *Bagnères-de-Luchon*. J'allai
ensuite déjeuner, et, à l'issue du repas, un orage ayant
soudain éclaté, je fus obligé de prendre une voiture pour
me ramener à la gare.

Au moment de retirer mes bagages de la consigne, je
commençai par éprouver une vive contrariété. On avait
omis d'enregistrer mon appareil photographique sur le
bulletin qui m'avait été remis. Or, m'étant aperçu de ce
lapsus, je crus devoir le faire remarquer à l'employé, qui
me répondit qu'en aucun cas la Compagnie du P.-L.-M. ne
saurait être responsable de l'absence du colis. Si cet appareil n'avait pas été mentionné sur le bulletin, ajouta-t-il
avec aplomb, c'était qu'on ne l'avait pas présenté au dépôt !
Nullement convaincu, je protestai de mon mieux pour la
forme, mais au fond, j'étais très inquiet, finissant par
croire que j'avais pu laisser par mégarde mon sac dans le
wagon précédemment occupé. Plein d'anxiété, j'attendis
donc, quelques minutes durant, l'arrivée du monte-charge,
et j'eus un véritable soulagement en voyant enfin réappa-
raître le précieux auxiliaire, qui fort heureusement n'avait
pas été égaré. Ce fut avec la plus grande satisfaction que
j'en repris possession ; puis, ayant réuni tous mes colis à
la main, je montai dans le train se dirigeant sur *Arles*.
Cette fois encore, le compartiment dans lequel j'étais entré
se trouvait inoccupé ! Je ne le regrettai pas d'ailleurs, me
disant qu'à défaut de compagnons de voyage, je ne man-
·querais pas de sujets d'observation au dehors, en étudiant
le parcours tout à loisir.

En attendant, je m'installai commodément dans un coin,
et m'épongeai le front, couvert de sueur, en subissant la
pénible influence du temps orageux qu'il faisait. Une chaleur, moîte, accablante, s'était emparée de moi, provoquant dans tout mon être une véritable prostration. Et peu

à peu, je me laissai malgré moi envahir par une certaine mélancolie, dont souvent on a peine à se défendre en partant. Il est vrai que, si parfois les nuées grises engendrent des idées grises, il suffit d'un rayon de soleil pour tout dissiper. Pour le moment, celui-ci étant éclipsé, l'orage sévissait dans toute son intensité, répandant sur le vitrage du hall des torrents d'eau, au milieu des éclairs et du fracas de la foudre. Mais l'heure du départ étant arrivée, au signal donné, le train s'ébranla, et lentement les voitures glissèrent sur les rails. Le sort en était jeté, j'étais bien désormais en route pour le *Midi!* N'ayant au demeurant rien de mieux à faire, je m'appliquai dès lors à tout observer des particularités du trajet ; et en voici la relation fidèle d'après mes souvenirs.

Au sortir de la gare de *Lyon-Perrache,* nous traversons le *Rhône,* dont en été le cours précipité est grossi et troublé par la fonte des neiges. Après un faubourg, nous longeons des terrains vagues jusqu'à la station de *Chasse,* où le train effectue son premier arrêt. Jusque-là, rien de remarquable. Après *Vienne,* nous côtoyons la rive gauche du *Rhône,* dans une riche vallée superbement verdoyante. Aux environs d'*Ampuis,* tout le long de la rive, ce sont des vergers splendides, étalant au grand jour leurs magnificences. Le regard enchanté se promène dans une véritable dépendance de la *Terre de Chanaan!* Il admire des arbres dorés, tout jaunes d'abricots, ou violets de prunes, dont les branches, surchargées de fruits, s'inclinent délicieusement jusqu'au sol, attendant leur délivrance ! A cette vue, les accents lyriques reprennent chez moi le dessus, chassant au loin l'escouade des papillons noirs, emportée sur les ailes des zéphyrs ! Car la sérénité est revenue dans le ciel. L'orage s'est calmé, et de nouveau le soleil a lui, irradiant de gais rayons à travers l'empyrée!

Lancée à toute vapeur, notre locomotive dévore l'espace ; mais avant *Tain,* voilà que, ralentissant soudain sa marche, elle ne s'avance plus qu'avec une extrême lenteur. Qu'y a-t-il ? On se le demande. Tout le monde de se précipiter aux portières ; moi de même, et que vois-je ?

Nous sommes à l'entrée d'un tunnel, dont l'orifice béant apparaît lumineux. Il semble qu'il en jaillisse des flammes, et, comme dans un *cercle du Dante*, nous nous engouffrons dans ce nouvel *Enfer !* Au fur et à mesure que s'avance, à pas comptés, la longue théorie des wagons, nous nous rapprochons du centre du foyer, et bientôt même nous le traversons ! Qu'on se rassure. Le passage n'est effrayant qu'en apparence, et nullement dangereux. Le souterrain a été simplement éclairé par des torches, que nous apercevons, tout allumées, gisant sur le ballast, au milieu de manœuvres, dont en passant nous venons d'interrompre le difficile travail de réfection de la voie.

A *Tain-Tournon*, les côteaux rocheux se redressent de chaque côté de la vallée. Les fameux vignobles de l'*Hermitage*, reconstitués et restaurés, s'échelonnent en terrasses verdoyantes, attirant le regard par leurs affiches-réclames peintes en blanc. Oh ! cette publicité éhontée ! Qui nous délivrera de cette lèpre envahissante ? Aujourd'hui, avec les nécessités du commerce et de l'industrie, le progrès nouveau-jeu a tué la poésie des champs. Quelle misère ! De nos jours, les voies ferrées, les routes, les terres, les arbres, les rochers eux-mêmes, sont flanqués de poteaux, sillonnés de réseaux de fils de fer et de cuivre, barrés de placards, d'écriteaux, d'affiches, qui, impudemment étalés au nez des passants, hurlent avec leur entourage, masquant la vue, détruisant l'harmonie de la nature. Impossible désormais de faire deux pas dans la campagne, sans rencontrer ces horreurs et en être obsédé ! Veut-on prendre un croquis, photographier un site ? On ne voit plus qu'elles au premier plan ! Ah ! c'est cela qui donne une riche idée des merveilles de la civilisation !

Un peu avant d'atteindre *Valence*, un pont de pierre se présente, et nous traversons l'*Isère*, aux eaux courantes et grises, descendues des glaciers de la *Maurienne* et de la *Tarentaise*. Dans le fond se dressent, au levant, les crêtes dentelées d'une chaîne de montagnes ; c'est le massif de *Pont-en-Royan*. En face de *Valence*, sur la rive droite du *Rhône*, apparaît , mélancolique, un roc à pic, surmonté d'une ruine à jour, qu'on appelle le *Château de Crussol*. Toute cette côte se montre nue et stérile ; mais en bas, dans la plaine. l'œil admire de belles moissons dorées. et le contraste est frappant. Rien cependant dans la végétation n'annonce encore de changement de climat ; à peine l'azur du ciel est-il plus coloré. A voir toutefois la blanche poussière des routes. on a comme le pressentiment de l'approche de la Provence.

Après avoir dépassé *Livron*, nous abordons un nouveau pont de pierre, jeté sur le lit d'une nouvelle rivière, la *Drôme*, qui en cette saison coule presque à sec. Plus loin, se montre un village, pittoresquement bâti en amphithéâtre, sur un monticule gris, tandis que dans les champs les mûriers alternent avec les céréales. A *Montélimar*, cinq minutes d'arrêt. Il fait de plus en plus chaud, et l'aspect de la campagne se modifie d'une façon plus caractéristique. Le soleil resplendit radieusement dans un ciel aux teintes fortement azurées. Les terres apparaissent sèches et grillées. les routes semblent enfarinées ! Beaucoup de mûriers. quelques haies d'ifs et de cyprès, rompant la monotonie de la plaine. mais pas encore d'oliviers. Bientôt se montre la silhouette fuyante d'un vieux castel, à tours carrées et crénelées ; puis c'est le lit d'un torrent qui disparaît sous une folle végétation, sans la moindre trace d'eau, malgré l'inévitable pont de pierre. Enfin, dans une brume lointaine surgissent à l'horizon d'élégantes cimes, dorées par les rayons du soleil couchant.

Entre les stations de *Châteauneuf* et *Donzère*, la voie s'ouvre un passage à travers un défilé de crêtes blanches, verticales et menaçantes, sortes de dolomites en miniature. Toute la région est accidentée, dénudée, à la fois sauvage . et pittoresque. L'œil admire au passage des bourgs, aux enceintes crénelées, des pans de murs garnis de lierres, des tours en ruines sur des collines rocheuses, et des brebis vagabondes folâtrant çà et là pour l'agrément du paysage.

A *Pierrelatte*, j'entends pour la première fois le cri strident des cigales, bruit monotone et mélancolique. Sur une éminence se détache en belle vue le village de *Saint-Paul-Trois-Châteaux* que surmonte la pointe effilée d'un clocher. On dirait de loin quelque gigantesque château fort du moyen âge. A *Bollène-la-Croisière*, à *Mondragon*, de belles ruines apparaissent en haut d'escarpements. Puis se présente une nouvelle région alpestre, avec roches surplombantes, broussailles maigres et pins rabougris, auxquels succèdent en pleins champs les oliviers et les figuiers. C'est le *Midi* qui commence.

Orange. Doux nom à prononcer, mais de la station vue insignifiante. Je ne puis découvrir, ni le *Théâtre Antique*, ni l'*Arc de Triomphe*. Au loin, s'étend la plaine, infinie, laissant errer le regard et se perdre, jusqu'à une cime, pelée et pointue, celle du *mont Ventoux*, à qui son observatoire a créé une notoriété. A *Bédarrides*, je jouis d'une belle échappée de vue sur les montagnes, de la surprise d'une vieille église, et de l'agrément d'une petite rivière, l'*Ouvèze*, où il y a de l'eau qui chante. De toutes parts, dans la campagne, des quinconces d'oliviers s'alignent avec symétrie, étalant la nappe de leur feuillage grêle, à la teinte vert-degrisée, que soutiennent des branches aux inflexions tourmentées.

Aux environs de *Sorgues*, c'est une oasis de verdure, qui repose la vue. Les avenues de peupliers, de platanes, ainsi que les bordures de cyprès se succèdent autour des habitations. Et bientôt après le train fait son entrée dans la gare d'*Avignon*, où il s'arrête, et où descendent de nombreux voyageurs. La chaleur ici est accablante, et sous l'immense hall vitré, où nous stationnons, il n'y a pas le moindre souffle d'air. C'est une véritable fournaise que l'on respire et qui ne laisse pas de m'incommoder. Non sans appréhension, je me demande ce que je vais devenir, à *Arles*, à *Cette*, à *Toulouse*, dans les *Pyrénées*, si la température est toujours aussi élevée. Au sortir de la gare, j'ai une superbe vision de la belle cité, enguirlandée de sa ceinture de remparts, et dominée par l'imposante masse du *Palais des Papes*, que vient auréoler l'incandescence du soleil couchant. Mais le train file, et à peine entrevue, la vision disparaît.

En passant à *Tarascon*, immortalisé par *Daudet*, la silhouette de l'ancien château du *roi René*, d'allure féodale, et la flèche élancée d'un clocher frappent ma vue. Une demi-heure plus tard, après la traversée de l'interminable plaine de la *Camargue*, que des troupeaux errants sillonnent çà et là, nous arrivons enfin à la station d'*Arles*, terme de ma première étape.

Je m'empresse d'y descendre, car c'est à *Arles* que j'ai résolu de passer la nuit, et de consacrer à sa visite une partie de la journée du lendemain. J'aurais pu sans doute aller coucher le soir même à *Cette*, et en repartir plus tôt pour arriver aux *Pyrénées*, but principal du voyage. Mais alors il m'aurait fallu brûler ces villes du *Midi*, si intéressantes par elles-mêmes, et qui m'étaient inconnues. Je n'y songeai pas un seul instant. Et puis, n'en déplaise aux impatients, qu'on veuille bien ne pas l'oublier, je ne marche qu'à petites journées, afin de mieux voir et de moins me fatiguer.

L'ancienne capitale du *Royaume de Provence*, la *Rome des Gaules*, renferme des antiquités et des monuments qui ont fait et font encore de nos jours la joie des archéologues et des artistes. On a pu dire sous ce rapport qu'*Arles* est à la France ce que *Pompéi* est à l'Italie; avec cette différence toutefois, que, si la proie du *Vésuve* n'est plus aujourd'hui qu'une vaste nécropole, la vieille cité gauloise est encore vivante.

Au sortir de la gare, pour entrer en ville, nous suivons

un chemin poudreux, dans une avenue qui traverse un jardin public ; nous franchissons un ancien pont-levis, au-dessus de fossés pleins d'eau, entre deux tours dont l'arcade a été démolie, et par un dédale de rues, tortueuses, noirâtres, atrocement pavées en cailloux pointus, nous pénétrons au cœur de la cité. Après mille tours et détours et des cahots sans nombre, l'omnibus dans lequel je suis monté s'engage dans une petite place, ombragée de platanes, puis s'arrête à la porte d'un hôtel.

Nous sommes sur la *place du Forum*, et nous avons devant nous l'*Hôtel du Nord*, qui est adossé au *Capitole romain*, sur l'emplacement de l'ancien palais des *Thermes*, dont deux colonnes subsistent, encastrées dans sa façade. A mon arrivée, un hôte obligeant, plein de prévenance, me fit un accueil empressé, et après m'avoir donné une chambre, m'invita à passer à la salle à manger. Malheureusement l'heure était indue, depuis longtemps la table d'hôte était finie, et je ne trouvai à me mettre sous la dent qu'un méchant souper froid, peu fait pour me réconforter. Peut-être aussi, convient-il d'ajouter, la fatigue du voyage et la chaleur combinées m'avaient-elles coupé l'appétit ? Toujours est-il que, n'ayant pu faire honneur aux mets, je cherchai à me rattraper au dessert, en faisant main basse sur une affriolante assiette de figues fraîches (j'avoue que j'ai un faible pour les figues fraîches). Je fis donc assez imprudemment une petite débauche de ces fruits savoureux et rafraîchissants, mais laxatifs. J'allai ensuite me promener sur la place, dans l'espoir de respirer le frais sous les arbres du *Forum*. Mais là, ayant constaté avec regret qu'il n'y avait pas le moindre zéphyr, me sentant du reste rompu de fatigue, je me décidai à rentrer au logis, afin de m'y reposer. De cette nuit j'ai gardé un assez piètre souvenir, qu'on en juge !

La chambre, qui m'avait été assignée, était située au deuxième étage ; elle était spacieuse et prenait jour sur la place, avec deux fenêtres de façade. M'étant déshabillé, je

m'empressai de me coucher ; puis une fois la lumière
éteinte, j'attendis qu'un bienfaisant sommeil, réparateur
des fatigues de la journée, vint s'emparer de moi. Mais ce
fut en vain. Une irritante mélopée se mit à bruire à mes
oreilles, c'était la ritournelle connue de la valse des mous-
tiques qui entrent en danse, et bientôt ces odieux mouche-
rons s'acharnèrent sur ma peau, offerte à leurs appétits
sanguinaires ! Aiguillonné, je m'agitai, et dès lors je fus
au supplice. Du reste, la scène était éclairée *à giorno !*
Une lune, éclatante et indiscrète, était venue jusque dans
ma chambre tracer, à travers les rideaux des fenêtres,
des arabesques bizarres sur les murs ! Je voyais cela d'un
œil ; car de l'autre, je m'obstinais à vouloir dormir...

Vers quatre heures, au tout petit jour, était-ce la lune ou
le jour, je ne savais trop, mais quoi qu'il en fût, le pale-
frenier de l'hôtel commença son service journalier. Très
distinctement, j'entendis le piaffement des chevaux, qui
s'ébrouaient et exécutaient un pas redoublé sur le pavé
retentissant de la chaussée ! À cinq heures, même concert,
à six, la séance continua, sans autres variations que des
bruits d'allées et venues, des clameurs, mêlées à des bêle-
ments d'agneaux ! Ah ! La jolie musique, et quelle charmante pastorale !

Je me levai, agacé, après cette nuit trop blanche, pendant laquelle Morphée m'avait tenu rigueur. Mais voilà
que tout d'un coup je songeai qu'ayant laissé à la consigne
ma malle, celle-ci renfermait le pied de mon appareil,
sans lequel je ne pouvais photographier quoi que ce soit !
Je n'avais d'autre ressource que d'aller bien vite le chercher à la gare, et justement l'omnibus qui stationnait en
bas allait partir. Je m'habillai au galop et descendis les
escaliers quatre à quatre pour m'élancer dans la voiture.
Mais, arrivé à la station, nouvelle déception ! Cette fois,
c'étaient mes clefs oubliées à l'hôtel ! Bon Dieu ! me dis-je,
où donc ai-je la tête, ce matin ? De plus en plus agacé, je
me hâtai d'expédier un commissionnaire, place du *Forum*,

avec ordre de bouleverser ma chambre et de me rapporter mes clefs. Et pendant ce temps-là, j'en étais tristement réduit à me ronger les pouces.

Ayant ainsi perdu un temps précieux, par suite de ces bévues, je pus enfin commencer mes courses photographiques. Mon premier soin fut de chercher un *cicerone* pour me guider à travers le dédale des rues, et porter mon sac, lourd et encombrant. Puis, ce factotum découvert, je m'attachai à ses pas, m'en rapportant à lui.

Avant tout, quelques mots d'explication.

Qu'on ne s'attende pas à trouver ici la monographie de la ville d'*Arles*. Je n'ai nullement la prétention de l'écrire, pas plus du reste que celle de toutes les villes que j'ai traversées. Ces descriptions se trouvent détaillées dans tous les guides spéciaux, auxquels je prie le lecteur de vouloir bien se reporter. Narrer simplement ce que j'ai vu, ce qui m'a frappé, relater mes impressions, souvent trop hâtives, mais sincères et fidèlement observées, tel est mon objectif ; de même qu'intéresser, telle est ma seule ambition.

Parti sur les traces de mon conducteur, espèce de lazarone, d'aspect famélique, qui d'un pas nonchalant s'enva, rasant les murs à l'ombre, je débouche sur une place carrée de belle apparence. C'est la *place de la République*, bordée d'un côté par le monument de l'*Hôtel de ville*, et de l'autre par l'*Église de Saint-Trophime*. En son milieu, au-dessus d'un bassin circulaire, se dresse inopinément un *Obélisque*, à la taille élancée. J'ignore s'il vient de *Louqsor*, comme son frère de la *place de la Concorde*, mais je constate qu'il récèle dans ses flancs une source, qui découle parcimonieusement de gueules, à têtes de lions, ornant le soubassement. Ce sont également des lions qui, accroupis au quatre angles de la pyramide, semblent supporter sans trop de peine, sur leur échine, le poids du monument et vouloir défier l'action du temps.

Le **Campanile** de l'*Hôtel de ville* s'élève en face de

l'*Obélisque*. Il est caractérisé par une élégante tour carrée,
que surmonte une tour ronde, ajourée par huit baies, ouvertes en plein cintre, et que vient terminer une coupole,
flanquée à son faîte d'un porte-étendard de crâne allure.

A côté, noyé dans l'ombre matinale, s'efface mystérieuse-
ment le porche de l'église de *Saint-Trophime*, vraie
merveille d'architecture, à colonnettes et bas-reliefs finement ciselés. Pour le moment, cette place, qui ne manque
pas de distinction, est encombrée d'agneaux bêlants et me
paraît livrée aux *Philistins*! C'est aujourd'hui samedi,
jour de marché à *Arles*, qu'on ne l'oublie pas.

Nous étant difficilement frayé un passage à travers cette
foule bruyante, nous réussissons à gagner une ruelle
donnant accès dans l'intérieur du *Cloître de Saint-Trophime*. Dès l'entrée, on sent qu'on pénètre dans un lieu
plein de recueillement, et l'on subit l'influence de ce
milieu austère. Un silence de tombe et une fraîcheur délicieuse y règnent.

Encastré entre de véritables murs de forteresse, apparaît
le préau, d'aspect monastique, et dont le pourtour est à
quatre galeries, ornées de piliers à doubles colonnettes,
délicatement ouvragées en pierre et marbre. Les voûtes
affectent, les unes, le style roman, et les autres, le style
gothique, avec arcades en plein cintre et arcades en ogive.
Au centre de la cour carrée, une herbe, grise et pous-
siéreuse, s'obstine à vouloir pousser, semant, au milieu de
cette solitude, un peu de gaieté. Très intéressant au point
de vue archéologique et sculptural, cet intérieur rappelle
celui du cloître de l'ancienne *Abbaye de Charlieu*. Une
façade date du XI⁰ siècle, m'explique avec vénération le
gardien, tandis que les autres sont du XVᵉ et du XVIᵉ siècles.
En vrai cicérone, ce préposé du lieu, tout à la fois charmé
de recevoir une visite et désireux de débiter son boniment,
s'apprête à me faire l'historique du monument. Le voilà
donc, pour me donner un échantillon de son érudition,
entreprenant en conscience la description de tous les bas-

reliefs, malheureusement aux trois quarts mutilés. Moi, je ne l'écoute que d'une oreille distraite. Car, pour le moment, ce qui me préoccupe, ce que je recherche, ce n'est pas précisément un cours d'archéologie, mais plutôt une place favorable pour dresser mon appareil et prendre une photographie. La chose n'est pas aisée, faute du recul nécessaire ; car je voudrais pouvoir embrasser dans le même champ, l'intérieur du cloître et le clocher massif qui domine les galeries. J'y parviens non sans peine, et, séduit par l'aspect décoratif que présente une voûte aux arceaux gothiques, dont les nervures sont harmonieusement enchevêtrées et les piliers, éclairés par reflets, offrent des détails intéressants, j'en fais l'objet d'un second cliché. Enfin, pour animer la scène, j'ai invité le gardien et le guide à servir de comparses, assis aux pieds de l'autel de la vierge. La pose terminée, je les remerciai, pliai bagage, et sortis, emportant du *Cloître de Saint-Trophime* de précieux souvenirs.

Nous nous rendîmes ensuite au *Théâtre Romain*, ou du moins à l'emplacement de ce qui fut jadis cela. Il n'en reste debout, au milieu d'un chaos de pierres ruinées, que deux colonnes, avec leurs chapiteaux sculptés, et deux socles à côté. On peut voir encore et reconnaître, par endroits, les gradins de pierre en hémicycle, ainsi que divers dégagements aux proportions gigantesques. Mais que tout cet ensemble me parut donc délabré et misérablement effondré ! Tandis que j'errais à travers ces décombres, le concierge, chargé de piloter et d'instruire les rares visiteurs, m'avait aperçu. Étant venu à ma rencontre, il me fit aussitôt remarquer combien avait dû être magnifique cet antique monument, orné jadis de ses cinquante colonnes, semblables aux deux spécimens qui seuls ont résisté aux injures du temps. Je le crus sur parole.

A côté de ce *Théâtre*, dont la construction date du temps des Romains, et parmi les décombres duquel fut découverte en 1651 la fameuse *Vénus d'Arles*, transférée au

Louvre, se trouve une haute tour carrée, également en ruines, et qui, elle, date du moyen âge. En présence de ces vestiges du passé, appartenant à des époques si différentes, et subsistant côte à côte, que de réflexions viennent à l'esprit ! Et si elles pouvaient parler, ces pierres, que de choses ne se diraient-elles pas ! que d'événements n'évoqueraient-elles pas, depuis longtemps tombés dans le domaine de l'oubli ! Encore aujourd'hui, bien que muettes, elles ont leur éloquence, en frappant l'imagination du passant et en l'obligeant à se reporter à plusieurs siècles en arrière.

C'est ainsi que, pour avoir leur image et mieux la graver dans mon esprit, j'en prends la photographie.

A cette intention, je m'installe sur un des gradins supérieurs du *Théâtre*, en plein soleil, et, par une chaleur tropicale, je braque mon appareil sur les rares débris, au-dessus desquels se détachent harmonieusement les fines silhouettes du clocher de *Saint-Trophime* et du beffroi de l'*Hôtel de ville*. Juste à point nommé, vient à passer, en soutane noire, chapeau rond et longue barbe blanche, un père Chartreux, que je prie de vouloir bien s'arrêter quelques secondes. Il daigne se prêter à ma fantaisie, et me laisser à l'improviste un vivant souvenir de sa personne, que sans doute je ne reverrai plus. Un sourire, un salut, et c'est tout ! Il passe, il a passé, et moi-même j'ai hâte de fuir ce Sahara, où littéralement l'on grille. Il règne en cet endroit, à cette heure, de 50 à 60° de chaleur, et je fonds en eau par tous les pores de ma peau !

Après le *Théâtre*, c'est le tour des *Arènes*.

L'*Amphithéâtre*, comme on l'appelle, date également du temps des Romains ; mais, construit plus solidement, il est mieux conservé.

Tel qu'il se présente, cet édifice, à trois étages d'arcades en plein cintre superposées, dresse encore fièrement sa façade orbiculaire, surmontée aux quatre points cardinaux de tours carrées. L'ensemble est imposant, d'une

courbe gracieuse, qui, par ses perspectives fuyantes, atté-
nue la masse colossale du monument. Mais la vue de
l'extérieur offre avec celle de l'intérieur un singulier contraste. Au dehors, tout est noir, sombre, menaçant ; au
dedans, tout se montre d'une blancheur éblouissante ! C'est
que, tombant de vétusté, l'édifice ayant nécessité de
notables réparations, a produit cet assemblage disparate
de matériaux neufs mêlés aux anciens. Et voilà que ces
arcades, ces galeries, ces gradins, ces tours, en pierre de
taille rapportée, jurent maintenant par leur teinte trop
crue et leur grain trop fin, avec les tons bronzés des murs
antiques. Rien de laid, à mon sens, comme ces ruines à
demi restaurées. Elles me font l'effet de ces vieilles
coquettes, qui, pour se rajeunir, croient faire merveille en
faisant peau neuve, et qui, ne paraissant, ni vieilles, ni
jeunes, ne font illusion à personne, pas mêmes à elles !
Est-ce pourtant à dire que l'*Amphithéâtre d'Arles* constitue de nos jours un véritable anachronisme ? Non, pas
précisément. Car là, comme à *Nîmes* et dans plusieurs
autres villes du *Midi*, les arènes ne sont pas de simples
motifs de curiosité archéologique. Elles servent encore à
des représentations populaires, elles servent surtout aux
courses de taureaux, qui s'y donnent certains dimanches
et jours de fêtes. S'il ne s'agissait encore que de simples
courses à la Provençale, il n'y aurait rien à dire ; mais
les *corridas à muerte* elles-mêmes y font fureur, à tel
point qu'elles s'exercent, *coram populo, per fas* et *ne
fas*, au nez de l'autorité, impuissante à les empêcher. Tant
et si bien, que l'on se demande si, sous ce ciel embrasé
de la *Provence*, les Méridionaux ne voient pas rouge, à
force de se repaître de la vue du sang ! Oui, il en est, et
combien, qui trouvent cela tout naturel ! Ah ! quelle honte !
Dire que nous sommes à l'aurore du XXe siècle, et que
nous émettons la prétention d'être à la tête des nations
civilisées ! En réalité, nul animal n'est plus féroce que
l'homme. La bête, saigne, égorge, tue, par nécessité, pour

vivre; l'homme, lui, le fait souvent pour rien, pour s'amuser! Et voilà le triomphe de l'intelligence sur l'instinct, ce qui distingue l'humanité de l'animalité!

Telles sont les réflexions qui ne manquent jamais de me venir à l'esprit, chaque fois que je suis en présence de ces abominables arènes, où trop souvent le sang coule à flots, où des chevaux pantelants exhalent leur dernière plainte avec leur dernier soupir, où le spectacle odieux de la souffrance s'allie avec celui de la mort!...

A *Arles*, sans doute pour que la fête soit plus complète, on la donne de nuit, et c'est ainsi que l'*Amphithéâtre* est disposé pour être éclairé au gaz! Les spectateurs, de cette façon, sont alors sûrs de ne pas attraper de coups... de soleil. Oui, mais moi, j'en ai malheureusement gobé un, en circulant sur ces gradins surchauffés, et en y stationnant trop longtemps avec mon appareil.

Chancelant et le corps en ébullition, je quitte ces lieux maudits, suivi de mon guide, aux allures de plus en plus languissantes. Le hasard de la marche nous ramène en face de l'*Hôtel de ville*, sur cette *place de la République*, que les agneaux bêlants ont enfin désertée. J'en profite aussitôt pour dresser ma chambre noire, vis-à-vis de la *fontaine de l'Obélisque*, et le porche de *Saint-Trophime*, aux trois quarts dans l'ombre. Et alors, je suis assailli par une nuée de gamins, qui viennent effrontément se camper devant mon objectif, auquel ils font des pieds de nez! je les envoie s'asseoir sur le rebord du bassin, en leur promettant, s'ils sont sages, une épreuve aux prunes prochaines, et crac! je presse la poire! L'instantané est pris, les gamins, eux, sont surpris, et me demandent si c'est réussi! Assurément, leur dis-je, et je me sauve!

Il est midi, la chaleur est atroce; je prends congé du factotum, qui n'est pas fâché de délivrer ses épaules de mon sac, puis je reviens *place du Forum*. D'ailleurs, je n'ai pas une minute à perdre, ayant décidé d'aller coucher à *Cette* le soir même; c'est même tout au plus si j'aurai le temps de déjeuner, régler l'addition et gagner la station.

Arrivé en nage à l'hôtel, je m'empresse donc de passer à la salle à manger, ayant plus soif que faim. Mais je suis en si mauvaise disposition, que le déjeuner, qui m'est offert, me paraît non moins médiocre que le souper de la veille. Je trouve ces mets du Midi étranges, et par trop épicés. Mon gosier altéré ne peut s'y faire, et je me sens dévoré par une soif inextinguible. Dégoûté de tout, je suis heureux de retrouver au dessert mon fruit favori, les figues fraîches ! Par exemple, je les trouve délicieuses, elles; aussi je m'en régale.

Après avoir réuni mes colis, fait mes adieux au maître de céans, je monte dans l'omnibus, où une seule place est vacante. Toutes les autres sont occupées par des indigènes et des Arlésiennes, les unes jeunes, les autres vieilles, qui étalent au grand jour leur piquant minois.

Combien de fois n'a-t-il pas été décrit ce type fameux, semi-grec et semi-sarrasin, qui a inspiré tant de poètes, de littérateurs et de musiciens ?

Grande ou petite, mince ou forte, l'*Arlésienne* se distingue par un teint mat et des traits fins, assez réguliers, qu'animent des yeux noirs, veloutés, pleins de feu, ou bleus, fendus en amandes et frangés de longs cils. Le nez, légèrement aquilin, est mince et pointu; la bouche, petite, aux lèvres purpurines, sourit volontiers, parfois malicieusement. La chevelure d'ébène, à elle seule, mériterait une mention, par la façon vraiment distinguée avec laquelle elle est portée. Les oreilles, aux lobes délicats, à la conque dégagée, accompagnent en le complétant l'ovale d'une figure, quelquefois trop émaciée. La coiffure, composée de deux bandeaux redressés sur le front et séparés par la raie du milieu, se termine par un chignon en pointe, tordu au sommet de la tête. Ce chignon est lui-même inséré dans une étoffe légère, gaze, tulle ou mousseline, autour de laquelle est fixé un ruban de velours, le plus souvent noir.

Le cou est fin, la nuque frisottante, et la gorge légèrement à découvert.

Le tenue ordinaire se compose, outre ce genre de coiffure, d'un corsage, dit *en chapelle*, sorte de veste tenant
à la taille, et se continue par un jupon noir, quelquefois
aussi de couleur. Sur les épaules se place un fichu blanc,
croisé par devant et tombant en pointe au bas du dos.
Enfin, un court tablier complète ce costume, qui a
quelque chose de coquet et de monacal tout à la fois.
Ajoutez à cela que l'*Arlésienne* a naturellement la
démarche fière, et qu'avec ses mains finement gantées,
ses bijoux et son ombrelle, elle se présente avec un port
de reine. D'allure aussi distinguée, comment ne pas être
remarquée ? Et de fait, elle l'est, et y réussit sans peine.
Mais, chose regrettable, le type pur se fait rare, même à
Arles, où il ne court guère les rues ; et quant au costume,
lui-même tend à disparaître ! Ainsi s'en vont peu à peu
nos vieilles traditions gauloises !

A *Gênes*, à *Bologne*, à *Milan*, il y a le *Campo Santo*,
que ne manque pas de visiter tout étranger nouvellement
débarqué. A *Arles*, on vous vante les *Aliscamps*, comme
un lieu de délices ! Ce n'est, hélas ! qu'une belle avenue,
bordée de peupliers et de sarcophages, plus ou moins
antiques. Il y a des gens qui se promènent volontiers dans
les cimetières et vont y chercher des distractions. Celles
qu'on y trouve, me paraissant plutôt manquer de gaieté,
j'ai quitté *Arles* sans voir les *Aliscamps* (en latin *Elysei
campi*), c'est une lacune à combler.

CHAPITRE II

Arrivée à Cette. — La ville, ses ponts métalliques et ses deux ports.
— Visite au phare, beau panorama. — De Cette à Narbonne. —
Promenade nocturne. — L'Hôtel de ville, ancien Palais archiépisco-
pal. — Le Musée lapidaire du Lamourguier. — Le pont couvert
sur la Robine. — La Cathédrale de Saint-Just. — Petites misères
du photographe.

D'*Arles* à *Cette*, le chemin de fer traverse la plaine de
la *Camargue*, berceau des taureaux à demi-sauvages, qui
font le jeu des *courses provençales*.

Ce parcours m'a paru plat, monotone, peu intéressant.
Des terres maigres s'étendent à perte de vue, d'abord
grises, et ensuite rouges. Puis viennent des prairies, des
marécages, auxquels succèdent bientôt les vignes; et
celles-ci, très luxuriantes, abondent aux environs de *Lunel*,
Frontignan, *Montpellier* et *Cette*. Avant que d'atteindre
cette dernière ville, on longe des marais salants, dont les
bords pleins d'efflorescences et d'amoncellements de sel,
qui sèche au soleil, simulent des effets de neige. Enfin,
on ne tarde pas à apercevoir la mer, dont la belle teinte
azurée attire les regards et s'associe agréablement à la
verdure des champs.

Arrivé en gare, le train stoppa, et je descendis de wagon. Quelques instant après l'omnibus me déposait au
seuil du *Grand Hôtel*, où j'espérais trouver une table
plus à mon goût qu'à *Arles*. Mais la chaleur était si forte
que j'en étais accablé, et que j'éprouvai avant tout l'impérieux besoin de me rafraîchir. Mon premier soin fut donc

d'accourir à la plage et de me plonger dans l'onde amère.
De fait, j'ai pu le constater, cette amertume n'est pas un
vain mot, ayant bien involontairement bu un coup à la
grande tasse! Rafraîchi par le bain, mais non désaltéré,
je partis ensuite en reconnaissance, en marchant au hasard,
devant moi.

La ville de *Cette* est toute moderne, aussi, à part son
église, dédiée à *Saint Louis*, n'offre-t-elle guère à la vue
de monument remarquable. Le *canal du Midi* la traverse,
entre des quais, reliés entre eux par des ponts, et ceux-ci,
très étroits, sont métalliques et en dos d'âne. Bâtie au pied
d'une colline, le *mont Saint-Clair*, *Cette* s'étale en éventail sur un large promontoire, que dessert une route en
corniche, d'où l'on jouit de beaux points de vue. C'est une
cité très commerçante, qui prend chaque jour plus d'extension. Par son heureuse position, entre l'*étang de Thau*
et la mer, son canal et ses importantes lignes de chemins
de fer, elle se trouve en relation directe avec le monde
entier. Mais ses rues, très inégalement pavées, sont assez
mal entretenues.

Au moment où je les parcourus, une foule d'artisans et
d'ouvriers y circulaient, affairés et bruyants, comme des
abeilles dans une ruche. Tous les débits de boissons, les
zincs, les assommoirs, les cafés, les caboulots, les bars,
étaient pris d'assaut. C'était l'heure de l'absinthe, et je vis
des consommateurs, encombrant les trottoirs, savourer, avec
des mines congestionnées ou pâlottes, la liqueur verte, aux
reflets d'opale, dont l'âcre parfum se répandait partout au
dehors. A la vue de ce spectacle il m'arriva de perdre une
de mes illusions, ayant cru jusqu'à ce jour à la sobriété
des gens du Midi. En réalité, il faut pas mal en rabattre.
Il est vrai qu'il fait si chaud, en été, dans ces régions,
qu'il n'est pas étonnant qu'on éprouve le besoin de se désaltérer. On y pousse la sollicitude jusqu'à préserver les
animaux des atteintes du soleil. C'est ainsi qu'à *Cette* les
chevaux circulent, la tête ornée d'un chapeau de paille,

au travers duquel passent leurs oreilles droites. A *Dijon*, à *Nice*, à *Marseille*, et sans doute ailleurs, ce sont au contraire les oreilles de ces nobles animaux que l'on protège en les recouvrant d'un capuchon. Quoi qu'il en soit, rien de drôle comme l'allure de ces pauvres bêtes, trottant, attifées de cette coiffure quelque peu grotesque.

Après une nuit de repos, je repris le lendemain de bonne heure mes pérégrinations à travers la ville, n'ayant que peu de temps à y consacrer. Et pour commencer, ayant endossé le fardeau photographique, je me dirigeai du côté de la mer, à peine entrevue la veille.

Avec ses ponts mobiles, ses nombreux canaux, aboutissant à ses deux ports, le *Vieux* et le *Neuf*, ses maisons propres, régulièrement bâties à deux étages, son boulevard *Victor-Hugo*, spacieux et ombragé, *Cette* rappelle certaines villes des *Flandres* ou des *Pays-Bas*, *Gand* notamment, sauf les monuments qui font ici défaut.

L'*église Saint-Louis* présente, il est vrai, un caractère architectural non dénué d'élégance ; et, en cherchant, on trouverait sans doute quelque casino, genre Kursaal, à l'usage des baigneurs et des étrangers, mais ces établissements trop modernes sont quelconques.

Pour le voyageur, le côté vraiment intéressant d'une cité maritime, c'est son port de mer. Car c'est là surtout que se révèle l'activité commerciale de ses habitants. En outre, chaque arrivée et chaque départ des navires et embarcations diverses donnent lieu à des scènes animées, qui sont autant de sujets d'observation.

Le *Vieux port* de *Cette* est spécialement affecté aux barques de pêche, qui y sont très nombreuses ; tandis que le *port Neuf* est réservé aux voiliers et bateaux marchands. L'un et l'autre sont protégés par des jetées maçonnées solidement et s'avançant en demi-cercle dans la mer.

A l'extrémité du môle se trouve le *Phare*, qui s'enlève d'une blancheur éblouissante dans le bleu du ciel. Après en avoir pris la photographie, je voulus le visiter ; et pour y arriver, une petite ascension fut nécessaire. Je comptai successivement 139 marches, dont 100 en pierre taillée, et les autres, en métal, et en colimaçon. Au dernier étage se trouve la cabine du gardien, réduit cylindrique de 2 à 3 mètres, éclairé par deux minuscules ouvertures, et succinctement meublé d'un lit, d'une armoire et d'une petite table. Quelle triste et monotone existence doit y mener la vigie qui, constamment en vedette, et condamnée à la solitude, voit s'écouler ses jours entre le ciel et l'onde, uniquement occupée à entretenir ses feux, comme une prêtresse de Vesta! Au-dessus de l'étroit logement d'anachorète, court une galerie circulaire, garnie d'une balustrade de pierre à jour. On jouit de là d'une vue délicieuse sur la ville tout entière, ses canaux, ses ports, ses ponts, la colline à laquelle elle est adossée et l'immensité de la mer. Les petits points blancs, que l'on aperçoit à la côte, au bout de l'horizon, ce sont les maisons de *Palavas*, dont la plage est très fréquentée. Quant au clocher, rouge et carré, que l'on devine à côté, c'est celui de *Frontignan*, ainsi que me l'expliqua le gardien, qui me servait de cicerone. Le phare se termine par une coupole vitrée, où s'allument les feux que projettent de puissants réflecteurs. Invité à pénétrer à l'intérieur, afin d'admirer le mécanisme de l'appareil et les perfectionnements de l'installation, je dus y renoncer, n'ayant pu résister à la chaleur suffocante qui régnait dans cette étuve. Et, chose bizarre, je faillis y prendre le mal de mer!

Il faisait ce jour-là une assez forte brise, qui, ébranlant la tour jusque dans ses fondements, la rendait toute frémissante du haut en bas. J'en ressentais assez les oscillations pour que celles-ci me parussent désagréables et peu rassurantes, malgré la solidité éprouvée de la construction. Ayant hâte de m'y soustraire, afin d'aller respirer plus librement au grand air, je fis mes adieux au gardien, qui ne voyait pas tous les jours des visiteurs, puis je quittai le phare et la jetée pour rentrer en ville.

Passant à proximité de l'établissement de bains, j'y entrai pour me baigner avant le déjeuner, et bien qu'il ventât ferme, je trouvai l'eau délicieuse. En revenant, je traversai les quais, partout encombrés de futailles gigantesques, qui peuvent donner une idée de l'important commerce de liquides se faisant dans cette ville.

Après un substantiel déjeuner, aiguisé par l'air vif du matin, je consacrai une partie de l'après-midi à compléter ma collection de clichés, et ne voulant pas prolonger plus longtemps mon séjour à *Cette*, je partis pour *Narbonne*, où j'arrivai à huit heures du soir.

Le trajet en chemin de fer ne m'offrit rien de particulièrement intéressant. De *Cette* à *Agde*, on côtoie quelques instants la mer, puis les champs, les terres, les vignes se succèdent sans discontinuité jusqu'à *Béziers*, et de là à *Narbonne*. Avant que d'y arriver, j'avais aperçu, au passage du train, l'église forteresse de *Saint-Nazaire*, pittoresquement édifiée sur une colline, au bas de laquelle coule la petite rivière de l'*Orb*. Et cette vue m'avait semblé jolie, mais combien l'impression fut rapide !

J'arrivai à la nuit tombante à *Narbonne* et descendis à l'*Hôtel de la Dorade*, ayant eu beaucoup de peine à me débarrasser d'une nuée de portefaix, qui, sous prétexte de porter mes bagages, vinrent m'assaillir dans la cour de la gare. Après souper, je voulus, suivant mon habitude, faire une reconnaissance en ville, et en conséquence j'allai me promener au hasard de la découverte.

En sortant de l'hôtel, situé près d'un canal et en face d'un moulin, je longeai un boulevard, bordé de platanes gigantesques, et bientôt je débouchai sur une place rectangulaire. Devant moi se détachait, bien haut dans les airs, la sombre façade d'un monument massif, flanqué d'immenses tours carrées, ornées de poivrières et de mâchicoulis, que l'obscurité de la nuit me permettait à peine de distinguer. Remettant au lendemain l'examen de cet édifice, qui n'était rien moins que l'ancien *Palais des Arche-*

vêques de Narbonne, et qui sert actuellement d'*Hôtel de ville* et de *Musée*, je poursuivis ma promenade. Peu après j'arrivai dans une belle avenue, encore plantée de magnifiques platanes (on paraît avoir une prédilection marquée pour ces arbres, dans la plupart des villes du Midi). Là, de nombreux promeneurs, des familles entières, circulaient de tous côtés, encombrant la chaussée, se répandant sous les ombrages, riant, chantant, fêtant enfin allègrement cette soirée du dimanche.

Continuant à marcher à l'aventure, allant droit devant moi, j'aboutis à un pont de pierre, que je franchis, et voilà que sans m'en douter je tombe au milieu d'une fête foraine ! Baraques, balançoires, chevaux de bois, tirs à la cible, jeux de massacres, panoramas, parades, ménagerie, bals, théâtre, rien n'y manque, à commencer par la foule compacte et grouillante, comme toujours en pareille circonstance. C'est une cohue, un tohu-bohu indescriptibles, un assaut de cacophonies, à écorcher les oreilles les moins délicates. Ne désirant en aucune façon me mêler à ce tourbillon populaire, j'ai hâte de fuir ces lieux bruyants, où non seulement les nombreux badauds se ruent avec frénésie, mais sans doute aussi les pickpockets. Seulement, dans l'ignorance absolue où je suis du plan de la ville, je ne sais trop où aller. Une avenue, noire et déserte, semble s'ouvrir devant moi et m'inviter à la suivre, pour échapper au bruit et à l'agitation. Je m'y engage à l'aveuglette, mais bientôt je suis arrêté par la vue d'une construction élevée, aux lignes bizarres, qui dresse sa sombre silhouette à droite de la chaussée.

De misérables bicoques, comme des champignons de mauvais aloi, s'accrochent aux contreforts des soubassements, contrastant par leur laide modernité avec la vétusté de l'édifice. Qu'est ceci, une église en ruines, une prison ou un donjon ? Impossible de le préciser à cette heure. Tout ce que je puis observer, ce sont des ouvertures ogivales et de plein cintre, des meurtrières et des mâchicou-

lis. Quoi qu'il en soit, cela me paraît mériter un examen
plus approfondi, et je me promets de revenir le visiter au
grand jour. J'aurais bien voulu poursuivre plus loin mes
investigations, mais en cet endroit le boulevard, décrivant
un arc de cercle, avait l'air de se perdre dans des quartiers
excentriques. Pour ne pas m'égarer, il me parut prudent
de revenir sur mes pas.

De nouveau me voici au milieu de la foule, plus déli-
rante, plus échevelée que jamais, et j'ai quelque peine à
m'y soustraire. Je me hâte de retraverser le pont et de
regagner le long du canal l'avenue ombragée par laquelle
je suis arrivé. Puis, fatigué, dévoré d'une soif ardente, je
m'échoue finalement à la terrasse d'un café, bondé de
consommateurs. Là, pendant que je me repose et me désaltère, j'en profite pour me livrer à quelques observations
autour de moi. Et d'abord, il me semble que, si la clientèle
de l'établissement est nombreuse, en revanche elle n'a pas
l'air très distinguée. On sent que c'est le populaire qui y
domine.

Des artisans, des boutiquiers, des commis de magasins,.
des ouvriers, avec femmes et enfants, il y a de tout là-
dedans, excepté des fashionables. Mais qu'importe ! Au
milieu de consommations variées, la bière circule en abondance, et les piles des soucoupes des bocks s'accumulent
sur les tables. Sans doute les citadins ont dû profiter du
dimanche et de la radieuse journée pour aller s'ébattre à
la campagne, peut-être même jusqu'à la mer qui n'est pas
loin de la ville. Et en effet, à 21 kilomètres de *Narbonne*,
se trouve la plage de *La Nouvelle*, très fréquentée dans la
belle saison.

Tout en observant les types divers, assis aux tables qui
avoisinent la mienne, je vois un flot de passants faire
sans cesse irruption, par l'étroite rue qui donne sur la
promenade. Et je me demande d'où vient tout ce monde
et où il va. Il y a, en cet endroit, un mouvement de circulation vraiment extraordinaire, à chaque instant créé

par un tramway, qui passe et repasse, déversant à chaque
arrêt des familles entières. Chacun reprend le chemin du
logis, la soirée finie ; et comme il commence à se faire
tard, j'en fais de même. Rentré dans ma chambre, je vais
pour me coucher, mais je remarque alors que mon lit est
agrémenté de quelque chose d'insolite, tout au moins pour
moi, encore novice aux usages du Midi. C'est une moustiquaire, qui semble indiquer la présence éventuelle de ces
insectes irritants qu'engendrent les pays chauds !

La perspective d'entamer une nouvelle nuit blanche se
présente à mon esprit et n'a rien de réjouissant. Tout
rêveur, je me déshabille. Et pour pénétrer dans mon lit,
qu'une gaze ténue enveloppe hermétiquement, je suis
obligé de m'y insinuer en rampant, comme une couleuvre !
Mais, à peine suis-je couché que j'étouffe ! J'éprouve une
pénible sensation d'oppression, de manque d'air, causée par
cette sorte d'engin qui m'enserre de toutes parts et dont
je n'ai pas l'habitude. Je voudrais m'en délivrer, quitte à
me laisser dévorer, mais comment faire ? C'est une vraie
tunique de *Nessus*, cette moustiquaire de malheur, dont
je ne réussis pas à me dépêtrer. De guerre lasse, j'y renonce,
et invinciblement mes yeux se ferment...

Un radieux soleil filtre à travers les rideaux de ma
fenêtre, quand, au matin, ayant ouvert les yeux, je parviens à me réveiller. En me rappelant les péripéties de la
nuit précédente, je m'applaudis d'y avoir échappé. Cette
fois, du moins, j'ai pu dormir, sans piqûres et sans
musique ! J'ai même fait la grasse matinée, et j'en suis
honteux, car on ne voyage pas pour se reposer. D'un bond
j'envoie promener le velum protecteur, je saute à bas du
lit et m'habille rapidement. Je n'ai pas une minute à
perdre, si je veux visiter la ville, avant le départ du train
pour *Toulouse*, où j'ai projeté d'arriver ce même jour.

Muni de mon appareil photographique, je me dirige
vers la *place de l'Hôtel-de-Ville*, entrevue la veille, pendant ma promenade nocturne.

Tant par ses dimensions imposantes que par ses lignes architecturales, l'*Hôtel-de-Ville de Narbonne* est un monument à grand caractère, qui frappe le regard et commande l'admiration. Il date des XIe, XIIe, XIIIe et XIVe siècles, ayant été construit à diverses époques et restauré de nos jours, par l'habile architecte *Viollet-le-Duc*. C'était jadis l'ancien *Palais des Archevêques*, sorte de forteresse, flanquée de trois grandes tours carrées et crénelées. Au centre de la façade, mal à l'aise sur une place trop étroite, et à côté de la tour dite *Saint-Martial*, se trouve à proprement parler l'*Hôtel-de-Ville*, renfermant, en outre, la bibliothèque, le musée lapidaire, celui de peinture, d'antiquités et de céramique. Je ne doute pas que la visite en détail de toutes ces curiosités n'offre un réel intérêt; mais, n'en ayant pas le loisir, je me vois obligé d'y renoncer. Forcé de me borner à la vue extérieure du monument, je traverse la place, à cette heure encombrée d'échoppes, d'étalages en plein vent, de fruits, de légumes, de fleurs, d'étoffes, de faïences, de porcelaines et de chalands plus ou moins affairés. Car c'est là, paraît-il, que se tient le marché.

Tout en cherchant à me faufiler au milieu de cette cohue, je songe combien il va être difficile de placer mon appareil à l'endroit convenable pour photographier l'édifice. Et d'abord pour embrasser les flèches et les pignons de la façade dentelée, où me mettre? En face, il n'y faut pas songer, il n'y a pas assez de recul. Je pourrais, il est vrai, aller dans une ruelle perpendiculaire, que j'aperçois débouchant sur la place, mais elle est si étroite que je n'aurais là qu'une tranche de la façade. Cela ne fait pas mon affaire. Un peu plus loin je découvre une rue transversale, qui me permettra d'être à bonne distance et de prendre de biais le monument. Malheureusement je ne l'aurai pas en entier, à cause d'un mur en saillie. Ma foi, tant pis! On fait ce qu'on peut!

M'étant donc installé sur le trottoir de ladite rue, je dispose l'appareil à cette fin d'opérer. Tout d'abord, la chose n'est pas aisée, car la mise au point est des plus laborieuses. Ce sont, à chaque instant, des charrettes, des attelages, qui vont et viennent, des gens qui passent, des marchands qui discutent, des badauds qui causent, des gamins qui s'amusent à fourrer le nez devant mon objectif. Évidemment je révolutionne le quartier. De peur d'être prises, les femmes se sauvent, en riant comme des folles, les chiens intrigués rôdent autour du support de l'appareil, et, en signe de mépris, lèveraient la jambe pour l'arroser, si je ne mettais le holà! Pour comble de misères, j'ai le regret de constater que non seulement je n'embrasse pas toute la façade du monument, mais que je n'ai pas même la partie supérieure de l'édifice. Encore trop près, je ne puis avoir qu'une vue partielle, forcément très incomplète. Qu'à cela ne tienne. Faute du haut, je me contenterai du bas, puisqu'il n'y a pas moyen de faire autrement. Pendant mes préparatifs, un indigène est là à mes côtés, suivant avec intérêt mes moindres mouvements et paraissant attendre le moment propice pour se faire prendre. Il est escorté de deux chiens d'arrêt, qui gambadent autour de lui. Pour m'en débarrasser, je lui demande s'il lui serait agréable de poser avec ses toutous. Comme il en grillait d'envie, je le prie, sur sa réponse affirmative, d'aller plus loin sur la place. Il y court, en sifflant sa meute, tandis que moi, guettant l'instant favorable, je déclenche l'obturateur, et c'est fait : bonne ou mauvaise, la vue est prise !

Mais je n'étais qu'à moitié satisfait, ayant quelque peine à quitter ces lieux, sans en emporter un souvenir plus fidèle. Ce que voyant, l'indigène me fit observer que du haut du café situé sur la place en face même de l'*Hôtel-de-Ville*, on découvrait l'ensemble du monument, et m'engagea à y aller.

Après l'avoir remercié, je suivis son conseil et revins sur la place, toujours très affairée. Étant entré au café en question, j'exposai au gérant ma petite requête, à cette fin, sauf sa permission, de prendre la vue de la place, d'une fenêtre du premier.

Il crut sans doute avoir à faire à quelque photographe ambulant, car il parut ne mettre que fort peu d'empressement à accéder à mon désir. Il m'objecta que c'était le local du cercle, et qu'il n'avait pas le droit d'en disposer. Puis, alors que j'insistais :

— Vous faut-il longtemps pour opérer? me dit-il.

— A peine un quart d'heure, lui répondis-je.

— Eh bien, faites vite, car c'est l'heure où ces messieurs arrivent, et, s'ils vous voyaient là, ils pourraient me faire des observations.

Je me demandai si je devais profiter d'une permission accordée de si mauvaise grâce. N'ayant au demeurant l'intention, ni de mal faire, ni de me cacher, je lui répartis :

— Monsieur, je serais désolé de vous causer le moindre désagrément, en pénétrant inopinément dans les salons du cercle. Du reste, pour peu que cela vous contrarie, n'en parlons plus. Je puis me passer d'une photographie, prise uniquement pour ma satisfaction personnelle. Car, je vous prie de le croire, je n'en fais pas le métier, je suis un simple amateur.

Eut-il quelque remords, toujours fut-il qu'il se ravisa, et voulut bien appeler un garçon pour me guider jusqu'à l'entrée du cercle.

La pièce assez spacieuse dans laquelle je pénétrai s'ouvrait par trois fenêtres de façade sur la place. Elle était vide, les banquettes, les chaises étaient en l'air, les tables de marbre, encore maculées de la veille, attendaient qu'on fît leur toilette. Un garçon s'étant présenté, je le priai de m'ouvrir les persiennes d'une fenêtre avec balcon, sur lequel je pris aussitôt position. Le balcon était étroit, et j'eus toutes les peines du monde à y établir mon appareil. De là je dominais bien la place, encombrée de monde, et j'embrassais, il est vrai, toute la façade du palais, mais de même que tout à l'heure dans la rue adjacente, je me trouvais encore trop près, et il fallut me restreindre. Il était dit que je n'emporterais pas les pignons du monument, et que je devrais me contenter de ses assises. Du reste, je me hâtai d'opérer, puis, dès que ce fut fait, je m'empressai de plier bagage pour courir ailleurs. Je n'étais pas précisément venu à *Narbonne* pour m'amuser.

Ayant suivi la rue aboutissant à la promenade le long du canal, je retrouvai sans peine mon pont de la veille, le traversai et arrivai bientôt en vue du vieux donjon, dont l'aspect sévère m'avait frappé, à la lueur du clair de lune. De jour et éclairé par un brillant soleil, la physionomie de ce singulier édifice ne me sembla pas moins intéressante à observer. *Le Lamourguier*, ainsi qu'il se nomme, est ce qu'il reste d'une ancienne église-couvent, datant des XIII\ :sup:`e` et XIV\ :sup:`e` siècles. Le *Musée lapidaire* y est actuellement installé. Ne me souciant pas de perdre mon temps à visiter des pierres et à déchiffrer leurs inscriptions, je me contentai de la vue extérieure du monument. Son aspect a quelque chose de bizarre, d'original, caractérisé par deux tours juxtaposées, dont l'une a l'air d'un clocher, et l'autre d'une redoute, flanquée de meurtrières. Un assez large boulevard, planté de jeunes sycomores, alternant avec les inévitables platanes, le borde de chaque côté. Je m'étais flatté d'avoir là tout le recul nécessaire, pour prendre le monument du haut en bas; mais j'avais compté sans les maudits arbres qui m'en masquèrent la vue. En excursion photographique, que ce soit aux champs ou en ville, il est rare qu'il ne se présente pas quelque *impedimentum*. Si ce n'est pas le vent, c'est un arbre, ou un mur, ou encore le monde qui passe. Il faut s'attendre à rencontrer tous ces obstacles, et s'arranger pour les éviter adroitement. Dans les villes, comme il serait impossible d'interdire la circulation des piétons, des bicyclistes, des voitures et des automobiles, l'artiste n'a le plus souvent d'autre ressource que d'opérer à la main et en instantané. A cet effet, les

kodaks, détectives, photo-jumelles de toute nature font
merveille. Avec un appareil à pied, l'opération est autrement compliquée, en admettant qu'on sache où le placer.

Non seulement les arbres du boulevard m'obligèrent à
me rapprocher du monument plus que je ne l'aurais voulu,
mais le vent lui-même vint se mettre de la partie et me
gêner considérablement. Un monsieur obligeant, voyant
mon embarras, se prêta à maintenir le voile et l'appareil,
à chaque instant menacés d'être renversés, et, grâce à lui,
je pus me tirer d'affaire sans accident. Tant il est vrai
qu'un peu d'aide fait grand bien.

Ayant photographié le *Lamourguier*, je revins sur
mes pas, dans la direction du canal. Ai-je dit que celui-ci
traverse la ville, en la divisant en deux quartiers, le *Bourg*
et la *Cité*, et que la rivière qui y coule s'appelle la *Robine?* La vue que l'on découvre du haut du pont de
pierre ne laisse pas d'être intéressante, ou du moins me
parut telle au moment de mon passage.

Au premier plan, dans le lit de la rivière, s'alignait, en
pleine lumière et en perspective fuyante, une escouade de
lavandières, occupées à l'exercice du battoir. Plus loin et
au-dessus, se découpait la silhouette losangée d'un pont
couvert, tandis qu'à l'arrière-plan, je voyais se détacher
du sein de la verdure les tours massives de l'hôtel de
ville et les flèches élancées de la cathédrale. Cet ensemble,
formant dans ce cadre approprié un harmonieux tableau
de genre, me détermina à le saisir sur le vif. J'allai m'installer sur le bord du canal, près d'une cahute, où travail-
laient des manœuvres, qui me servirent à animer la scène.
Puis, une fois l'affaire faite, ayant remis tout en ordre, je
songeai à reprendre le chemin de *la Dorade*. La matinée
s'avançait, la chaleur augmentait au fur et à mesure que
le soleil arrivait au zénith, et la faim commençait à me
talonner.

Après avoir dépassé la place de l'Hôtel-de-Ville, je
m'engage dans une ruelle montante, aboutissant à une

autre petite place, où est située l'*Église de Saint-Just*, la cathédrale.

Je cherche de tous côtés un endroit propice pour photographier ce monument grandiose, aux immenses arceaux gothiques, aux ogives élancées, aux clochetons fleuris, aux tourelles élégantes, aux flèches barbelées. Mais c'est en vain, l'espace me fait défaut. Tout cela est trop haut, et de toutes parts je rencontre des murs ou des constructions qui me masquent la vue de l'édifice. Déçu dans mes recherches, mais non découragé, je pénètre à l'intérieur d'un jardin public, dépendant du palais épiscopal. Au milieu d'un square de verdure et à l'ombre de platanes séculaires, se dressent, çà et là, contre les murs, des antiquités romaines. C'est une deuxième édition du musée lapidaire de tout à l'heure, tandis qu'à côté se trouve le musée de peinture. Ayant fait rapidement le tour de l'enceinte, et étant convaincu de l'impossibilité de rien découvrir de là, je me décide à rentrer à l'hôtel.

C'était l'heure de la table d'hôte. Je pris part au classique repas, en compagnie de nombreux voyageurs de commerce qui, s'il m'en souvient encore, causèrent tout le temps politique, parlant à tort et à travers, comme des oracles ! L'un avait connu le grand patriote *Gambetta*, qui n'avait pas de secrets pour lui ; et l'autre traitait de pair à compagnon avec les ministres, sénateurs et députés. A en croire ces messieurs, on pouvait dormir tranquille, la République ne courait plus aucun danger. Ils veillaient sur les destinées de la France, comme s'ils en avaient reçu le mandat ! D'autres, plus pratiques, traitaient la question des vins et spiritueux, des droits d'importation et d'exportation. C'était sans doute très intéressant pour eux, mais à moi, tous ces racontars paraissaient parfaitement insipides. Pour ne pas être envahi par les mouches, on avait dû baisser les stores des fenêtres, et il en résultait qu'on se trouvait dans une pénombre désagréable. On paraît redouter beaucoup les insectes dans le Midi, à en juger par les précautions prises pour les éloigner. Certes, des mouches, dans le potage ou dans le verre, font assez triste figure. Tout de même, en mangeant, il est bon d'y voir clair; et rien alors n'est plus pénible que la demi-obscurité, si ce n'est l'obscurité elle-même.

Après déjeuner, j'allai à l'estaminet absorber un peu de café. Mais là encore, le grand jour avait été sévèrement proscrit. Même à l'aide d'un lorgnon, il n'était pas possible de déchiffrer la gazette! Après tout, que m'importait? Étais-je venu à *Narbonne* pour lire des journaux, et d'ailleurs, ne devais-je pas dans quelques instants partir pour *Toulouse?*

Pendant qu'on préparait ma note, j'étais monté dans les combles de l'hôtel, d'où, m'avait-on dit, on découvre par-dessus les toits la façade de la cathédrale. C'est même de cet endroit, prétend-on, que les photographes la prennent. Quoi qu'il en soit, j'avais à cœur de m'en assurer. J'aperçus, en effet, à travers une fenêtre trop haute et trop étroite, la fière silhouette qui se détachait sur l'azur du ciel. Mais pour pouvoir embrasser le point de vue dans le champ de mon objectif, je fus obligé de grimper sur une table et d'y déployer mon appareil!

A peine avais-je pu mener à bien la délicate opération, qu'on vint me prévenir que l'omnibus n'attendait plus que moi pour partir! Ayant en toute hâte bouclé mon sac, réglé l'addition, je me précipitai dans le véhicule, où les autres voyageurs trépignaient d'impatience! Ce fut ainsi que je quittai *Narbonne*, par une chaude après-midi d'été.

De cette vue à vol d'oiseau de l'antique cité gallo-romaine, je rapportai quelques clichés, péniblemeut pris, plus ou moins réussis, avec des souvenirs assez confus.

Aujourd'hui que m'en est-il resté dans l'esprit? Le senti-ment vague, indéfinissable, d'une évocation du passé, d'un retour du moyen âge au XXe siècle, d'une réminiscence de la féodalité en pleins centres ouvriers. Des rues étroites, tortueuses, étranglées, mystérieuses, comme à *Arles*, sans la moindre *Arlésienne*, mais envahies par le populaire.

Un canal presque à sec et profondément encaissé, des promenades, des boulevards ombragés de platanes gigantesques ; des maisons sans caractère, disparates, encastrées dans de vieux murs de remparts, du sein desquelles s'élancent les tours massives de l'ancien palais des archevêques, et les flèches gothiques de la cathédrale.

Ajoutez à cela une lumière crue, aveuglante, la lumière du Midi, répandue partout à profusion, revêtant chaque objet d'une auréole, faisant tout étinceler, impreignant les plus vieux monuments d'un vernis moderne.

Somme toute, l'impression n'a pas été des plus heureuses. A première vue, *Narbonne* m'a paru plus agitée qu'agréable à habiter, et vraisemblablement ce n'est pas là que j'irai finir mes jours, malgré la réputation de son miel estimable, recueilli aux ruches du *mont Ventoux*.

CHAPITRE III

Départ pour Toulouse. — Chaleur intense ! — Carcassonne et Castelnaudary. — En gare de Matabiau. — Le Capitole et le Donjon. — Les Allées Lafayette et le Café Albrighi. — Présentation, cordiale réception, plan et rendez-vous. — Soirée interrompue. — Crise.

Étant seul dans mon compartiment, au début du voyage, j'avais pu prendre à mon aise quelques notes au passage du train. Mais dans le trajet de *Narbonne* à *Toulouse*, ayant à mes côtés de nombreux compagnons de route, je dus me borner, penché vers la portière, à laisser errer mes regards sur les environs. Du reste, en fait de pittoresque, la vue semble n'offrir qu'un médiocre intérêt. On est en terrain plat, et, de chaque côté de la voie ferrée, s'étendent à perte de vue des vignobles reconstitués depuis plusieurs années et très verdoyants. On traverse des clos, plus ou moins fameux, mais qui seraient bien aises de devenir célèbres, à en juger par les écriteaux mirifiques qui les signalent à l'attention des voyageurs. Clos par ci, clos par là. De temps à autre, des cours d'eau se présentent, au-dessus desquels le train passe rapidement. Je vois successivement défiler les petites stations de *Lésignan, Maux, Capendu*, avant que d'arriver en gare de *Carcassonne*, où il y a un arrêt de quelques minutes. J'en profite pour me précipiter au buffet, afin d'y calmer une soif ardente qui me dévore. Dire qu'il fait chaud, qu'on étouffe, c'est le répéter inutilement. A peine a-t-on pénétré sous le hall vitré de la gare, qu'on entre en ébullition. Ce ne sont que gens, suants et luisants, au visage et au gosier également altérés. Avec frénésie, on vocifère des bocks ! La bière mousse et coule à flots, et les faux-cols dans les verres s'allongent d'une façon débordante ! Mais l'express impitoyable ne stationne pas longtemps. Les portières se referment, le signal du chef de gare est donné, on entend un coup de cloche, et de nouveau, nous sommes lancés en avant !

Séparée en deux parties, par la rivière de l'*Aude* que nous traversons, la ville de *Carcassonne* apparaît merveilleusement située. Du pont du chemin de fer, on découvre au passage un très beau point de vue, d'un côté, sur la ville basse, et de l'autre, sur la cité. Cette dernière surtout, accrochée aux flancs d'une roche abrupte, avec sa double crénelure de murailles et de tours frappe le regard par son effet pittoresque. Au sommet se dresse le *Vieux Château*, qui m'apparaît embrasé par les feux du soleil couchant et projetant dans le ciel sa masse quadrangulaire, agrémentée de tourelles à poivrières. Une ceinture de remparts, plus ou moins rongés par l'action du temps, mais d'une teinte chaude et mordorée, court tout autour de la colline en festons élégants.

Tout en bas, miroite la rivière, frangeant de sillons d'argent ses remous précipités et reflétant sur ses bords les ombrages de la rive. A cette vue enchanteresse, qui n'est bientôt plus qu'une apparition, il me vient un remords de n'avoir pas consacré quelques heures à *Carcassonne*, ne serait-ce que pour visiter son antique donjon et souhaiter le bonjour à *Dame Carcas*. Malheureusement, en voyage, on est obligé de se limiter, faute de pouvoir tout embrasser. L'essentiel n'est pas tant de chercher à tout voir, que de bien voir, ce que l'on s'est promis de visiter.

Au sortir de la station, la voie longe le *canal du Midi* et traverse une plaine immense. Bientôt après nous arrivons à *Castelnaudary*, où il y a un nouvel arrêt.

L'aspect de la ville, bâtie également sur une éminence, serait agréable à contempler, si on en avait le loisir. Mais en train express, les minutes sont comptées. Aussi nous repartons bientôt à toute vapeur, brûlons la station de *Villefranche-de-Lauragais*, traversons une longue tranchée, et faisons enfin notre entrée dans la ville de *Toulouse*.

A peine hors de la gare (dénommée *Matabiau*), je suis assailli par dix, vingt, trente conducteurs d'omnibus, dont les voitures sont alignées près du trottoir, et qui tous veulent s'arracher ma pratique. Ne sachant trop auquel entendre, je monte à tout hasard dans un omnibus où trois autres voyageurs ont déjà pris place. Puis, quand les bagages sont reconnus et chargés, le cocher fait claquer son fouet et enlève ses chevaux, qui nous emportent au galop dans un nuage de poussière. Bien entendu, la chaleur est plus intolérable que jamais. Après avoir passé le *canal du Midi*, qui, réuni au canal, dit *Latéral*, traverse la ville, nous nous engageons, sur une belle avenue ombragée, dans un quartier tout neuf, somptueusement bâti et garni d'hôtels d'apparence cossue. Une lumière vive, étincelante, resplendit, illuminant les blanches façades des constructions, richement sculptées. Mais aussi le soleil darde furieusement ses rayons dans une atmosphère embrasée ; et au milieu du tourbillon de poussière que soulève notre attelage, nous sommes suffoqués et aveuglés.

Ah ! Comme on sent qu'il n'a pas plu depuis longtemps par là !

Au fur et à mesure que nous nous rapprochons du centre de la ville, l'animation devient croissante. Sur la chaussée, les tramways, les omnibus, les carts-riperts, les calèches, mêlés aux automobiles, circulent en tous sens, bondés de voyageurs. Les passants vont et viennent, affairés, des flâneurs, des familles entières encombrent les trottoirs. Les lourds camions se succèdent en longs attelages, les citadines passent, entraînées au galop enragé de leurs petits chevaux tarbes, vifs comme la poudre, et la tête ornée, comme à *Cette*, du classique chapeau de paille.

Notre véhicule, après avoir traversé la *place Lafayette*, s'engage dans une longue rue, vire, tantôt à droite, tantôt à gauche, égrenant peu à peu ses voyageurs. Je finis par rester seul, mais pas pour longtemps, car la voiture, s'étant définitivement arrêtée, me dépose au seuil d'un hôtel de peu d'apparence, situé dans une rue étroite et médiocrement bâtie. L'aspect n'a rien de luxueux, toutefois la cour intérieure, où je pénètre, est propre et élégamment décorée de fleurs et de plantes grimpantes.

J'ai hâte de prendre possession de mon appartement et de faire un brin de toilette, ne serait-ce que pour me rafraîchir et secouer la poussière dont mes vêtements sont couverts. On m'a gratifié d'une chambre, au rez-de-chaussée, petite, mais confortablement meublée. Aussitôt installé, je songe à sortir pour aller voir quelqu'un à qui j'ai donné rendez-vous, au *Café Albrighi*. Je parlemente au bureau de l'hôtel pour savoir où c'est, et l'on me répond que rien n'est plus facile que d'y arriver. Il suffit de traverser la *place du Capitole*, le *square du Donjon*, ici tout près, et de suivre à gauche un grand boulevard, qui s'appelle l'*Avenue Lafayette*. Du reste, impossible de se tromper, ce café est universellement connu à *Toulouse*.

Les villes d'*Arles* et de *Nîmes* ont leurs arènes, datant des Romains, *Marseille* est fière de sa *Canebière*, qu'elle ne donnerait pas pour un empire, *Toulouse* a son *Capitole!* J'ignore si l'ancienne capitale du *Languedoc* a également sa *Roche-Tarpéienne*, dans tous les cas je ne l'ai pas découverte. Quoiqu'il en soit, c'est autour du *Capitole* que tout gravite à *Toulouse*, c'est de là que tout rayonne et se disperse aux quatre coins de la ville. Que dis-je, de la ville, de la France, de l'univers entier! C'est tout à la fois, le cœur et le cerveau, l'âme même de la cité, qui met tout en mouvement, centralise tout et ordonne tout. Il n'est pas plus permis à un étranger d'ignorer le *Capitole*, qu'à un parisien l'*Arc-de-Triomphe* des *Champs-Elysées*. Quant à un *Toulousain*, si vous lui demandiez ce que c'est que le *Capitole*, bien sûr il vous rirait au nez ; et si vous aviez le malheur d'insister, il se fâcherait tout rouge, et serait capable de vous vilipender, croyant que vous voulez vous moquer de lui.

Pour ceux qui sont du Nord ou d'ailleurs,peu familiarisés avec l'historique de notre belle France, je dirai que le *Capitole de Toulouse* est une immense construction, sorte de palais en hémicycle, orné de colonnes d'ordre ionique, déployant sa large façade sur une vaste place carrée, située au centre de la ville. Datant du XVII* siècle, cet édifice a été construit, moitié en briques et moitié en pierres de taille. On ne peut pas dire que l'ensemble manque d'ampleur ; il en a même trop, à mon avis. Au demeurant, ce monument, trop bas pour sa largeur, semble disproportionné. De loin, il frappe la vue, mais, n'en déplaise aux *Toulousains*, il ne la ravit pas. Il sert d'*Hôtel de Ville* et de demeure au préfet de la *Haute-Garonne*, qui y a centralisé toutes les affaires administratives de son département. Plusieurs cours en dépendent servant de passages publics, celle entre autres où fut décapité, en 1632, le *Connétable de Montmorency*, et qui est remarquable par ses bas-reliefs, œuvre du sculpteur *Bachelier*. La partie de droite du palais, celle située à l'angle sud, récemment reconstruite, est occupée par le *Grand-Théâtre*, dont les représentations sont très suivies. A *Toulouse*, on est passionnément mélomane. Il suffit de se promener le soir dans les quartiers fréquentés, pour entendre des coryphées, en plein air, faisant retentir de leurs accents vibrants les échos d'alentour.

Pendant que d'un côté, à la préfecture, s'accomplissent les événements quotidiens, qui sont du ressort de la vie civile, de l'autre, au théâtre, on se livre, avec plaisir, au culte de l'art ! Et c'est ainsi que l'illusion scénique côtoie la froide réalité, et marche de pair avec elle ! De son cabinet de travail, entre deux audiences, M. le préfet, grâce à un fil téléphonique, peut assister aux répétitions théâtrales, et le soir, s'il le veut, sans quitter son *home*, se délasser à l'audition d'un opéra ! Est-ce à dire que d'un bout à l'autre ce palais soit le temple de l'harmonie ?

Où règne la politique, l'accord n'est pas toujours parfait. Hélas ! Il se produit parfois des dissonnances...

De l'intérieur du monument, je ne dirai rien, et pour cause, ne l'ayant pas visité. Ce n'était pas en quelques heures que j'avais à passer à *Toulouse*, et que je comptais du reste consacrer à la photographie, que je pouvais le faire. Pour avoir une idée approximative d'une grande ville, et la *Capitale du Languedoc* a près de 150.000 habitants, il faut y séjourner plusieurs jours et faire un emploi judicieux de son temps. Le mien étant limité, j'en étais réduit à la vue plus que superficielle des choses.

M'étant engagé sous une galerie en arcades, qui fait face au *Capitole* et rappelle le *Palais-Royal*, par ses devantures de magasins, ses cafés, ses restaurants, je traversai l'immense place, autour de laquelle gravitent de nombreux tramways. Je franchis ensuite le passage ouvert dépendant de l'hôtel de ville, qui donne de l'autre côté sur un jardin public, oasis de verdure, de proportion exiguë, mais très décorative. C'est là, qu'au milieu d'un square, se dresse une élégante construction moyennâgeuse, ornée de tourelles, machicoulis, croisées à meneaux, toute en briques roses et à toits pointus d'ardoise. Bien qu'un peu massif dans sa forme carrée, ce *Castel-Donjon*, qui se termine par une lanterne élancée, vous a une fière allure et se profile délicieusement dans le ciel.

En le découvrant ainsi à l'improviste, l'étranger est surpris de cette apparition, à laquelle il était loin de s'attendre, et se trouve subitement reporté par la pensée à plusieurs siècles en arrière.

Il était plus de six heures, quand je parvins enfin au

Café Albrighi, où je comptais trouver la personne qui avait été informée de mon passage à *Toulouse*. Sur la terrasse de l'établissement, c'est-à-dire sur toute la largeur du trottoir, qui est à l'angle de deux larges avenues (le *Boulevard de Strasbourg* d'un côté, et l'*Avenue Lafayette* de l'autre), étaient alignées d'innombrables tables, garnies de consommateurs. Car c'était l'heure des apéritifs, et dans le Midi on ne s'en fait pas faute. Il est vrai qu'il y fait si chaud, si soif, en été, qu'on a peine à se désaltérer, même en s'abreuvant de boissons variées.

Le *Café Albrighi* est le *Tortoni* ou la *Maison Dorée* de *Toulouse* ; c'est dire qu'on y boit, qu'on y mange, qu'on y absorbe toutes espèces de bonnes choses. C'est le restaurant select du *high life*, où se réunissent les clubmen, les hommes du sport, les membres du *Touring*, de l'*Automobile Club* et du *Club Alpin*, les gommeux, et en général les étrangers de marque. Sa réputation est européenne, et nul, de passage dans la ville, ne peut se dispenser d'aller la contrôler.

Avisant un gérant trônant à son comptoir, je le priai de me dire si, parmi ses clients du jour, il n'aurait pas vu un M. D... qui m'avait donné rendez-vous en ce lieu.

— M. D.?... me répondit-il. Si, je l'ai vu. Il vient ici tous les jours, et, du reste, il y était encore, il n'y a qu'un instant. Je vais m'en assurer.

Ce disant, il sonna le chasseur qui, m'ayant invité à le suivre, me conduisit auprès d'un consommateur attablé, occupé à lire un journal ; c'était M. D...

Je me nommai, en le saluant, et aussitôt celui-ci, me tendant la main, me fit le meilleur accueil du monde.

— Je vous attendais, me dit-il, ainsi que nous en étions convenus. Vous arrivez ? Vous avez fait bon voyage ? Allons, tant mieux ! Enchanté de vous voir et de vous être utile, si je puis.

En quelques mots, je le remerciai ; puis, ayant pris place à ses côtés, je lui exposai brièvement le but de mon voyage et l'objet de ma visite. Ayant projeté une excursion dans *les Pyrénées*, je venais le prier, en qualité de collègue en alpinisme, de me donner quelques renseignements sur la région, et me faire partager le fruit de son expérience.

— Ainsi que je vous l'ai écrit, continuai-je, je voyage moins en alpiniste, à proprement parler, qu'en amateur photographe. (On ne s'en est que trop aperçu jusqu'à présent !) Quoi qu'il en soit, je cherche à donner satisfaction à mes goûts d'artiste. J'aime tout ce qui est beau, j'adore la belle nature, la montagne en particulier, dont la vue m'enthousiasme, me passionne. Malheureusement l'état physique de mes forces ne me permet pas de donner libre cours à toutes mes aspirations. Je marche, mais à vrai dire, l'ascension m'éprouve. Aussi loin de moi la pensée d'accomplir des prouesses en alpinisme. Sans être très sensible au vertige, je ne peux cependant répondre absolument, ni de mes pieds, ni de ma tête. C'est pourquoi je n'ai d'autre ambition que de suivre les sentiers battus, de faire des promenades, quelques excursions avec mon appareil, et pour cela de faire usage de tous les moyens de locomotion mis en pratique.

— Eh bien ! reprit mon interlocuteur, vous trouverez tout ce qu'il vous faut dans nos *Pyrénées*. Vous les connaissez déjà, sans doute ?

— Pas du tout, répondis-je. C'est la première fois que je visite cette contrée.

— Elle est admirable, Monsieur. Sans valoir, au point de vue du grandiose, les *Alpes*, que j'ai le regret de ne pas connaître, nos montagnes offrent cependant aux touristes des buts charmants d'excursions, réservent même aux ascensionnistes certains genres de difficultés, capables de leur procurer des émotions et de leur fournir l'occasion d'exercer leurs talents.

— J'ai vu les *Alpes*, lui dis-je, je les ai un peu parcourues dans plusieurs voyages en *Savoie* et en *Suisse*. J'y ai fait quelques ascensions, dans les 2.000 à 3.000 mètres d'altitude, et je serai bien aise de voir à leur tour les *Pyrénées*, afin d'en juger par comparaison.

— Oh ! s'écria alors M. D... puisqu'il en est ainsi, vous êtes à même de gravir toutes nos cimes. La plus élevée, celle du *Néthou*, n'a que 3.400 mètres, et encore est-elle en *Espagne !* Le *Vignemale*, situé en *France*, a environ 100 mètres de moins ; ce qui ne veut pas dire qu'il soit plus aisé à escalader. Malgré tout, j'ai bien peur qu'après les *Alpes*, nos modestes *Pyrénées* ne vous paraissent singulièrement rabaissées.

— Qu'à cela ne tienne, fis-je. Ne me croyez pas plus vaillant que je ne le suis. Je n'ai pas d'illusion à me faire, n'étant pas entraîné, et d'ailleurs n'ayant jamais accompli d'exploit d'alpinisme. Si parfois je me suis élevé jusqu'à 3.000 mètres d'altitude, c'était à cheval, ou à mulet, et quant aux glaciers, j'ai eu bien rarement l'occasion d'en traverser et d'avoir recours à la corde et au piolet, ces *vade mecum* des ascensionnistes.

— Bien que la plupart des glaciers de nos montagnes ne soient pas très étendus, reprit-il, néanmoins certains d'entre eux nécessitent à leur passage les précautions d'usage.

— Vous paraissez connaître parfaitement la contrée que je compte parcourir, répliquai-je. Vous pourrez donc, si vous le voulez bien, me donner d'utiles renseignements.

— Tout à votre disposition, cher Monsieur, trop heureux si je puis vous rendre service. J'ai, en effet, visité bien des fois les *Pyrénées Centrales*, qui forment le plus beau fleuron de notre couronne. Mais il y a des parties que je connais plus spécialement que d'autres : cela dépend où vous voulez aller. En quittant *Toulouse*, de quel côté dirigez-vous vos pas ?

— Je compte aller d'abord à *Bagnères-de-Luchon*, y séjourner quelques jours, passer à *Lourdes*, pour visiter **Gavarnie** et **Cauterets**, enfin de là gagner **Pau** et **Biar-**

rilz, où j'irai me reposer et prendre quelques bains de mer.

— C'est parfait. Vous allez traverser la partie la plus belle, la plus pittoresque de nos *Pyrénées françaises*. Une fois à *Luchon*, vous serez au cœur même du massif, et de tous côtés vous aurez des excursions ou des promenades intéressantes. Il en est au moins deux que vous ne pourrez vous dispenser d'effectuer, celle du *lac d'Oo* et celle de la *vallée du Lis*. Une journée suffit à chacune, même, si vous craignez la fatigue, vous pourrez prendre cheval et voiture.

— Ces deux courses, répartis-je, figuraient en effet sur mon itinéraire, et j'userai des moyens de locomotion que vous m'indiquez. Seulement, j'avoue que je suis médiocre cavalier, et je me suis laissé dire que vos petits chevaux tarbes étaient d'un fringant...

— Ah! soyez sans crainte. Nos chevaux de montagne ne s'emballent guère... et pour cause! A la montée, ils ne peuvent aller qu'au pas dans les lacets pierreux. Quant à la descente, généralement ils vont à vide; car on l'effectue à pied, tant en certains passages il serait difficile, pour ne pas dire dangereux, de se tenir à cheval.

— Alors, d'après ce que vous me dites, il en est donc dans les *Pyrénées* comme en *Suisse*, où l'on gravit à cheval des pentes vraiment vertigineuses?

— Assurément, mais nos montures ont le pied sûr, et avec elles il n'y a rien à craindre. Après le *lac d'Oo* et la *vallée du Lis*, si vous en aviez le temps, il vous faudrait aussi aller à *Port-de-Vénasque*, pour jouir du panorama des *Monts Maudits*, situés en *Espagne*, ou, tout au moins, jusqu'à l'*Hospice de France*. Cette vue est incomparable.

— Je crains de n'en avoir pas le temps, répondis-je. Je préférerais, dans tous les cas, consacrer un jour de plus à *Gavarnie*, où j'ai l'intention de faire une ascension.

— Je connais très bien *Gavarnie*, fit M. D..., et je

pourrai vous donner une recommandation pour l'*Hôtel des Voyageurs*, qui réserve le meilleur accueil aux membres du *Club Alpin*. Mais quelle ascension comptez-vous faire ?

— J'avais l'idée d'aller au *Marboré* ; connaissez-vous cette montagne ?

— Oui, je la connais, mais je ne l'ai pas gravie. Je me suis borné à « faire » le *Mont Perdu*, sis à côté.

— Cette excursion du *Marboré* est facile, n'est-ce pas ? Sans doute, il n'y a pas de danger à l'entreprendre ? Je compte aller de *Gavarnie* à la *Brèche de Roland*, pour y passer la nuit, faire de grand matin l'ascension projetée et revenir ensuite de *Gavarnie* à *Cauterets*, par le *val Lutour*. Combien de temps m'est nécessaire pour ce parcours ?

— Ah ! diable ! s'écria M. D... C'est beaucoup d'affaires. On peut à la rigueur faire ce que vous dites, mais il faut être aguerri à la marche et au vertige ; en tous cas, ne pas entreprendre cette course sans être accompagné d'un excellent guide. A ce sujet, je vous recommande *Henri Passet* de *Gavarnie ;* c'est un guide sûr, qui connaît parfaitement toutes ces montagnes. En vous présentant à lui sous les auspices de la *Section des Pyrénées Centrales* du *Club Alpin*, vous serez content de ses services. Je crains toutefois que vous ne rencontriez beaucoup de difficultés dans ce parcours.

— Eh quoi ? répartis-je. Il y a donc des passages scabreux ?

— Plus d'un, fit-il. Alors il vous faudra corde et hache pour tailler des pas dans la glace ou la neige.

— Bah ! Que me dites-vous là ? Vous voulez rire ?

— Mais non. Je parle sérieusement. Rien que pour monter au *Grand Marboré*, vous verrez, cela n'ira pas tout seul. Vous aurez à porter des provisions ; et quant à coucher à la *Brèche de Roland*, ce n'est guère pratique. Je la connais et puis vous en parler savamment. Il n'y a là, en fait d'abri, qu'un méchant trou, sous une roche, en plein glacier !

— Je croyais, répondis-je, que le *Comte Russell* y avait fait établir un refuge?

— L'abri qu'a fait construire le *Comte Russell* n'est pas à la *Brèche*, mais au *Vignemale*, et encore est-il devenu impraticable, ayant été envahi par les glaces.

— Alors, fis-je, un peu déconfit, vous pensez que le *Marboré* est au-dessus de mes moyens?

— Dame, si vous ne vous sentez, ni le pied, ni la tête sûrs, il ne serait peut-être pas prudent de vous y risquer. Mais, dans ces parages, je connais un autre pic que vous pourriez gravir, et celui-là sans le moindre danger. On y monte presque jusqu'en haut à cheval, si l'on veut; c'est le *Piméné*.

— Le *Piméné!* dites-vous? Il en vaut la peine?

— Ah! je crois bien!

— Et de là, on a une belle vue?

— Une vue splendide. Monsieur, sur tout le *Cirque de Gavarnie* et ses environs. La course est facile. On foule tout le temps aux pieds le gazon des pâturages et il suffit d'une demi-journée pour l'effectuer.

— Et y trouverai-je d'intéressants sujets de photographies?

— Sans doute. Vous découvrirez de là la *chaîne du Grand Vignemale*, ainsi que celle admirable du *Mont Perdu*, à l'exception toutefois de cette dernière montagne, masquée par le *Marboré*, que l'on a devant soi.

— Ainsi, repris-je. Vous pensez que la vue du *Piméné* me dédommagera de celle du *Marboré?* Y êtes-vous monté?

— Non, mais plusieurs de mes amis ont fait cette course et en sont revenus enchantés. Et puis, une fois là-haut, qui vous empêchera d'aller visiter l'*Échelle* de glace de *Tuquerouye?* Je vous engage à monter jusqu'à la brèche pour avoir la vue du *Mont Perdu*, et jouir du plus merveilleux panorama qu'il soit possible de contempler dans nos *Pyrénées*.

— Oh! cela, je ne vous le promets pas. J'ai toujours

entendu dire que cette *Échelle* était quelque chose de diabolique, un vrai casse-cou, quoi? Des pentes de glaces, de 50 à 60° à escalader, merci !

— Nous avons facilité le passage; ainsi le *Club Alpin* a fait établir des câbles et des crampons dans les endroits les plus difficiles.

— Malgré tout, il est douteux que j'en fasse l'essai; car je ne suis plus assez jeune pour ce genre d'acrobatie. Mais vous ne me dites rien de mon projet de *Gavarnie* à *Cauterets* par le *val Lutour*. Lui aussi est-il donc impraticable?

— Je ne connais pas très bien cette région, fit M. D... je la crois sinon impraticable, du moins très longue à parcourir et réellement difficile. Il y a surtout dans le voisinage du *Vignemale*, un lieu dit le *Pas des Oulettes*, dont j'ai entendu parler, comme étant assez scabreux, et qui vous donnera du fil à retordre.

— S'il en est ainsi, n'en parlons plus, répliquai-je. Je modifierai mon itinéraire.

— Pour aller de *Gavarnie* à *Cauterets*, si vous ne voulez pas descendre jusqu'à *Pierrefitte*, qui est le point d'intersection des deux vallées, vous pouvez traverser la montagne à *Luz*, par le *col de Riou*. C'est une charmante excursion que l'on fait, soit à pied, soit à cheval. Toutefois, en cas de mauvais temps, il est préférable de suivre la grand'route.

— Merci, Monsieur, pour tous ces renseignements que vous voulez bien me donner et dont je ferai mon profit. Quand on ne connaît pas une contrée, ajoutai-je, on est exposé à faire sur le papier des itinéraires, que par la suite on se voit obligé d'abandonner, après avoir reconnu la difficulté de leur mise à exécution. Quelquefois, sous prétexte de gagner du temps, on allonge outre mesure les étapes, pour peu qu'on ait mal calculé la distance.

— C'est ce qui ne manquerait pas de vous arriver, si vous vous lanciez à l'aventure. Mais j'y songe; une question importante dans nos montagnes, c'est d'avoir une bonne paire de chaussures. Vous avez sans doute ce qu'il vous faut sous ce rapport?

— Oui, je me suis commandé pour la circonstance d'excellents brodequins de chasse, et j'espère qu'ils feront très bien mon affaire. Malheureusement ils sont tout neufs et pas brisés. Je ne sais comment ils iront, n'ayant pu les essayer; même, à vrai dire, je ne les ai pas. On doit me les adresser ici, à *Toulouse*, par colis postal.

— Pensez-vous consacrer plusieurs jours à la visite de notre ville? reprit M. D...

— Mon Dieu, non, répondis-je, malgré le plaisir que j'aurais à le faire. Mais mon temps est trop limité pour que je puisse séjourner partout où je passe. J'ai l'intention de repartir après demain.

— Eh bien, cher Monsieur, demain je me mets à votre disposition pour vous piloter, si cela peut vous être agréable.

— Vous êtes bien aimable, répliquai-je, et je vous remercie sincèrement de votre proposition, que j'accepte avec empressement, s'il n'y a pas d'indiscrétion, toutefois.

— Pas la moindre. Je serai libre et enchanté de vous être utile.

— Je vous préviens, par exemple, ajoutai-je, que je ne marche pas sans appareil; ce qui ne veut pas dire que, sous cet accoutrement, je sois bien imposant!

— Qu'importe! Je me charge de vous guider dans nos rues et de vous faire voir les principales curiosités de la ville. Mais, avant tout, il faut convenir d'un rendez-vous. Voulez-vous venir me prendre chez moi de bonne heure?

— Très volontiers.

— Voulez-vous, à cinq heures? à six heures? A trois heures, si vous préférez? Je serai aussi matinal que vous le désirerez.

— A six heures, soit, répondis-je. Il me semble que c'est assez tôt.

— C'est donc entendu. A propos, à quel hôtel êtes-vous descendu ?

— A l'*Hôtel de France*.

— Près du Capitole ?

— Oui, dans une petite rue adjacente.

— Très bien, je vois ça d'ici. Maintenant, fit M. D..., je vous demande la permission de vous quitter, car c'est l'heure de mon dîner. Auparavant, si vous voulez, je vais vous présenter à notre Vice-Président, que j'aperçois là, à deux pas, et qui sera charmé de faire votre connaissance.

Ce disant, mon interlocuteur m'ayant invité à le suivre, me présenta à un nouveau personnage, assis non loin de notre place. Une fois les présentations faites, et M. D... parti, la conversation s'engagea de part et d'autre. En quelques mots, je mis au courant de mes projets le membre distingué du *Club Alpin*, auprès de qui je me trouvais. Plein d'affabilité, celui-ci me répondit avec empressement, et me donna sur mon itinéraire d'utiles conseils, qui vinrent corroborer ceux que je venais de recevoir.

— Puisque vous allez à *Luchon*, me dit-il, vous trouverez dans cette localité un jeune homme charmant, que je connais beaucoup et que j'apprécie de même. D'un naturel gai, bien élevé, marcheur émérite, connaissant à merveille la contrée qu'il habite et parcourt en tous sens, avec cela très enthousiaste des courses de montagne, mon ami pourra vous être d'un précieux secours dans vos pérégrinations. Vous irez le trouvez de ma part, et je suis persuadé qu'il vous réservera le meilleur accueil. Très serviable, il se mettra en quatre pour vous être agréable. C'est M. X..., conducteur des Ponts et Chaussées, en résidence à *Luchon* même.

— En vérité, lui répondis-je, je suis confus, Monsieur, de l'extrême bienveillance que vous me témoignez. Je ne manquerai certes pas, croyez-le bien, d'user de votre bonne recommandation, d'autant plus précieuse que je ne connais personne dans cette ville.

— Il vous mènera au *lac d'Oo*, dans la *vallée du Lis*, à *Vénasque*, partout enfin où vous aurez décidé d'aller. Quant à l'excursion de *Gavarnie*, si vous m'en croyez, à moins que vous ne soyez un solide marcheur et un alpiniste tout à fait militant, laissez-moi de côté le *Marboré* et le *Mont Perdu*, l'*Astazou*, aussi bien que le *Taillon* et le *Gabiélou*, pics plus difficiles à gravir, à notre âge, qu'on ne le croit ; et bornez-vous à faire l'ascension du *Piméné*, course nullement dangereuse, beaucoup moins fatigante, et d'où l'on jouit d'une vue presque aussi belle. J'y suis monté moi-même, c'est vous dire que j'en puis parler savamment.

Ayant remercié de mon mieux mon obligeant collègue, je pris congé de lui pour rentrer dîner à l'hôtel. Après le repas j'allai m'installer en plein air à une table de café, sur la *place du Capitole*. Il y avait là une affluence extraordinaire de consommateurs, et de toutes parts on absorbait des boissons variées. Du reste, la journée avait été très chaude ; même, à cette heure avancée, on ne ressentait aucune fraîcheur dans l'air. Toujours très altéré, je me fis servir du café glacé, que je dégustai à petites gorgées. Et ce me fut l'occasion de remarquer combien ce quartier était animé, bruyant, et constamment sillonné par d'incessants arrivages de tramways, tournant autour de la place. A chaque arrêt, c'était une foule de promeneurs, de gens affairés, d'allants et de venants, qui en descendaient ou y montaient. Fréquemment passaient des bandes de jeunes gens, coiffés de bérets, faisant joyeusement retentir les échos de leurs lazzis et gais refrains. Des demoiselles de magasin, des ouvrières, des trottins, des donzelles, au minois chiffonné, à la tournure pimpante, à la démarche légère, à l'œil vif et pénétrant, traversaient rapidement la chaussée, jetant à droite et à gauche des regards inquisiteurs.

De tous côtés on entendait des concerts en plein vent. Ici, c'était un chanteur, qui, guitare en mains, jouait au troubadour, en déroulant son répertoire de mélodies; ou une chanteuse, s'accompagnant sur la harpe et risquant un boléro. Là, un musicien, un violoneux, acharné à pincer ses cordes et à faire mouvoir son archet, plus ou moins rebelle, s'évertuait à traduire des morceaux classiques de grand opéra. Un autre, à l'aide du fifre et du tambourin, préludait, avec un sérieux comique, comme s'il accomplissait la chose la plus naturelle du monde !

La foule émerveillée faisait cercle, écoutant religieusement ces artistes d'occasion, et les consommateurs, sans doute habitués à ces flots d'harmonie, les laissaient placidement couler. Du reste, après chaque air, ces exécutants ne manquaient pas de tendre la sébille à la galerie, et les gros sous, de pleuvoir... plus ou moins abondamment.

J'étais là, depuis un certain temps, assis à une table, sirotant, fumant des cigarettes, subissant comme les autres ces assauts de cacophonie, perdu dans mes rêveries, quand soudain je fus rappelé à la réalité, et obligé de rentrer précipitamment à l'hôtel !...

C'était tout près, fort heureusement. Car, l'avouerai-je, j'avais grande hâte d'y arriver, me sentant subitement indisposé. Je n'avais pas mangé de melon, et cependant... j'aurais pu le croire! Hélas! Ni plus, ni moins que le célèbre *M. de Vendôme*, j'étais en proie à une colique affreuse! Je n'avais pas mangé de melon, il est vrai, mais depuis plusieurs jours j'avais fait un usage immodéré de figues fraîches! A *Arles*, je m'étais cru empoisonné par une cuisine infernale. A *Cette*, à *Narbonne*, j'avais absorbé beaucoup de moules, enfin partout, tant la chaleur m'avait éprouvé, j'avais certainement abusé des boissons glacées. Toujours est-il que je ne me sentais pas bien, et qu'à peine rentré à l'hôtel, je ne songeai qu'à une chose, me mettre à mon aise.

CHAPITRE IV

Toulouse. — Pérégrinations photographiques. — Le Cloître des Augustins. — Visite au Musée. — Le Jardin des Plantes. — Le Jardin Royal
et le Boulingrin. — Les maisons sculptées. — La Garonne et le Pont-
Neuf. — Le faubourg de Saint-Cyprien. — La Cathédrale de Saint-
Cernin. — Consultation.

Infandum, regina, jubes renovare dolorem [1].

Je m'étais flatté, en me mettant au lit, de voir bientôt
disparaître mon malaise, et se calmer l'indisposition subite,
dont je venais d'être atteint. Mais, il n'en fut rien ; au
contraire, à peine couché, je ressentis de violentes douleurs
d'entrailles, accompagnées de crampes d'estomac de
fâcheux augure. En même temps, je fus pris de nausées et
de tranchées qui m'obligèrent à me lever.

Je les connaissais par expérience ces maudits symptômes,
qui sont les précurseurs d'une mauvaise digestion. Malheureusement je n'avais rien sous la main pour me soulager,
et vu l'heure tardive, il me fallut prendre stoïquement
mon mal en patience. Ma nuit fut agitée, fiévreuse, horri-
blement mouvementée ! Je la passai tout entière en promenades réitérées, qui pour être nocturnes n'eurent rien de
sentimental ! A cinq heures du matin, je n'avais pas encore
fermé l'œil, et, tout courbaturé, le cœur sur les lèvres,
j'éprouvai une lassitude extrême.

Je ne pouvais envisager sans inquiétude les suites éven-
tuelles de cette malencontreuse indisposition, survenant

1. *Enéide*, liv. II.

presque au début du voyage. La perspective de tomber malade dans une chambre d'hôtel, à *Toulouse*, n'avait certes rien de gai. Mais ce qui par-dessus tout me préoccupait et me contrariait, c'était mon rendez-vous, fixé pour six heures, auquel je devais renoncer. Ne voulant cependant pas faire attendre M. D..., je songeai à lui envoyer un télégramme. Dans ce but, je m'empressai de le rédiger, puis, m'étant recouché, je sonnai le garçon. Celui-ci ne parut qu'au bout d'un instant, et entrebaillant la porte, s'écria :

— C'est Monsieur qui a sonné?

— Oui, répondis-je, en lui tendant un papier. Voici une dépêche que je vous prie de faire porter au télégraphe; c'est pressé.

— Une dépêche ! fit-il, embarrassé. C'est que le télégraphe n'est pas ouvert, et puis d'ailleurs personne n'est encore levé ; moi, je suis de garde à l'hôtel, je ne peux sortir.

— Comment! Répartis-je. Il va être six heures, et vous dites que personne n'est levé ! Il paraît qu'on n'est guère matinal ici ! Je vous le répète, cette dépêche est très urgente. Elle est pour la ville, étant destinée à contremander un rendez-vous que j'avais ce matin et auquel je ne puis me rendre. Je dois ajouter que j'ai été malade toute la nuit, que je suis encore souffrant, et que j'aurais besoin de quelques médicaments.

— Dès que la bonne sera levée, à sept heures, je l'enverrai à Monsieur. Quant à la dépêche, je vais la mettre à la boîte.

— Oui, faites vite, répondis-je. Maintenant, si vous pouviez me procurer des perles d'éther, avec un peu de laudanum, ou de l'*élixir Bonjean*, vous me rendriez un vrai service.

— Oui, Monsieur, je vais voir, fit le garçon, et ce disant, ayant refermé la porte, il disparut.

Pendant plus d'une heure, qui me parut longue comme

un siècle, j'attendis vainement qu'on voulût bien s'occuper de moi.

Enfin, vers sept heures, on frappa de nouveau à ma porte. Cette fois c'était la servante. On n'avait sous la main, me dit-elle, aucun remède ; mais, pensant que j'avais une indigestion, elle m'apportait une infusion de fleurs d'oranger. Cela valait mieux que rien, quoique dans la circonstance, la moindre perle eût mieux fait mon affaire. Du reste, cette bonne s'inquiéta avec sollicitude de mon état, me promettant d'y veiller ; et m'offrit de me faire de l'eau de riz, ce que j'acceptai avec empressement, car j'étais toujours altéré.

Sur les dix heures, étant un peu plus calme, quoique encore barbouillé, avec une tête vacillante et des jambes de coton, je me décidai à me lever. Après avoir rapidement procédé à ma toilette, je me rendis aussitôt au café *Albrighi*, où j'espérais rencontrer de nouveau M. D... Il y était en effet et je n'eus pas de peine à le découvrir. En quelques mots, je le mis au courant de la fâcheuse indisposition, qui m'avait obligé de manquer au rendez-vous, et lui fis mes excuses. Je lui demandai ensuite s'il avait reçu mon télégramme.

— Oui, me dit-il. On me l'a apporté à la maison.

— A quelle heure?

— Vers huit heures.

— Comment! A huit heures! Et moi qui vous l'ai adressé à six! Ce nigaud de garçon aura mal fait la commission ; au surplus, cela ne m'étonne guère. Ne prétendait-il pas que le bureau du télégraphe ne s'ouvre qu'à sept heures! Comme si dans une grande ville, telle que *Toulouse*, un bureau télégraphique ne doit pas fonctionner dès l'aube, et même toute la nuit!

— Oh! certainement, fit M... D. Mais qu'à cela ne tienne, puisque vous voici, il n'y a pas grand mal. Nous tâcherons de rattraper le temps perdu, voilà tout. Vous n'avez pas déjeuné, n'est-ce pas?

— Non pas encore, et je vous avoue que je ne me sens guère en appétit.

— Si, mangez un peu, cela vous remettra. Vous pourrez commander ce que vous voudrez dans ce restaurant; vous serez très bien servi. En attendant, je vais rentrer chez moi. A quelle heure et où vous retrouverai-je ?

— Ici même, si vous voulez. J'ai quelques commissions à faire, à deux heures je serai de retour. Cette heure vous convient-elle ?

— Oui, c'est entendu. A bientôt, au plaisir de vous revoir.

Il s'éloigna, tandis qu'étant entré au restaurant, je m'attablai en face d'un couvert. Je commandai un frugal repas, mais, dès les premières bouchées, je vis que j'avais trop présumé de mes forces digestives. Impossible d'avaler quoi que ce soit de solide. Le vin lui-même, et il était bon, me faisait faire la grimace. Il me fallut donc renoncer à poursuivre l'expérience, à la grande stupéfaction du garçon obligé de remporter ses plats à peine entamés. J'essayai d'avaler du thé bouillant. Il passa un peu mieux que le reste, et ce fut tout.

En songeant au piteux état de mon estomac, je n'envisageai pas sans appréhension les suites de cette mésaventure. Si mon malaise allait continuer, je serais bien loti, en vérité! Dans ces conditions, comment continuer le voyage ? Serai-je même capable de suivre M. D..., cet après midi, comme c'était convenu? Autant de points d'interrogation redoutables. Aussi, tout mélancolique, me dirigeai-je vers l'hôtel des postes, situé non loin du *Capitole*. J'y trouvai un volumineux courrier, et de là je me rendis à la gare où je retirai le colis de chaussures, qui m'y attendait. Rentré à l'hôtel, ayant bu un grand bol d'eau de riz, pour achever de me réconforter, j'endossai bravement mon sac photographique. Au demeurant, ce n'était point le cas de me dorloter, il me fallait agir.

Je retrouvai M. D... fidèle au rendez-vous au café

Albrighi, puis, de concert avec lui, nous commençâmes nos pérégrinations, à travers les différents quartiers de la ville.

Notre première visite fut consacrée au *Musée*, situé dans un vieux cloître, ancien couvent des *Augustins*, dont l'intérieur, semblable à une fraîche oasis, m'apparut tout en verdure. Au fond du préau, décoré d'un square, se distinguait une arcade, composée de colonnettes jumelles, reliées en ogives et à trèfles ouvragés, tandis que se profilait dans le bleu du ciel la silhouette élégante d'une vieille tour octogonale, en briques roses. Coquet, mystérieux, ce lieu, ayant des airs de mosquée, me séduisit dès l'entrée, par son apparence orientale ou mauresque, et j'en fis l'objet de ma première photographie.

Quand j'eus finis, M. D... voulut me faire visiter les salles du musée de peinture, dont l'accès prend dans cette cour. Mais, je ne les parcourus que d'un œil distrait, très à la hâte, trop pressé, pour rien examiner d'une façon tant soit peu approfondie. Il y avait cependant là des toiles remarquables de la plupart des maîtres. Les grands noms de l'école italienne s'y trouvaient réprésentés par : *Le Caravage, Le Guerchin, Guido Reni, Le Pérugin, Raphaël, Salvator Rosa*, pour ne citer que les plus fameux. *Murillo*, pour l'école espagnole, et pour l'école flamande, *Breughel, Crayer, Van Dyck, Rubens, Jordaëns, Van der Meulen*. Parmi les toiles françaises, je remarquai celles de : *Philippe de Champaigne, Lesueur, Mignard, Poussin, Coignet, Couture, Delacroix, Gérard, Gérôme, Isabey, Verlat*, et enfin la belle composition de *Benjamin Constant*, représentant l'*Entrée de Mahomet II à Constantinople*. Mais, l'avouerai-je, soit que l'éclairage fut défectueux, soit que les tableaux, rélégués à la cimaise, ne m'apparussent qu'à une trop grande hauteur, soit que je ne prisse pas la peine de les détailler, leur vue me fit peu d'impression. A l'appel de tous ces grands noms, que M. D... m'énumérait au passage, je restais froid, ayant quelque peine à croire que ces toiles fussent des originaux.

Aussi m'arrivait-il de m'écrier très irrévérencieusement : Ça, un *Raphaël?* Ça un *Murillo?* Ça un *Michel-Ange?* et de passer outre, indifférent, sans daigner accorder à l'œuvre plus d'un coup d'œil, sceptique, et par acquit de conscience.

Sur la proposition qui me fut faite de visiter la salle des *Antiques* et celle des *Plâtres*, je témoignai si peu d'empressement que nous nous en dispensâmes. Mon ambition se bornant à prendre la photographie des principaux monuments de la ville, je désirais avant tout pouvoir profiter de la clarté du jour. Aussi priai-je M. D... de ne pas perdre notre temps, en tours et détours, et d'aller de préférence aux endroits renommés.

Attaché aux pas agiles de mon cicerone, portant sur mes épaules mon fardeau photographique, je m'efforçais de mon mieux de ne pas rester en arrière. Mais, par suite de mon indisposition, mes jambes flageolant, manquant de souplesse et d'élasticité, dame, je suais à grosses gouttes ! Chaque fois qu'il s'agissait de traverser une rue exposée au soleil, je recherchais vite l'ombre, redoutant par-dessus tout la chaleur, qui contribuait encore à m'accabler.

Après un dédale de nombreuses ruelles, s'entrecroisant, comme dans un labyrinthe, nous nous rendîmes au *Jardin des Plantes*, par un boulevard, qui s'étend à perte de vue jusqu'à la *Garonne*, et s'appelle l'*allée Saint-Michel*.

Le *Jardin des Plantes* de *Toulouse* est une délicieuse promenade dans un parc, garni de pelouses vertes, de corbeilles fleuries et de beaux ombrages. On y pénètre par une porte monumentale, dite *Porte Mauresque*. Qu'on se représente une vaste façade, décorée à ses extrémités de deux fausses fenêtres, superposées et flanquées aux ailes de contreforts en saillie. Au centre, une large baie, ouverte en plein cintre, dans un encadrement en forme de pilastre, agrémenté d'un double étage de colonnettes, à chapiteaux, et surmonté d'un frontispice triangulaire, le tout taillé dans la pierre et comme incrusté dans un briquetage d'un

rose vif. Recouvrez toute cette façade d'auvents, étroits et
plats, à l'italienne ou à l'espagnole, relevés aux deux bouts
et découpés au milieu, et vous aurez en perspective une
sorte d'H majuscule, qu'encadrent des massifs de verdure.
Tel m'apparut à l'intérieur, et quand j'en eus franchi la
grille, ce monument, d'aspect lourd et géométrique, qui
rappelle vaguement l'architecture tonkinoise. Il était à
cette heure brillamment éclairé par les rayons du soleil,
qui frappant sur les briques, les recouvraient d'incandescence, en faisant ressortir les tons d'émeraude des pelouses
environnantes. Je lui fis les honneurs de mon objectif,
tandis que M. D... m'attendait sur un banc. Suivant
ensuite de larges allées sablées, à l'ombre d'arbres séculaires, ayant sous les yeux des pelouses fraîches et des
corbeilles de fleurs soigneusement entretenues, nous dirigeâmes nos pas vers le *Jardin Royal*, pour aboutir à ce
qu'on appelle, le *Boulingrin* ou *Grand Rond*, d'où l'on
découvre de charmantes perspectives. Sans doute l'endroit
était séduisant, plein d'ombre et de verdure, mais, outre
qu'en ce moment il était désert, car la chaleur intense
n'invitait guère à la promenade, je n'étais pas en heureuse
disposition contemplative. Suivant M. D... avec résigna-
tion, un peu à mon corps défendant, j'allais, pliant sous le
poids du faix et tirant la jambe. C'étaient, hélas! à chaque
instant des tiraillements de mauvaise augure, que je craignais de voir dégénérer en tranchées. Et pour tenir bon,
pour ne pas trop faire triste figure, en telle occurrence,
j'avais besoin de faire appel à toute mon énergie. Allez
donc, dans cet état, prendre des airs dégagés, vous exta-
sier à tout bout de champ!

Comme le soleil commençait à s'incliner à l'horizon,
nous revînmes vers le centre de la ville. Après le passage
de plusieurs rues, étroites et tortueuses, nous parvînmes
dans un quartier tranquille, où se trouvent de superbes
constructions. Successivement, je vis ainsi défiler devant
mes yeux les façades, fières et richement ornementées, des

Hôtels Gay, de *Felzins*, de *Saint-Jean*, de la *Maison de
Pierre*, celle-ci, dit-on bâtie avec des débris d'un temple
de *Pallas*. J'admirai sans réserve toutes ces belles sculptures, regrettant de ne pouvoir en emporter l'image, faute
de recul suffisant pour disposer mon appareil. Je me contentai de prendre la porte d'entrée, vraiment monumentale, de l'*Hôtel de Felzins*, en me plaçant sous une porte
d'allée en face.

Nous allâmes de là, sur le quai, voir le *Pont-Neuf*, jeté
sur la *Garonne*, et qui met en communication la ville de
Toulouse avec *Saint-Cyprien*, son important faubourg.
Le coup d'œil que, du haut de ce pont, on embrasse sur les
deux rives est varié et très étendu. A en juger par le passage incessant des citadins, des voitures, des lourds camions
chargés de marchandises, ce lieu me parut des plus fréquentés. La voie est large, le tablier très élevé au-dessus
du niveau de la berge ; quant aux arches, nombreuses et
très cintrées, elles sont en pierres grises. Tout au bas, le
fleuve déroule lentement ses ondes jaunâtres, dépourvues
de transparence. La vue, soit en amont, soit en aval,
s'étend fort loin, offrant de belles perspectives.

Au moment où nous arrivions près du parapet du pont,
j'aperçus, sur la rive opposée, un détachement de soldats,
en corvée de baignade. Au commandement donné, tous les
hommes se jetèrent simultanément à l'eau, et comme autant
de points noirs, on vit les têtes émerger du sein de l'onde,
et les corps s'agiter comme des Tritons.

Après quelques minutes de contemplation, nous reprenons le cours de notre promenade. Non loin de là, M. D...
me fait pénétrer à l'intérieur d'une cour, dont les murs
remarquables sont tapissés de lierre, de plantes grimpantes, et ornés de magnifiques motifs d'architecture. Nous
sommes dans l'ancienne cour d'honneur de l'*Hôtel d'Assé-
zat*, qui date du XVIe siècle. Certes, il y aurait plus d'une
photographie à prendre en ce lieu, car de fines et délicates
sculptures décorent la façade de la construction. Mais il

est plus de six heures, la cour est plongée dans l'ombre ; je suis donc, à mon grand regret, obligé de remettre l'opération au lendemain. Nécessité fâcheuse, qui me privera de l'agrément d'emporter un souvenir de ces choses d'art. En effet, je n'aurai plus le loisir de revenir par là, et l'*Hôtel d'Asséʒat*, pas plus que le *Pont-Neuf*, ne figureront dans ma collection. Ce ne seront pas, du reste, les seuls regrets que j'éprouverai en quittant *Toulouse*.

S'il est une merveille architecturale, un édifice grandiose, dont la vue transporte l'artiste d'admiration, c'est à coup sur la *Basilique de Saint-Sernin*, magnifique spécimen de l'art roman.

Dire que je ne l'aurai vue qu'en passant, à la course, et que son élégante silhouette, ses fières arcades, son immense nef, ses innombrables clochetons, ses aiguilles ouvragées, ses baies élancées, n'auront laissé dans mon esprit qu'une impression des plus fugitives! L'ensemble du monument, tout en briques, comme la plupart de ceux de l'ancienne *Capitale du Languedoc*, présente un caractère vraiment imposant. Il est surtout d'un aspect superbement décoratif, encore que la teinte générale, brunrouge, n'en soit un peu sombre, si elle n'est pas dorée par le soleil.

Nous revînmes par l'étroite *rue du Taur*, aboutissant à la *place du Capitole*, où l'on remarque la bizarre découpure d'un clocher, qui se dresse inopinément dans l'air. Dans cette rapide promenade, nous avions passé en revue les principales curiosités de la ville, que mon obligeant compagnon avait bien voulu me faire admirer au passage. Est-ce à dire maintenant que j'aie vu tout ce qu'il y avait d'intéressant à voir? Comment le penser, en si peu de temps! Ce n'est pas quelques heures qu'il faudrait consacrer à la visite d'une ville, comme *Toulouse*, mais des journées entières...! Rien que le *Capitole* et *Saint-Sernin* mériteraient un examen approfondi *intus* et *extra*.

Il était près de sept heures, quand, revenu dans les parages de mon hôtel, je me séparai de l'infatigable M. D..., dont pas un seul instant l'affabilité ne m'avait fait défaut, et dont j'emportai le meilleur souvenir. Après lui avoir fait mes adieux et l'avoir cordialement remercié, je pris congé de lui, puis je m'empressai de rentrer. Je n'en pouvais littéralement plus! Tout comme après une longue journée de chasse, j'étais exténué, éprouvant un impérieux besoin de repos. Une fois dans ma chambre, j'aurais voulu pouvoir me prélasser dans un bon Voltaire, et béatement m'y endormir. Je venais de passer une nuit si tourmentée, que j'avais bien droit à quelque sommeil. Mais, étais-je donc en voyage pour prendre mes aises et fainéanter? Je jugeai que je n'en avais pas le loisir, et que, martyr de la locomotion, nouveau Juif-Errant, il me fallait aller. Le moment était venu de dîner, et non pas de dormir. Dîner! Oui, c'est très bien, quand c'est l'heure, et que l'on a faim. Mais, moi, pourrais-je dîner? Telle était la question que je me posai avec perpléxité. Le déjeuner du matin m'avait si mal réussi que je répugnais à renouveler l'expérience. J'avais encore l'estomac en révolte, des crampes m'assaillaient de temps à autre, et toujours dévoré d'une soif ardente, j'éprouvais à l'intérieur une sensation de brûlure. Bref, avec le cœur sur les lèvres, je n'avais aucune envie de me mettre à table. Ne sachant que faire, en cette triste occurrence, ni comment arrêter le débordement dont j'étais atteint, et qui m'anéantissait, je résolus d'aller consulter un pharmacien.

Il y en avait précisément un tout près de l'hôtel.

Je sortis aussitôt, et en quelques enjambées j'avais atteint sa demeure. Ayant pénétré dans l'officine, j'y trouvai le maître de céans, en train de broyer une mixture dans un mortier de porcelaine. A ma vue, il releva ses lunettes, m'adressa un léger salut et me demanda ce que je désirais.

— Monsieur le pharmacien, lui dis-je, je viens vous

prier de me donner quelque chose pour me remettre le cœur.

— Vous avez mal au cœur?

— Oui; c'est-à-dire que je souffre de l'estomac. Il faut vous dire qu'ayant été indisposé cette nuit, j'ai été pris d'un accès de dysenterie, qui loin de se calmer me semble prendre des proportions inquiétantes.

— Cela vous a pris subitement?

— Subitement n'est pas le mot; car voici plusieurs jours que je me sens mal en train, très altéré, et sans appétit. Cependant, ce n'est que depuis cette nuit que je suis réellement dérangé.

— Vous aurez eu quelque indigestion?

— Possible, mais je crois plutôt que j'ai commis une imprudence en voyage. Très éprouvé par cette chaleur du Midi, à laquelle je ne suis pas habitué, peut-être ai-je abusé des boissons glacées? Du moins, c'est à cela et au changement d'alimentation que j'attribue cette indisposition.

— En effet, n'en doutez pas, fit-il. Mais rassurez-vous, ce n'est rien. Cela se passera aisément. Monsieur n'est pas de *Toulouse?*

— Oh! non, répondis-je. Je ne suis ici qu'en passant.

— Et vous comptez y rester quelques jours?

— Je compte en repartir demain. Je vais dans les *Pyré-nées,* à *Luchon, Cauterets* et même ailleurs.

— Ah! Très bien. Monsieur fait un voyage d'agrément?

— Justement! C'est-à-dire que j'ai entrepris mon voyage dans cette intention. Pour le moment, il est vrai, l'agrément est mince; aussi ne serais-je pas fâché de me guérir au plus tôt.

— Qu'à cela ne tienne, s'écria le pharmacien. A l'aide du cordial que je vais vous préparer à l'instant, vous serez bien vite soulagé.

— Oh! mon Dieu, lui répondis-je, donnez-moi la

moindre des choses, un peu d'éther ou de laudanum. En pareil cas, c'est ce qui me réussit le mieux.

— Soyez tranquille, j'ai votre affaire. Je connais une formule excellente pour les affections de ce genre. Après avoir usé de mon remède, si vous n'êtes pas radicalement guéri, vous m'en direz des nouvelles. En attendant, veuillez donc vous asseoir, Monsieur, je suis à vous.

Ce disant, l'apothicaire disparut dans son laboratoire. Il revint bientôt, un flacon à la main, qu'il s'ingénia à remplir de liquides variés, puisés à différentes sources. Puis, quand le breuvage fut suffisamment composé, amalgamé et trituré :

— Tenez, me dit-il, en me tendant le flacon, buvez-moi ça! Oh! ce n'est pas mauvais. Avalez une forte gorgée, sans crainte.

Docilement, j'exécutai le mouvement, non sans faire un tant soit peu la grimace.

— Eh bien? reprit le pharmacien, qu'en dites-vous? N'est-ce pas que c'est bon et que ça remet le cœur? Ça réchauffe, pas vrai?

— Oh! répondis-je. Quant à réchauffer, cela réchauffe en effet. Tout à l'heure je n'avais pas froid, bien au contraire; mais maintenant, je brûle! Voyez, la sueur me découle du visage! C'est bon... je veux bien le croire, quoique... enfin, pourvu que cela me fasse du bien, c'est l'essentiel.

— N'en doutez pas, Monsieur, c'est souverain! Emportez le flacon et buvez du contenu une gorgée, d'heure en heure, avant et après le repas. Si par hasard vous n'alliez pas mieux, ce qui me surprendrait, n'hésitez pas à revenir me trouver. Vous demeurez loin d'ici?

— Non. Tout près, je suis à l'*hôtel de France.*

— Là en face, de l'autre côté de la rue?

— Oui, précisément.

— Tant mieux! Vous n'auriez alors qu'à me faire prévenir par le garçon; mais, je vous le répète, vous n'en aurez pas besoin.

— Vous êtes bien bon, lui dis-je, je vous remercie. A propos, ajoutai-je avant de partir, auriez-vous de l'élixir parégorique?

— Sans doute. C'est un excellent remède contre les maux d'estomac.

— Et de la kola? Connaissez-vous cet ingrédient, dont on dit tant de bien?

— Mais parfaitement. Ainsi, vous voyez cette bouteille-là sur le comptoir; eh bien, c'est une préparation de kola au vin d'Espagne. Je viens justement de la préparer pour un client qui me l'a commandée.

— Ah! Et vendez-vous aussi de l'élixir de kola?

— De l'élixir de kola! Non, je ne connais pas ce produit; mais, si vous le désirez, je puis vous céder un peu de ce vin que j'ai en surplus.

— Est-il vrai que cette substance jouisse de propriétés merveilleuses? On prétend que son absorption supprime la faim et la soif et augmente les forces physiques. Qu'en pensez-vous? L'avez-vous expérimentée sur vous-même?

— Non, mais je sais que le principe de la kola est un alcaloïde très énergique, la théine, tonique par excellence, qui agit d'une façon analogue au principe du café et du thé. Enfin, il est reconnu qu'incorporée dans un vin généreux, cette substance constitue un précieux cordial très apprécié des touristes, bicyclistes et ascensionnistes.

— Vraiment! fis-je. Eh bien, c'est le cas pour moi d'en faire l'expérience, puisque je me dispose à ascensionner dans les *Pyrénées*. Donnez-m'en donc un échantillon.

— Très volontiers. Je suis persuadé, Monsieur, que vous en serez très satisfait.

Ce disant, le pharmacien me remplit un nouveau flacon de la précieuse panacée. Je le saluai; puis, muni de ces ingrédients, je rentrai à l'hôtel.

Après un repas sommaire, je me mis au lit, toujours harassé de fatigue, mais tout de même un peu plus tranquille.

CHAPITRE V

Le marché de la place du Capitole. — Le Passage Montmorency. —
Le Square du Donjon et Tircis. — De Toulouse à Bagnères-de-
Luchon. — Premier aperçu des Pyrénées. — Les gaves tributaires
de la Garonne. — Les pisteurs de Montréjeau. — Arrivée à Barcugnas. — Fausse manœuvre. — La recommandation magique.

A l'inverse de la précédente, la nuit qui suivit fut assez
calme. Grâce à l'eau de riz et à l'élixir parégorique combi-
nés, peut-être aussi à la potion souveraine du pharmacien,
quand je me réveillai, le lendemain matin, j'étais, sinon
guéri, du moins reposé et soulagé. Les maudites crampes
d'estomac notamment avaient cessé. En un clin d'œil, je
fus habillé, prêt à sortir. Il faisait un temps splendide, et
à travers les rideaux de ma fenêtre, je voyais briller les
rayons du soleil.

Quand je pénétrai sur la *place du Capitole*, je la trouvai
encombrée de baraques et d'éventaires, celles-ci pleines de
fruits et de légumes, au milieu d'une foule compacte et
grouillante. Je tombais en plein marché ! C'étaient un tohu-
bohu, un vacarme, une animation indescriptibles ! Les
ajustements les plus bariolés, les fichus de soie aux couleurs voyantes, les écharpes, les mouchoirs, les tabliers
multicolores des marchandes rompaient par leurs tons
variés la monotonie des sombres vêtements des citadins.
De véritables amoncellements de fruits, ces beaux fruits
dorés du Midi, des oranges, des grenades, des limons, des
pêches, des prunes, des figues, des chapelets d'oignons,
des tas de pastèques, de tomates, de concombres, venaient

tout à la fois flatter l'œil, par leur aspect affriolant, et le palais, par leurs émanations *sui generis*. Des corbeilles, pleines de gerbes de fleurs, au coloris éclatant, au parfum suave, vous saisissaient au passage, embaumant l'air, resplendissant au soleil.

De tous côtés, des chalands affairés cherchaient, tâtaient, soupesaient, quoi que ce soit, discutant bruyamment dans un patois sonore, tiré de cette langue d'oc, dont je ne comprenais pas un traître mot. Du reste, avec mon appareil sur le dos, je ne parvenais que difficilement à fendre la foule, à franchir ces innombrables tas de choses, disséminées à terre, et à me faufiler à travers cette ruche humaine en effervescence. A chaque pas en avant, à chaque cap d'échoppe que j'arrivais à doubler, c'étaient des exclamations, des interpellations, des questions incessantes. Ces braves femmes voulaient toutes m'offrir quelque chose, l'une une fleur, l'autre un fruit ; celle-ci un volatile, celle-là un poisson !

Sans me presser et le sourire aux lèvres, je les dévisageais, les unes après les autres, admirant leurs beaux yeux noirs : et silencieux, je passais en riant. Aussitôt derrière moi les quolibets de pleuvoir, drus et serrés, mais bientôt perdus au milieu du brouhaha général.

Ayant, non sans peine, fini par atteindre la façade de l'hôtel de ville, je pénétrai sous un passage donnant dans une cour de service. Voulant photographier cette cour, où la veille j'avais remarqué de jolis motifs de sculpture et une statue en haut-relief, dans une niche ornementée, j'eus la mauvaise inspiration de m'adresser au bureau du commissariat de police. Je ne prétendais rien de moins que demander la permission d'interdire le passage pendant que j'opérerais ! Démarche imprudente, qui faillit me devenir funeste. A peine entré, je me trouvai en présence d'un personnage, à la mine revêche, qui, me toisant d'un coup d'œil, me demanda ce que je voulais. En quelques mots je lui exposai ma requête.

— Cela ne me regarde pas, répondit-il brusquement. Adressez-vous au secrétaire général de la préfecture.

— Eh quoi ! m'écriai-je. Pour une simple photographie prise en moins d'une minute, il faut l'autorisation de M. le préfet?

— Sans doute. Le passage ne peut être interdit au public ; en tout cas, vous risquez de gêner la circulation.

— Soyez tranquille, repris-je ; je ne gênerai qui que ce soit. Puisqu'il en est ainsi, mettons que je n'ai rien dit. Je m'arrangerai comme je pourrai et me passerai de la permission. Pardon de vous avoir dérangé.

Ce disant, je fis volte-face et sortis aussitôt, ne me souciant nullement de rester plus longtemps en pourparlers avec cet agent de l'autorité, qui ne semblait pas des plus accommodants. Pour un peu plus, pensai-je, il eût été capable de me demander mes papiers, comme à un vulgaire vagabond, et même, qui sait, peut-être de m'arrêter !

Déçu, mais non découragé, je résolus d'opérer quand même. J'allai donc, sans plus de formalités, m'installer dans le fameux passage, sous l'œil bienveillant d'un sergent de ville, qui me laissa tout à mon aise déployer mon appareil. Je braquai mon objectif juste en face de la porte monumentale, au frontispice de laquelle je lus ces mots gravés :

> Hic Themis dat jura civibus
> Apollo flores camænis
> Minerva palmas artibus.

Malheureusement, la statue, qui surmontait l'entablement de cette porte, dans une niche située en haut du plafond, se trouvait à moitié perdue dans l'ombre des moulures. Pour en avoir une image nette, j'étais obligé de poser quelques secondes. Mais alors une difficulté se présenta, ce fut de choisir le moment précis où personne ne traverserait le passage. Il me fallut ainsi attendre assez longtemps que la place fut nette ; car à chaque instant, soit dans un sens, soit dans un autre, il arrivait du monde. A la fin, profitant d'un instant favorable, je réussis à prendre la vue convoitée, puis je me hâtai de plier bagage et d'aller ailleurs.

Ayant traversé le passage, je pénétrai dans le square qui s'étend au pied du *Donjon*, dont la masse quadrangulaire avait la veille frappé mes regards et excité mon admiration. Je cherchai d'abord l'endroit le plus favorable et l'éclairage le meilleur pour photographier le monument. Et, quand je l'eus découvert, j'allai tranquillement m'établir vers la grille d'entrée donnant sur le boulevard. De là, l'édifice se montrait sous un aspect tout à fait séduisant et romantique, qui me décida. Il apparaissait de biais, une façade éclairée, et l'autre dans la pénombre, avec le pignon de sa lanterne pointant hardiment dans le ciel, tandis qu'une guirlande de verdure l'encadrait avec une rare élégance.

Au premier plan, sur un socle de marbre blanc, se dressait une statue de *Tircis*, dont les lignes pures et les formes harmonieuses ressortaient avec éclat du sein des massifs environnants, servant de décor artistique à ce merveilleux tableau.

Inutile de dire qu'à peine en position, je fus entouré d'une nuée de badauds, plus gênants qu'utiles, qui vinrent faire cercle autour de l'appareil. Mais, tout entier à mon affaire, je ne me laissai pas décontenancer et pris la vue, cette fois, sans anicroche.

Il était dix heures, quand, ayant terminé les opérations photographiques de la matinée, je consultai ma montre. Avec ces allées et venues le temps avait fui rapidement, et je n'avais plus une minute à perdre si je voulais donner suite au programme de la journée. J'avais décidé d'aller coucher le soir à *Luchon*, et je devais pour cela prendre l'express de 11ʰ,27ᵐ. Je me hâtai donc de rentrer à l'hôtel, de boucler ma valise, de régler la note, d'avaler un succinct déjeuner, pour me jeter ensuite dans l'omni-

bus qui me conduisit à la gare. Et j'arrivai juste à point
pour prendre place dans le train, dont la locomotive haletante était prête à s'ébranler. Une fois installé dans mon
compartiment, je respirai à l'aise, et, chose incroyable, je
me trouvai encore seul, oui, tout seul ! J'en profitai aussitôt pour me carrer dans un coin, à l'abri du soleil. Au
coup de sifflet réglementaire, la cloche retentit, lentement
le train sortit du hall de la gare, accéléra sa vitesse et
bientôt se trouva en rase campagne. J'admirai une dernière
fois les hautes flèches de la cathédrale, qui se profilaient
dans le ciel par-dessus les toits des maisons, puis la vision
disparut. C'en était fait de *Toulouse* !

Désormais ma pensée allait s'élancer au devant des
Pyrénées, ces montagnes féériques, dont la chaîne bleuâtre
commençait à se montrer dans le lointain, çà et là dentelée
et marbrée. Je cherchais avec intérêt à en saisir la configuration générale, à repaître ma vue des moindres contours,
en interrogeant la masse indécise, qu'une légère buée me
masquait à demi. M'efforçant d'analyser mes impressions,
j'établissais dans mon esprit des points de comparaison
avec l'imposante chaîne des *Alpes*. Mais pour le moment
la distance qui me séparait des *Pyrénées* était encore trop
grande, pour me permettre de les apprécier et d'asseoir un
jugement bien approfondi.

Nous traversions à toute vapeur une plaine fertile, en
remontant le cours de la *Garonne*, aux flots limoneux.
Dans toute cette région, au fur et à mesure qu'on franchit
les 100 kilomètres, qui séparent *Toulouse* de *Montréjeau*,
les nombreux tributaires du grand fleuve affluent de toutes
parts. A la petite station de *Portet*, l'*Ariège*, descendue du
val d'Andorre, se jette dans son lit. A *Muret*, c'est la
Longe, qui vient du plateau de *Lannemezan*. A *Car-
bonne*, c'est l'*Arize*, et à *Boussens*, le *Salat*. A certains
signes, on sent qu'on se rapproche des montagnes. Les
cours d'eau, plus limpides, plus étincelants au soleil,
s'écoulent plus rapidement. La végétation s'embellit, de

frais ombrages abritent les rives sinueuses, les pentes verdoyantes se redressent, ouvrant à l'œil charmé de riantes
perspectives. Les ponts succèdent aux ponts. Mais ce
n'est plus comme dans le *Midi*, les lits des rivières ne
sont pas desséchés. L'eau y court gaiement sur des galets,
rejaillissant auprès des roches surplombantes. A partir de
Boussens, la *Garonne*, grossie par ses affluents, devient
navigable. A *Saint-Gaudens*, chef-lieu de canton, perché sur un promontoire de la rive gauche, la vue commence à devenir très intéressante. Enfin, quand on arrive
à *Montréjeau*, on se trouve au seuil des *Pyrénées*, et dès
qu'on l'a franchi, l'admiration s'impose. C'est à cette station que les voyageurs pour *Bagnères-de-Luchon* changent
de train. On quitte la grande ligne de *Tarbes*, *Pau* et
Bayonne, pour suivre un petit embranchement spécial.

Après m'être restauré au buffet, je monte dans un nouveau compartiment, que je trouve vide, pour ne pas en
perdre l'habitude. Je m'attends à n'être pas troublé dans
ma solitude jusqu'à la fin du trajet, quand, au moment du
départ, un quidam ouvre la portière et vient sans façons
s'asseoir à mes côtés. Ce n'est certes pas un gentleman, à
en juger par sa mise quelque peu négligée ; ce n'est pas
davantage un campagnard, malgré son béret. A voir les
allures cavalières du personnage, son air obséquieux, son
regard inquisiteur, je flaire quelque naturel du pays, qui
en veut à ma personne et va me faire ses offres de service.

En effet, je ne me suis pas trompé, c'est un pisteur. A
peine le train s'est-il mis en marche, que mon individu,
ayant tiré une carte de sa poche, me la présente, en m'engageant vivement à descendre à l'hôtel qu'il m'indique, et
dont il est l'humble serviteur (lisez : *famulus !*).

Sans mot dire, je m'empare de la carte et la fourre dans
ma poche.

Son devoir accompli, l'homme, voyant que je ne parais
guère disposé à engager la conversation, me salue et tran-

quillement disparaît par la portière qu'il a ouverte. Je crois
en avoir fini et je me dispose à admirer le paysage, lorsque
la portière, opposée à celle que j'occupe, s'ouvre à son
tour, livrant passage à un nouvel arrivant. Du reste, il me
suffit d'un simple coup d'œil pour juger de ses intentions.
C'est un autre pisteur, qui s'empresse également de me faire
ses offres de service, et me glisse dans la main la carte de
son hôtel. Celui-ci naturellement est situé dans le meilleur
endroit de *Luchon*, à proximité de l'*Établissement Thermal*, à deux pas du *Casino*, enfin il offre aux voyageurs
tout le confort désirable.

Pour me soustraire à l'odieux boniment, je pris la carte
et la collai à côté de la première. Puis, le train s'étant arrêté à la station de *Loures*, l'homme descendit de wagon,
au moment ou trois individus du même acabit y montaient. Chacun d'eux se fouilla et m'offrit sa carte. Puis,
tous trois, à tour de rôle, se mirent, avec un sérieux
comique, à me vanter les délices de leur *home*.

— Si Monsieur n'a pas de logement arrêté, me dit l'un,
descendez au *Grand Hôtel Calmel*, en face des *Thermes*,
sur l'*Allée d'Étigny*. Il y sera très bien. Vue magnifique.

— Au *Grand Hôtel Baqué*, s'écria un autre, vous
serez bien mieux. Maison de 1ᵉʳ ordre, Monsieur! A proximité des *Thermes* et du *Casino*. Omnibus à tous les
trains.

— *Grand Hôtel Richelieu*, vociféra le troisième,
hôtel de S. M. le roi de Hollande, avec restaurant dans le
jardin d'été ; spécialement recommandé aux familles. Choi-
sissez !

Je ne pus m'empêcher de rire en entendant les pom-
peuses énumérations de tous ces *Grands Hôtels*, et comme
chaque officieux me tendait obstinément sa carte, je les
pris toutes pour ne pas faire de jaloux.

— Donnez, donnez, leur dis-je. Elles iront dans ma
poche rejoindre les autres ; j'en fais collection. Et mainte-

nant, il suffit ! Laissez-moi la paix. Allez plus loin faire vos offres de service.

A la station suivante, à *Salichon*, mes pisteurs, dépistés autant que dépités, descendirent, non sans m'avoir adressé de profonds saluts, et me délivrèrent de leurs fastidieuses obséquiosités. Mais je n'étais pas au bout du rouleau. Après ceux-là en vinrent d'autres, qui recommencèrent leurs salamalecs et leur boniment. Ce manège dura ainsi jusqu'à *Marignac*, jusqu'à *Cier-de-Luchon*, jusqu'à *Luchon* même !

Dans toutes mes poches, j'avais des cartes d'hôtel ; j'en avais même tant, que je ne savais laquelle préférer.

A peine le train, parvenu à son point terminus, avait-il stoppé, que, mes colis à la main, je m'empressai de descendre de wagon. J'étais encore sur le marchepied, que je vis accourir à ma rencontre un personnage, galonné sur toutes les coutures. D'un air important et mystérieux, il portait un pli aux doigts, et gravement me le tendit.

Croyant que c'était un télégramme, je me demandais déjà qui pouvait bien me l'adresser, quand un coup d'œil jeté sur le papier me fit sourire. C'était encore un prospectus ! Il était dit que ce jour-là, j'en serais comblé !

Du reste, en forme de lettre polychromée, bleu et rouge, avec une vignette représentant, outre la façade de l'immeuble, des bourriques bâtonnées et un muletier espagnol en costume d'opéra-comique, le boniment était tout à fait séduisant. Qu'on en juge !

Tout en haut de la feuille, on lisait, en gros caractères rouges, afin qu'ils tirassent les yeux : *10 francs par jour tout compris !* A la bonne heure, pensai-je. Au moins cela est net, pas d'ambiguïté ! On sait tout de suite à quoi s'en tenir. Dix francs par jour ! Ce n'est pas le comble du bon marché, mais du moment que *tout* est compris ! Seulement, qu'entend-on par ce tout ? C'est ce qu'on a oublié de dire et ce qu'il faudrait savoir. Il y a tout et tout, n'est-ce pas ? Et puis, souvent, tout ou rien,

c'est à peu près la même chose ! Mais, passons, et continuons la lecture.

Grand Hôtel de..., le seul avec ascenseur (*Lift*, pour les
Anglais et les *Américains*). Suivait ensuite une infor-
mation du propriétaire, vantant le mérite de sa maison
de tout premier ordre, installée avec tout le confort
moderne, et répondant en fait de cave, cuisine et service,
aux plus hautes exigences !

A 10 francs par jour, tout compris, je me demandai
jusqu'à quelle hauteur pouvaient bien s'élever ces exigences, et ne trouvant pas de réponse, je poursuivis,
rêveur.

Un parc de six hectares est annexé à l'hôtel et pourvu
d'une laiterie, d'un gymnase et de jeux divers pour les
enfants.

C'est très bien cela, me dis-je. Mais aux grandes personnes qu'offre-t-on céans ? La fin du message devait me
l'apprendre. *Luchon, comme site pittoresque est unique.
La réputation de ses eaux est universelle.*

Et voilà ! Libre à vous d'en faire l'expérience, au prix
indiqué. Au surplus, 10 francs par jour, à l'hôtel, dans
une ville d'eaux, et au centre des *Pyrénées*, ce n'est vraiment pas excessif, surtout si *tout* est compris. En voyage,
il faudrait être bien peu argenté pour reculer devant cette
dépense, que généralement l'on dépasse, n'importe où.

Telles étaient les réflexions que ce prospectus m'avait
suggérées, tandis que, mon bulletin de bagage à la main,
j'attendais dans le hall que ma malle me soit délivrée. Ce
fut long, car il y avait affluence de voyageurs, tous plus
impatients les uns que les autres. La plupart des omnibus
stationnant sur le quai avaient déjà disparu. Je montai
dans le dernier, mais ce n'était pas celui du *Grand Hôtel.*
Du reste, il ne tarda pas à se remplir, et quand le conducteur eut péniblement empilé sur la plate-forme un
amoncellement de colis, nous partîmes à notre tour.

L'embranchement du chemin de fer de *Montréjeau* à

Bagnères-de-Luchon ne va pas jusqu'à cette dernière localité. La gare qui la dessert est située au lieu dit *Barcugnas*, faubourg relié à *Luchon* par une avenue de platanes, longue de 500 mètres. En quelques minutes la distance est franchie; puis, après avoir traversé le ruisseau de *l'Arboust*, atteint une petite place, et passé devant l'église, on se trouve à l'entrée d'un beau boulevard. Il est planté d'arbres séculaires et bordé de chaque côté de riches constructions. Tout au fond de la perspective, la vue est arrêtée par un rideau de verdure, formé par un bois de sapins en pente douce, et l'on voit par-dessus, à l'extrême limite de l'horizon, se détacher sur le ciel des pics roses, délicatement parsemés de traits d'argent. Cet aspect théâtral est d'un effet ravissant. Il semble qu'on vienne de pénétrer dans la vallée de *Tempé* !

Cette large avenue est sillonnée de voitures, de landaus, de mails-coaches, de cavaliers, d'ânes et de promeneurs, qui y répandent une certaine animation. C'est le *Longchamps* de l'endroit, qu'on appelle, *Allée d'Étigny*, du nom du bienfaiteur de la localité.

C'est à peine si, le nez à la portière, je puis avoir un aperçu de tout cela, car l'omnibus court, à brides abattues, tout le long de ce boulevard. Cependant, à la hauteur d'un monument, orné d'un péristyle, il tourne à gauche, en longeant une vaste promenade ombragée, et bientôt après s'arrête à la porte d'un hôtel. Sur le seuil, des serviteurs sont là, empressés, aidant à décharger les bagages et débarrassant les voyageurs de leurs colis à la main.

Je me rends au bureau, où trône au comptoir une dame, très imposante, dont la figure est énergique et le regard d'ébène. L'ayant saluée, je lui demande si je puis avoir une chambre.

— Oui. Monsieur, me dit-elle avec empressement, et s'adressant au garçon, qui déjà s'est emparé de ma malle : conduisez Monsieur au 36.

Prudemment je répondis :

— Pardon, Madame. Avant de retenir cette chambre, je désirerais la voir. Et d'abord, à quel étage est-elle, s'il vous plaît ?

— Au troisième, sur le derrière. C'est, du reste, la seule qui soit vacante en ce moment.

— Dans ce cas, repris-je, je le regrette infiniment, mais je trouve que c'est un peu haut pour moi, et...

— Oh ! non, Monsieur, fit-elle en m'interrompant ; je vous assure que ce n'est pas haut, nos escaliers sont si doux !

— C'est possible, Madame, mais je ne suis pas venu à *Luchon* pour me loger au troisième, et sur le derrière, encore ! En conséquence, si vous n'avez rien de mieux à m'offrir...

— Mais vous y serez très bien, et puis demain nous aurons peut-être des départs, ce qui permettra de vous descendre d'un étage, si vous le désirez.

— Vous êtes bien bonne, Madame, je vous remercie. En attendant, si vous le permettez, je vais voir ailleurs. Désolé de vous avoir dérangée.

Et, après un grand coup de chapeau, je pris congé de l'hôtelière, qui, me voyant partir, fronça ses noirs sourcils et pinça les lèvres d'un air dépité. Je n'étais, quant à moi, que fort peu satisfait, ne pouvant me résoudre à loger dans les combles. Les grands seigneurs, les princes, les milords, les richards, qui aiment à voyager fastueusement, ne descendent jamais dans un hôtel, surtout en temps de saison et dans une ville d'eaux, sans avoir télégraphié au préalable pour retenir un logement. Aussi ne leur arrive-t-il que rarement des mécomptes. Ils ont généralement le nombre de pièces commandées et à l'étage qu'ils ont désigné. Quand le quart d'heure de *Rabelais* est arrivé, ils peuvent faire la grimace, en vérifiant l'addition — s'ils s'en donnent la peine — mais ils paient, et tout est dit.

Ceux qui aiment à voyager plus simplement, qui craignent par-dessus tout de se lier, de s'engager à jour, à heure fixe, qui ne font que passer dans une localité et la quitteront le lendemain, ou huit jours après, si tel est leur bon plaisir, ceux-là, dis-je (et je suis du nombre) s'en remettent au hasard de trouver leur gîte. Presque toujours, il est vrai, le hasard les conduit mal. Chaque année, à la même époque, que ce soit aux bains de mer ou dans une station thermale, le voyageur seul, qui pour la première fois descend dans un hôtel, obtiendra invariablement la même réponse : chambre au troisième, ou au quatrième, si l'immeuble a quatre étages, et vue *sur le derrière ! * C'est régulier, comme les petits pâtés. Il n'y a qu'une chose qui varie, le prix, suivant l'endroit et la rapacité de l'hôtelier. J'en ai bien souvent fait l'expérience, au début, à mes dépens, mais aujourd'hui, devenu récalcitrant, je ne consens à jouer le rôle de dupe qu'à la dernière extrémité.

Pour le moment, j'étais sur le pavé, l'heure s'avançait, et la question était de savoir où descendre, ou plutôt monter ! Dans toutes les poches de mes vêtements, j'avais bien des cartes d'hôtels, mais ne connaissant pas la ville, et ne me souciant pas d'ailleurs d'aller frapper à toutes les portes, je réfléchis que le plus simple était de consulter un habitant de la localité. Et précisément, n'avais-je pas le nom du fonctionnaire, auprès de qui j'avais été recommandé à *Toulouse*, sous les auspices du *Club Alpin ?* Entrer dans la première maison venue et me faire indiquer sa demeure, était la chose la plus simple; et ce que je fis incontinent. Dès les premiers mots, je fus renseigné et mis sur la bonne voie. Mon homme était très connu, et logeait non loin de l'église. Il me fallut donc revenir sur mes pas, et retraverser d'un bout à l'autre l'*Allée d'Étigny*.

Malheureusement, quand je sonnai à sa porte, on me dit qu'il venait de sortir et qu'on ne savait où il était allé.

Assez embarrassé, comme je restais perplexe, expliquant que je venais exprès pour voir ce monsieur, qui du reste ne me connaissait pas, je fus invité à l'attendre, pendant qu'on irait à sa rencontre. Étant entré au salon, j'engageai avec la maîtresse du lieu une conversation à bâtons rompus. Sur ces entrefaites, le personnage en question rentra, et aussitôt je lui expliquai le but de ma visite, en m'excusant d'avoir pris la liberté de le déranger.

C'était un homme de vingt-cinq à trente ans, grand, mince, d'aspect vigoureux, dont les traits doux respiraient un air de bienveillance, alliée à quelque timidité. M'étant présenté de la part de M. F... de *Toulouse*, je vis à l'instant que la recommandation était des plus efficaces. A peine en effet avais-je prononcé son nom, que mon futur compagnon déclara se mettre entièrement à ma disposition. Un désir exprimé par M. F..., me dit-il, était pour lui un ordre. Bientôt entre nous la conversation s'engagea, intime et cordiale, comme si nous étions de vieilles connaissances.

— Ainsi vous arrivez de *Toulouse*, poursuivit mon aimable interlocuteur, et à quel hôtel êtes-vous descendu ?

— Dans aucun, lui répondis-je. Je n'ai pas de logement pour le quart d'heure ; aussi, si vous le permettez, je compte un peu sur vous pour me tirer d'embarras.

— Assurément, mais vos bagages, où sont-ils ? Les avez-vous laissés à la gare ?

— Non. L'omnibus les a emportés avec moi à l'hôtel, où ils sont provisoirement, et où moi je n'ai pu trouver de place. On n'avait à m'offrir qu'une mauvaise chambre au troisième, et de plus sur le derrière ! Vous comprenez que cette perspective ne m'a pas paru séduisante ; aussi ai-je refusé d'en jouir.

— Le malheur est qu'il commence à arriver beaucoup de monde à *Luchon*, et que la plupart des hôtels sont pleins...

— Diable ! Mais alors comment faire ?

— Avez-vous un hôtel de préférence, et comptez-vous séjourner longtemps ici ?

— Je ne connais personne à *Luchon*, peu m'importe où je logerai, pourvu que ce ne soit pas dans les combles et que le logis soit convenable. Sans être difficile, je tiens à avoir mes aises ; car je trouve déplacé en voyage d'être plus mal que chez soi, bien entendu, quand il est possible de faire autrement. Cependant, comme je ne suis ici qu'en passant, deux ou trois jours au plus, je m'accommoderai de ce que nous trouverons.

— Tenez-vous absolument à loger à l'hôtel ? Vous pourriez prendre une chambre meublée dans une maison particulière, vous seriez libre ensuite d'aller manger où bon vous semblerait.

— Oui, sans doute, cela pourrait se faire. Mais pour si peu de temps, cela en vaut-il bien la peine ? Et puis, vous l'avouerai-je, je suis un peu souffrant. Ayant été éprouvé par la fatigue du voyage, je suis à peine remis d'une indisposition ressentie à *Toulouse*. Dans la plupart de ces maisons meublées, en général le service laisse à désirer ; or si je venais à tomber malade, je craindrais de ne pouvoir me faire soigner.

— Oh ! détrompez-vous. J'en connais tout au moins une où vous seriez très bien, et où, avec tout le confort désirable, vous trouveriez les soins nécessaires, en cas de besoin ; enfin, ce qui n'est pas à dédaigner, tout cela à un prix abordable.

— C'est possible, mais alors c'est l'isolement, qui me sourit peu.

— L'isolement ? Vous n'en aurez pas, vous serez avec moi. Car, j'ai omis de vous le dire, la maison que je vous propose est précisément celle que j'habite.

— Comment ! C'est ici même ? Vous logez donc en garni ?

— Mais oui.

— Et vous êtes satisfait ? Vous vous trouvez bien ?

— Parfaitement. La maison est propre, les chambres sont claires, l'ameublement est suffisant. Quant aux propriétaires, ce sont de braves gens, aux petits soins pour leurs locataires, même de passage comme vous.

— Et vous pensez qu'ils auraient une chambre à m'offrir... à une altitude honnête ?

— Si vous avez remarqué la façade de la maison, vous avez dû voir qu'elle n'a pas trente-six étages ! L'immeuble se compose uniquement du rez-de-chaussée, qu'habite le propriétaire avec sa femme, et du premier, où sont plusieurs appartements à louer. J'en occupe un à cet étage, et si vous vous décidez en faveur du logis, nous serons voisins sur le même palier.

— Ah ! vous m'en direz tant, que vous finirez par me décider. D'ailleurs, ce qui me séduit dans la proposition, c'est l'avantage et le plaisir de me trouver en votre aimable compagnie.

— L'avantage sera pour moi, répondit M. X..., et le plaisir partagé, croyez-le bien. Les amis de M. F... sont mes amis, et je tiens à faire honneur à sa recommandation.

— Vous êtes mille fois trop bon, répondis-je, je vous remercie. Je vois que M. F... ne m'a pas trompé, en m'annonçant que je trouverais en vous le plus charmant homme du monde.

— Oh ! Il m'a flatté, je le reconnais bien là !

— Voyons, repris-je. Puisque décidément je suis des vôtres, il faut que je m'entende avec la maîtresse de céans pour arrêter ce logement. N'est-ce pas votre avis ?

— Oui, fit M. X... je vais la prier de venir et de vous faire voir les appartements.

— Eh bien, c'est cela ; j'ai hâte d'en finir avec cette question, sans compter qu'il commence à se faire tard et que l'heure du dîner a sonné. Je gage même que vous êtes attendu. Excusez-moi, Monsieur, de vous retenir si longtemps.

— Non, soyez sans crainte, je ne suis pas pressé. Veuillez attendre une minute, je suis à vous.

Ce disant, M. X... sortit et rentra bientôt, suivi de la propriétaire, qui se trouvait dans une pièce à côté.

Dès les premiers mots, elle me dit qu'elle avait une chambre à ma disposition et, séance tenante, m'invita à venir la voir. C'était au premier, et de la fenêtre qui l'éclairait, je fus à même d'admirer une belle vue sur la montagne située en face. Je déclarai que la chambre convenait parfaitement et la retins définitivement. Puis, étant sorti avec mon nouvel ami, je fis transporter à mon domicile mes bagages restés en panne à l'hôtel. Tout ceci avait pris un certain temps, aussi la nuit commençait-elle à tomber, quand, enfin installé, je pus songer à souper.

— A propos, dis-je, où mange-t-on ici?

— Mais partout, fit M. X..., c'est-à-dire dans toutes les tables d'hôte d'hôtels.

— N'y a-t-il donc pas de restaurants?

— Si, il y en a même un excellent, à l'instar de Paris, seulement il est un peu cher. Si vous ne regardez pas à la dépense, vous pourrez en essayer, je suis sûr que vous en serez satisfait.

— Ah! Et il est loin ?

— Non. Le restaurant *Montbernard-Arnitive* est à deux pas, dans l'*Allée d'Étigny*. Je vais vous y conduire, si vous voulez. Quant à moi, j'ai ma pension, où la nourriture laisse trop à désirer pour que je vous fasse l'offre de la partager.

Bientôt nous fûmes en vue d'un établissement spacieux, brillamment éclairé et agrémenté d'une large vérandah.

Sur la terrasse, de nombreux couverts étaient mis à de petites tables, déjà garnies d'occupants. Je m'installai à l'une d'elles, après avoir pris congé de mon compagnon, qui me promit de venir prendre le café avec moi. Du reste, il ne m'avait pas trompé. Le dîner me parut bon et la cuisine soignée. J'y fis honneur, quoiqu'avec prudence, vu mon estomac. Tout était d'une propreté scrupuleuse, le service intelligent et empressé, malgré l'affluence des convives. Une foule d'étrangers, de touristes, de parisiens, s'étaient donné rendez-vous en ce lieu, se livrant entre chaque bouchée à des conversations animées. Bientôt

les tables des dîneurs se transformèrent en tables de café
assiégées par les consommateurs. De tous côtés s'allu-
mèrent cigares et cigarettes, volatilisant dans l'air tiède
du soir les spirales de leur fumée capiteuse.

Sur la chaussée, des équipages fringants parcouraient
cette *Allée d'Étigny*, au grand trot des steppeurs, tenus
en mains par des cochers galonnés; des voitures de
louage, attelées à d'excellents chevaux tarbes, passaient et
repassaient, faisant résonner leurs grelots, semant à
chaque pas des voyageurs et en prenant d'autres; tandis
que le conducteur, en veste béarnaise, béret, et culotte
courte, les pieds chaussés d'espadrilles, et la main armée
d'un fouet orné de pompons, se livrait à des claquements
effrénés.

Pour compléter le tableau, un orchestre en plein vent
étant venu s'établir devant la terrasse, fit retentir les
échos de mélodies variées.

Je venais après le dessert d'allumer une cigarette,
quand M. X... parut.

— Avez-vous bien dîné ? me dit-il.

— Supérieurement, et je vous remercie de m'avoir
indiqué l'endroit, qui de tout point me paraît recom-
mandable.

— Un peu cher, n'est-ce pas ?

— Oh ! Vous savez, répondis-je. Ce n'est jamais cher,
quand on a bien dîné ! Au surplus, l'addition ne m'a pas
semblé exagérée.

— Allons, tant mieux ! Je suis bien aise que vous
soyez satisfait.

— Je serais bien difficile, en vérité, s'il en était autrement; mais il ne s'agit pas de cela. Qu'est-ce que nous
faisons demain ?

Je ne suis pas venu ici pour m'amuser, en ce sens que
je n'ai pas de temps à perdre. N'ayant que deux ou trois
jours à consacrer à *Luchon*, je désire les utiliser à faire
les courses classiques du *lac d'Oo* et de la *vallée*

du Lis, qui m'ont été spécialement recommandées.

— Eh bien, fit M. X..., si le temps le permet, nous pourrions aller demain au *lac d'Oo*. Je me ferai un plaisir de vous y accompagner.

— A quelle distance est-ce de *Luchon*, et quels sont les moyens de locomotion pour y aller ? Je vous préviens que je ne suis pas entraîné, que, médiocre marcheur, je ne veux pas dès le début m'éreinter, enfin que dans mes courses je trimbale un appareil photographique, sinon très lourd, du moins assez encombrant. Si la route est longue, la montée raide, il me faut un aide pour le porter.

— On compte environ 32 kilomètres, aller et retour, de *Luchon* au *lac d'Oo*.

— Rien que cela !

— Oui, mais rassurez-vous. On fait plus de la moitié de la course en voiture, le reste, soit à pied, soit à cheval. Maintes et maintes fois, j'y suis monté, à pied, naturellement.

— Oui, je sais ; on m'a dit que vous étiez excellent marcheur. Mais, moi, je n'ai pas la prétention de courir sur vos brisées, et, si vous n'y voyez pas d'inconvénient, je prendrai une monture.

— C'est chose très facile, car, arrivés aux *Granges d'Astau*, nous en trouverons tant que nous voudrons. Seulement il serait à propos de retenir dès ce soir une voiture, attendu que, si nous ne le faisons que demain matin, nous risquons de n'en pas avoir, ou tout au moins de la payer beaucoup plus cher.

— Vous avez raison, c'est essentiel, répliquai-je. Vous connaissez sans doute des loueurs ? Si je ne craignais d'abuser de votre obligeance, je voudrais vous prier de régler cette affaire avec l'un d'eux.

— Avec plaisir. Justement j'en connais un qui est assez accommodant. Il ne nous étranglera pas, si c'est moi qui traite avec lui.

— C'est pour le mieux. Tâchez de le voir ; je m'en rapporte certainement à vous.

— Soyez tranquille, nous aurons une bonne calèche et de bons chevaux. Malheureusement je crains que le temps ne soit pas favorable...

— Comment! Le temps ne vous paraît pas sûr? Et à quoi voyez-vous cela ?

— Le baromètre a baissé dans la journée, il pourrait bien demain matin y avoir des brouillards dans la montagne.

— Espérons que non ; ce serait trop dommage, en vérité.

— En attendant, nous allons sortir, si vous le voulez bien, me dit M. X..., je vous conduirai au Casino, où nous passerons la soirée ; puis, quand vous le jugerez à propos, nous rentrerons.

— C'est entendu, répartis-je. Mille grâces, cher Monsieur.

Luchon ne serait pas la *Reine des Pyrénées* et l'une des villes d'eaux les plus fréquentées par le *high life* du monde entier, si elle n'avait son *Casino*.

Celui-ci, agrémenté d'un parc magnifique, au milieu d'une vallée délicieuse, toute entourée de montagnes verdoyantes, est un édifice somptueux, dont la construction a dû coûter des sommes folles

Il est éclairé à la lumière électrique, qui y répand, à profusion, des torrents d'ondes azurées, dont l'éclat rivalise avec celui de la lune. Le soir, l'aspect de ce monument a quelque chose de féérique et de grandiose, qui ravit le visiteur nouvellement arrivé. Mais, à quoi bon décrire les salons divers qui s'y trouvent, la salle de spectacle, la salle de bal, la salle de billard, les salons de réception, de lecture, de jeux, etc.? Qui a vu un casino, ne les a-t-il pas tous vus? Ces établissements, plus ou moins vastes, plus ou moins bien agencés, plus ou moins fastueusement ornés, se ressemblent tous, en somme, peu ou prou ; car si quelquefois le décor change, les acteurs sont toujours les mêmes. Toujours et toujours, on y voit défiler la cohorte nombreuse des habitués des villes d'eaux, des

mondains et mondaines de toutes nationalités. A *Luchon*,
plus qu'ailleurs, il y a affluence de beau monde et assaut
de toilettes tapageuses.

Nous passâmes là deux heures environ à visiter les
salons, éclairés à giorno, et à contempler les visages
crispés des amateurs de baccara, prenant plus d'intérêt à
lire sur leurs traits leurs émotions, qu'à chercher à en
éprouver nous-mêmes. Puis, quand nous fûmes rassasiés
de ce spectacle, monotone pour qui n'opère pas, nous
reprîmes tranquillement le chemin de la maison.

CHAPITRE VI

Excursion au lac d'Oo. — Départ en voiture par l'Allée des Soupirs.
— La vallée de l'Arboust et les Granges d'Astau. — Montée raide,
à cheval. — Le vallon de Médassoles et les Cheveux de Madeleine.
— Arrivée. — Brouillards et pluie! Refuge fermé. — La barque
et son nautonnier. — La Grande Cascade. — Le coup de four-
chette. — Souvenirs. — Nouveau procédé d'ascension (S. G. D. G.).

D'assez bonne heure, le lendemain matin, mon voisin
vint frapper à ma porte, ainsi que nous en étions convenus, et me dire que la voiture nous attendait. Habillé en
un clin d'œil, je me chargeai du sac photographique et
descendis dans la rue.

Avant de nous mettre en route, nous avalâmes, sous le
nom fallacieux de moka, un breuvage plus ou moins
chaud, destiné à nous lester, puis nous partîmes bon
train, en nous engageant dans la voie qui s'appelle, *l'Allée des Soupirs*. Nonobstant, nous étions gais et dispos,
et de nos poitrines, agréablement dilatées par l'air frais du
matin, ne s'exhalaient que des soupirs de satisfaction.

Après avoir dépassé les dernières maisons, nous remon-
tâmes le cours d'un ruisseau, *l'One*, qui glougloutait
doucement dans la prairie, tandis que nous vîmes s'ouvrir
devant nous une vallée verdoyante. Notre attelage, une
calèche à deux chevaux, ayant franchi plusieurs ponts,
ne tarda pas à modérer l'allure fringante du départ, en suivant la pente ascendante des lacets de la route. Bientôt,
à proximité du village de *Trébons*, nous atteignîmes le
promontoire, qui sépare, l'une de l'autre, les *vallées*

d'Oueil et de *l'Arboust*. Ce fut cette dernière que nous suivîmes. Successivement défilèrent les pittoresques villages de *Saint-Aventin*, *Castillon*, *Cazaux* et *Oo*, pleins de vieux toits vermoulus. J'admirai au passage leurs antiques chapelles, datant des XIe et XIIe siècles, avec leurs clochers romans, profilant dans le ciel d'élégantes silhouettes.

Au delà d'*Oo* s'ouvre, au Sud, le bassin supérieur de la *vallée de l'Arboust* ou *val d'Astau*, qu'arrose le *Neste d'Oo*, provenant de l'écoulement du lac. Nous en côtoyâmes le bord, en suivant le chemin qui aboutit à un cirque de pâturages marécageux, où se trouvent des cabanes, appelées *Granges d'Astau*. Là, notre équipage s'arrêta, car la route de voiture ne va pas plus loin. C'est à partir de cet endroit que l'on gravit, soit à pied, soit à cheval, le sentier roide et tout en lacets qui, serpentant à travers les flancs de la montagne, conduit jusqu'au lac.

Ayant manifesté le désir de faire l'ascension à cheval, et surtout de me délivrer du fardeau photographique, je trouvai juste à point un homme pour s'en charger et une bête de selle pour me porter.

Chaque contrée a son genre de locomotion qui lui est propre. Sans parler des pays scandinaves, où l'on emploie le renne, des déserts du Sahara, que parcourt le chameau, généralement on se sert pour le transport des personnes, en Savoie, de mulets, en Suisse, de chevaux, et en Dauphiné, d'ânes. Dans les *Pyrénées*, ce sont les excellents chevaux tarbes qui portent les touristes n'aimant pas à aller à pied. Ces vaillants animaux, petits de taille, mais tout nerfs et jarrets, se tirent merveilleusement des plus mauvais pas, gravissant sans broncher des pentes difficiles. Celui qui me fut présenté me parut bien en forme. Après avoir vérifié les sangles et la longueur des étriers, je l'enfourchai, tandis qu'à ma prière le muletier assujettissait à ses épaules mon sac à malices. Mon compagnon, lui, solide marcheur, ayant préféré monter à pied, se munit d'un bâton. Nous allions prendre notre direction, quand une ondée intempestive vint nous assaillir et retarder le départ. Le temps, jusque-là incertain, paraissait, en effet, vouloir se gâter. Du fond de la gorge, d'épaisses traînées de brouillards allaient, se répandant jusque dans la vallée. Le ciel, uniformément gris, se plaquait çà et là de nuées sombres, chassées par le vent et se résolvant en bruine désagréable. Cet aspect ne présageait rien de bon ; aussi ne l'envisageai-je pas sans contrariété. Je me demandai quelle serait notre perspective si, une fois arrivés sur les hauteurs, nous allions trouver les cîmes noyées sous la brume et voir s'ouvrir sur nos têtes les cataractes du ciel. L'ondée fut légère et de courte durée, heureusement. Un pâle rayon de soleil vint y mettre trêve, ramenant sur nos fronts un peu de sérénité. Aussitôt nous en profitâmes pour nous ébranler, en nous dirigeant au fond de l'entonnoir ouvert à notre droite. A gauche, se devinait, à travers le brouillard qui l'avait envahi, l'entrée d'un vallon, étroit et sauvage. C'est le *vallon de Médassoles*, aboutissant au col de la *Coume de Bourg* et de là au *Céciré*, montagne de 2.400 mètres d'altitude, qui sépare le *val d'Astau* de la *vallée du Lis*.

Arrivés au pied de l'escarpement que nous avions à gravir, notre vue fut alors sollicitée par une gracieuse cascade, qui se répand en un réseau d'une infinité de linéaments, d'une blancheur éclatante, à travers les pentes d'une sombre forêt. On l'appelle, dans le pays, *les Cheveux de Madeleine*. Rien de poétique, comme ces longs fils brillants qui, suivant toutes les inflexions de la montagne, constellent sa gorge d'une rivière de diamants! Qu'un charmant romancier, *Léon de Tinseau*, ait choisi ce cadre enchanteur pour sujet d'une de ses nouvelles, qu'il décrit si bien, rien de plus naturel; car l'auteur ne pouvait être mieux inspiré.

C'est à partir de là que l'ascension commence, à travers les courts lacets d'un sentier étroit, rocailleux, et passablement roide, qui grimpe dans un bois de sapins.

Dès les premiers pas, aux efforts que dut faire ma monture pour s'enlever, je vis combien j'aurais été éprouvé par la montée si j'avais été à pied. Aussi étais-je enchanté d'être à cheval, ce qui me permettait d'admirer le parcours sans être essoufflé et tout en nage. La vue eût été sans doute charmante, s'il avait été possible de la découvrir, mais au fur et à mesure que nous nous élevions, nous allions au-devant de la zone des brouillards, et ceux-ci se montraient de plus en plus froids, de plus en plus denses. Cependant, il ne pleuvait pas, ce qui nous permettait de conserver encore quelque espoir de beau temps.

Au bout de trois quarts d'heure d'ascension, nous étions parvenus dans une région sauvage, parsemée de blocs de rochers, au milieu desquels un torrent écumeux se frayait difficilement passage et s'abîmait avec furie. C'étaient à chaque pas des cascades, des brisants, des rejaillissements d'écume, des remous terribles, faisant un bruit d'enfer. Dire quelle sensation de fraîcheur et d'humidité régnait dans ces parages, vous saisissant au moindre arrêt! Et puis, la température tournait à l'aigre, comme s'il y eût eu de la neige en l'air. Nous n'étions cependant pas encore à une grande altitude, à peine à 1.500 mètres.

Après avoir contourné une dernière pointe de rocher, nous arrivâmes à un pont jeté par dessus le torrent. L'ayant franchi, nous aperçûmes, au bout de quelques pas, la grise silhouette d'une maisonnette perchée sur une éminence. C'était la demeure du fermier du lac au bord duquel elle a été construite. Mais quant au lac lui-même, pour le découvrir, il eût fallu se contenter des yeux de la foi, car il était absolument invisible. Par contre, une bise glaciale nous cinglait le visage, les brouillards dansaient en rond de tous côtés, et l'on n'y voyait goutte à dix pas! Ah! le beau point de vue que nous avions! Quelles belles photographies j'allais pouvoir rapporter de cette excursion! Pour comble de malchance, lorsque, désireux de nous mettre à l'abri et de réchauffer nos membres transis,

nous vînmes cogner à la porte, la maison se trouva fermée ! Et pas âme qui vive aux environs ! En vain hélâmes-
nous à plein gosier. Nos cris, amortis par le bruit que
faisait le déversoir du lac, restèrent sans écho, de sorte
que nous en fûmes réduits à attendre les événements !
Perspective peu réconfortante, car que faire, que devenir,
si les habitants de la case s'obstinaient à ne pas se montrer ? Il y avait belle lurette que notre pseudo-café du
matin était digéré, laissant dans nos estomacs alanguis un
vide profond. Et rien pour nous mettre sous la dent ! En
effet, nous n'avions pas jugé à propos de nous embarrasser
de provisions, comptant sur celles que le tenancier tient
d'habitude en réserve pour les visiteurs. Aussi étions-nous
bien lotis !

En vedette sur les rochers qui affleurent le sol, auprès de
l'habitation, nous restions perplexes, cherchant à percer
le brouillard qui nous sifflait aux oreilles. Nous atten-
dîmes ainsi un certain temps, qui nous parut long, et au
bout duquel il nous sembla entendre des cris dans le lointain.
Nous écoutâmes, et fûmes heureux de constater que des
êtres humains manifestaient leur présence par des signaux
d'appel. Nous y répondîmes aussitôt, et comme par enchantement, une déchirure étant venue à s'opérer dans le rideau
des brumes qui masquaient la vue, nous aperçûmes au
loin une barque, glissant silencieusement sur la nappe
endormie du lac. O bonheur ! elle paraissait venir à notre
rencontre. Dieu merci, nous étions sauvés ! Sur ces entrefaites, un changement à vue s'opéra, excitant au plus haut
degré ma curiosité et me remplissant d'admiration. Subitement, le lac apparut tout entier, avec sa teinte indigo et
sa belle ceinture de montagnes, aux pentes rapides, mises
en saillie par des rochers escarpés, ou sillonnées par des
éboulis, au milieu desquels les brouillards voltigeaient. Un
pâle rayon de soleil, ayant réussi à filtrer à travers la voûte
sombre, se mit à jouer à la surface miroitante des eaux,
marquant d'un long trait d'argent une cascade, dont j'en-

tendais au loin la voix mystérieuse. Tombant à pic d'une hauteur considérable (273 mètres), la chute s'arrête au milieu de sa course, frappe le roc, et rebondit en gerbes gracieuses au fond d'un entonnoir pierreux, d'où elle s'échappe pour se déverser dans le lac. Rien ne peut donner une idée de l'effet décoratif de cette cascade, d'une blancheur laiteuse, encadrée dans la verdure et venant se refléter sur cette nappe azurée. Malheureusement nous ne pouvions apercevoir la cime des crêtes qui la surmontent, et encore moins contempler les pyramides neigeuses du *Quaïrat* et du *Montarqué*, dont les formes élégantes embellissent en le complétant ce merveilleux tableau. Bientôt même, à mon grand regret, la vision enchanteresse disparut, hélas! aussi rapidement qu'elle était venue, noyée sous une avalanche de brumes impénétrables, qui de nouveau nous envahirent. Et cela, juste au moment où, pour profiter de l'éclaircie, j'allais déployer mon appareil! O ironie du sort! En un clin d'œil, plus de lac, plus de cascade, plus de montagnes, plus rien! Quelle déconvenue!

Vexé par suite de l'inaction forcée à laquelle j'étais réduit, par ce maudit brouillard, qui masquait tout, je pestai contre l'inclémence des éléments. M'être donné la peine de venir jusque-là, avoir escompté la beauté du point de vue classique, dont je m'étais promis de rapporter un souvenir, et me voir condamné à l'impuissance, en présence d'une nature rebelle, qui persistait à ne point vouloir se révéler! Quelle déception! Aussi ne pouvais-je m'en consoler. Et cependant, j'avais encore été relativement plus favorisé que nombre de voyageurs, moins heureux, n'ayant, en semblable aventure, rien vu, en dehors du brouillard. Si je n'avais pu jouir que d'une vue incomplète et fugitive, je l'avais au moins aperçu, ce fameux *Lac d'Oo*, dont les éclipses capricieuses font si souvent le désespoir des artistes. Oui, mais c'était tout, et je n'avais que plus de regrets, après l'avoir vu, de ne pouvoir en emporter l'image!

Cependant, la barque ayant abordé fut amarrée à la rive, et plusieurs personnes en sortirent. C'étaient des touristes comme nous, qui ayant fait la traversée du lac pour voir de près la cascade, revenaient chassés par le brouillard. Parmi eux se trouvait le tenancier, qui s'empressa de nous ouvrir la porte de la maison, dont il avait emporté la clef. Nous étions mouillés, transis, morts de faim. Ce fut donc avec une véritable satisfaction que nous allâmes nous sécher au feu de la cuisine, en attendant les apprêts du déjeuner. Puis, quand fut venu le moment de se mettre à table, nous dévorâmes les mets qu'on nous servit. De petites truites du lac furent présentées, convenablement dorées, sur un lit de persil. Chacun s'en régala et les trouva exquises. Après le café, arrosé de cognac, nous allumâmes nos cigarettes et sortîmes pour prendre l'air. Au dehors, régnait toujours la même inclémence du temps. Une bise glaciale sifflait aux oreilles, des brouillards fantasques traînaient jusqu'à terre leur nébulosité, jetant partout des voiles gris au-devant de nous. On se serait cru à l'automne, transporté sur les bords de la *Tamise*, ou dans les parages de *Terre-Neuve* ! Et cependant, comme par fatalité, on sentait que la couche des nuages, qui dansaient au-dessus de notre tête, n'était pas épaisse ; on devinait qu'un peu plus haut sur la montagne il devait faire un brillant soleil ! En attendant, j'avais beau tourner vers le ciel un regard inquisiteur, chercher à percer la nue, à découvrir l'au-delà, c'était en vain. La nature, maussade et courroucée, persistait à nous dérober son mystère, et le lac, objet de mes désirs, comme honteux de s'être un instant dépouillé, pour se révéler dans sa nudité, s'était pudiquement recouvert, offrant l'image du néant ! C'était, hélas ! désespérant ! Aussi, jugeant qu'il n'y avait rien à faire, rien à voir, rien à espérer, notre seule ressource était de nous en aller. C'était le parti le plus sage, et cependant, si l'éclaircie tant convoitée allait tout à coup se produire ! Que de regrets plus tard ! Faisant donc contre mauvaise fortune bon cœur, tout en maugréant contre la guigne, je résolus de patienter encore quelques instants. Voulant malgré tout prendre une vue quelconque, muni de mon appareil et accompagné de mon camarade, j'allai à la découverte, sur le bord du torrent qui s'échappe du lac. Dans ces lieux la nature est tellement tourmentée, que les sites pittoresques abondent à chaque pas.

Attirés par un vacarme effroyable, non loin de là, bientôt nous fûmes en présence d'une chute d'eau magnifique, répandue en éventail. Tant par son volume que par son extrême division, en une infinité de gerbes écumeuses, qui s'étalaient en belles volutes, d'un blanc mat, à côté des parois resserrées et noires du rocher, cette cascade faisait un effet prodigieux. Aussi, malgré le brouillard, se résolvant en une sorte de poussière humide, n'hésitai-je pas à planter mon appareil en face de l'abîme. J'y réussis non sans peine, car le vent, s'étant subitement élevé, menaçait à chaque instant de renverser mon fragile édifice. En dépit des éléments coalisés fâcheusement, j'opérai, mais dans des conditions déplorables, et avec l'arrière-pensée d'un insuccès. Et, en effet, quand plus tard je développai le cliché, je n'obtins qu'une pâle et grise silhouette de l'image entrevue. Tant il est vrai que le brouillard, cet éternel gêneur, est, pour les touristes en général, et les artistes en particulier, un vrai fléau, qui, aux grandes altitudes, ne sévit que trop souvent et ne dure que trop longtemps ! Désespérant tout à fait de voir luire le soleil, nous nous décidâmes à faire nos adieux à ce décevant *lac d'Oo*, dont la première visite m'avait semblé dénuée de charme.

Par compensation, celle que je lui fis, l'année suivante, à l'occasion d'un Congrès du *Club Alpin*, fut favorisée d'un temps radieux, qui me permit d'admirer ce site remarquable, dans toute sa splendeur. Il me souvient même que j'éprouvai ce jour-là une vive émotion, causée par mon imprudence.

C'était à l'issue du repas en plein air, auquel avaient pris part plus de cent congressistes, disséminés sur les escarpements qui bordent le lac. On venait de donner le signal du départ, pour aller visiter dans la montagne les deux autres petits lacs, d'*Espingo* et de *Saousat*. Étant occupé à ce moment à prendre une photographie, je me trouvais en retard. Afin de rejoindre plus vite la bande des excursionnistes, déjà engagés dans le sentier qui prend la montagne en écharpe, je négligeai de revenir en arrière, pour passer le pont. Très inconsidérément, je voulus, pour couper au plus court, traverser en amont le déversoir du lac, sur une passerelle que j'y aperçus. Mais les abords n'en étaient rien moins que faciles, obstrués qu'ils étaient par des blocs de rochers surplombants. Quand, après bien des précautions, je parvins à cette passerelle, je reconnus que le passage était des plus aléatoires. Il n'y avait là qu'un méchant tronc de sapin, non équarri, d'un faible diamètre, jeté en travers du chenal et dépourvu de toute main courante. A cette vue, je ne pus m'empêcher de faire la grimace, sentant instinctivement tout le danger qu'il y aurait à passer par là. Certes, il eût été plus prudent de revenir en arrière. Mais, ne voulant pas reculer, pris d'un sot sentiment d'amour-propre, je me mis en devoir de franchir ce *rubicon*...

Je n'avais pas fait trois pas sur cette surface, étroite, convexe, et glissante, que je fus obligé de m'arrêter, subitement pris d'un éblouissement! Un soleil de feu dardait sur ma tête, faisant miroiter l'eau à mes pieds, et celle-ci, très claire, fuyait rapidement sous mes yeux, à peine à un mètre de distance! Cette eau, animée d'une vitesse excessive, s'abîmait en cascade tourbillonnante tout près, en aval. Ce bruit tumultueux de l'onde furieuse contribuait à m'étourdir, tandis que la réverbération intense, jointe au mouvement, achevait de me paralyser. Je me sentis à l'instant pris de vertige, incapable d'avancer, les jambes flageolantes, tout prêt à faire le plongeon. C'étaient, la congestion en perspective (car je venais de manger), et, à coup sûr, la noyade, dans les remous de la cascade; cela je ne l'ignorais pas. En semblable posture, que faire? Je songeai d'abord à rebrousser chemin, regrettant amèrement de m'y être engagé. Mais n'ayant pas de place pour me retourner, n'osant marcher à reculons, de peur de glisser, ni me baisser pour me mettre à cheval sur le tronc d'arbre, de peur de choir, je n'eus d'autre ressource que de fermer les yeux!... C'eût été bien le cas de faire mon acte de contrition, en ce péril extrême; j'avoue en toute humilité que je n'y songeai pas! Par contre, faisant un énergique appel à ma volonté, je me raidis, cherchant à raffermir mes jambes, et à prendre un solide point d'appui à l'aide de mon bâton. Puis, quand je me sentis maître de mon sang-froid, je me hasardai à rouvrir les yeux, et à contempler sans faiblir le trajet que j'avais à effectuer. Pendant ce temps-là, qui me parut une éternité, mais qui en définitive ne dura que quelques secondes, mes compagnons, conscients du danger, s'évertuaient à m'encourager. Chacun de donner son avis, mais cela ne m'avançait guère!

Je ne pouvais rester planté là; d'une façon ou de l'autre, il me fallait bouger. La distance à franchir n'était au demeurant pas longue, à peine quatre ou cinq mètres. Elle me paraissait énorme!

A pas comptés, bien lentement, sans mot dire, je m'avançai jusqu'au milieu du parcours, cherchant à éviter la glissade. Au fur et à mesure que je me rapprochais de l'autre rive, je sentais la confiance me gagner, et ma marche se raffermir. Quand je ne fus plus qu'à une courte distance du bord, je fis mal à propos deux ou trois enjambées précipitées, au risque d'échouer au port, et grâce à Dieu, je pris enfin terre à l'autre bout! Juste ciel! Mon heure n'était pas encore arrivée! Mais, tout couvert de sueur, j'étais tellement émotionné, que, pour me remettre, je fus obligé de m'asseoir! Le sentiment du péril, auquel je venais d'échapper, venait nettement de se représenter

à mon esprit. Et dire que, sans nécessité, je m'y étais
volontairement exposé! C'est égal, si jamais je reviens à
Luchon, je me le rappellerai, ce *lac d'Oo*, et à la vue
de son fameux déversoir, je pourrai, parodiant un mot
célèbre, répéter : « *Que d'eau!* Que d'eau!!! »...

Pour le moment, reprenons notre récit. Au retour, je
suivis à pied les lacets que j'avais gravis à cheval à la
montée. Inutile de dire que la descente s'opéra pour tous
infiniment plus vite que l'ascension. D'ailleurs, sans être
large, le sentier était bien tracé et n'offrait aucun passage
difficile. Un peu avant d'arriver aux *Granges d'Astau*,
nous rencontrâmes au pied de la côte une société de touristes qui montaient au lac.

Les uns étaient à pied et les autres à cheval. Mais ce qui
attira mon attention, ce fut une dame, qui avait résolu le
problème de faire l'ascension, n'étant ni en chaise à porteur, ni à pied, ni à cheval, ni même à âne! Elle n'était
pas en ballon, et, à cette époque, les automobiles étaient à
peine connus!

A première vue, cette susdite dame pouvait avoir doublé
le redoutable cap de la quarantaine. Mais ce qui la gênait
pour le moment, c'était moins le poids des ans que celui de
son corps, qu'elle avait énorme! Brune comme une Anda-
louse, rouge comme une pivoine largement épanouie, le
visage ruisselant de sueur, les traits altérés, les formes
affaissées, bien qu'imposantes, elle allait, ne montant, ni
ne grimpant, mais s'abandonnant entre les bras de deux
guides, attachés à ses pas, qui l'entraînaient en avant, à
l'aide d'une écharpe passée sous les aisselles!

En contemplant ce groupe étrange, zigzaguant au travers des lacets escarpés, on ne savait lesquels il fallait le
plus plaindre, des entraîneurs ou de la victime, le plus
admirer, de la force des moteurs ou de la docilité de la
machine! Oh! Le spectacle étrange et tant soit peu grotesque!

Se donner tant de mal, de part et d'autre, pour arriver à

quoi? Peut-être jusqu'au *lac d'Oo*, mais à coup sûr pas pour le voir! Il est vrai qu'après, il en est de là comme du *Vésuve*, où l'on monte de la même façon, et où, à la bouche du cratère, on ne voit rien; mais on peut dire qu'on y est allé et qu'on en est revenu! Cela fait toujours quelque effet, auprès de ceux qui en entendent parler du coin de leur feu. Et puis, moi-même, qui venais de faire la course, étais-je donc plus avancé?

Nous retrouvâmes aux *Granges d'Astau* notre conducteur et sa voiture. Les chevaux, qui avaient eu le temps de se reposer, furent bientôt attelés, et pleins d'ardeur nous ramenèrent à *Luchon* sans incident.

CHAPITRE VII

La journée du lendemain fut consacrée à rendre visite à la *Reine des Pyrénées* — ainsi s'intitule pompeusement *Luchon* [1] — à voir et parcourir son magnifique établissement thermal, ses belles promenades, son luxueux casino, où l'on remarque un admirable plan en relief de la chaîne des *Pyrénées Centrales*. Dans le cours de la promenade divers points de vue vinrent tour à tour solliciter mon attention et se graver dans mon appareil. Ce fut ainsi que, parvenu à l'extrémité de l'allée des Bains, située en face des *Thermes* et partant de la promenade des *Quinconces*, je photographiai le *Barrage de la Pique*, dont les ondes tourbillonnantes se frangeaient d'écume et resplendissaient au sein de la verdure. Le temps se montra brumeux et couvert pendant la journée ; mais, au soir, il parut vouloir se dégager. J'eus la satisfaction de voir se détacher sur l'azur du ciel les cimes argentées de la *Pique*, du *Sacroux*

---

1. Qui porte en exergue à ses armoiries :

Balneum lixonense post Neapolitense primum!

et de la *Mine*, qui commandent le défilé du *Port de Vénasque*, sur la frontière d'*Espagne*. Bientôt même, frappées par les rayons rutilants du soleil couchant, elles se couvrirent de teintes pourprées et s'embrasèrent au fond de la vallée. C'était un présage de beau temps, que j'accueillis avec enthousiasme, ayant projeté de faire, le jour suivant, l'excursion classique de la *vallée du Lis*.

Quand, sur les six heures du matin, j'ouvris les volets de ma fenêtre, je constatai que mes pronostics de la veille ne m'avaient pas trompé. Il faisait un temps magnifique. Mon compagnon, ainsi que nous en étions convenus, étant venu cogner à ma porte, je m'étais empressé de sauter à bas du lit, et mon premier coup d'œil avait été pour la montagne, le *mont Cazaril*, que je découvrais de ma chambre. Un gai rayon de soleil, tout rose, en illuminait la cime verdoyante, tandis qu'aux plans inférieurs, la forêt endormie restait plongée dans une pénombre diaphane. Le ciel, d'une limpidité parfaite, présentait ces teintes délicates qui sont l'indice d'une belle journée. Au milieu du calme de l'atmosphère, une délicieuse sensation de fraîcheur se faisait sentir, caressant le visage. Joyeux et ravi, à la vue de ce beau temps, qui me promettait une course charmante, je m'habillai rapidement. J'avais hâte d'en profiter pour le régal de mes yeux, grillant de rattraper les occasions manquées au *lac d'Oo*. Car, comme bien l'on pense, je n'avais garde d'oublier mon appareil. Lui aussi devait être de la fête et m'aider à en fixer les souvenirs.

J'achevais mes derniers préparatifs, quand, plus expéditif, mon jeune ami vint faire irruption dans ma chambre. Chaussé de forts brodequins ferrés, il était guêtré et tenait en main un solide bâton.

— Êtes-vous prêt ? me dit-il en entrant. La voiture est là et nous attend.

— Nous y sommes, lui répondis-je, en lui tendant la main. Comment vous va, ce matin ?

— Mais, très bien, cher Monsieur, et vous ?

— Moi, de même, merci. J'ai passé une excellente nuit et me sens tout dispos. Cette fois-ci, nous avons un temps à souhait, ajoutai-je. Il faut espérer que le brouillard ne viendra pas nous contrarier, comme à ce *lac d'Oo* de malheur.

— Oui, nous sommes favorisés, et j'en suis bien aise. Seulement, gare au milieu de la journée ; il fera chaud, je vous en préviens.

— Oh ! Bien tant mieux ! En excursion, le soleil est encore moins désagréable que la pluie. Car, s'il darde trop, on se met à l'ombre ; tandis que, quand il pleut, si l'on n'a pas d'abri, il faut la gober, la pluie, et, à la longue, cela manque de charme. Mais, à propos, avez-vous pensé à retenir un porteur pour mon appareil ?

— Nous aurons le conducteur de la voiture. Je le connais, c'est un garçon très complaisant, qui nous accompagnera et nous servira de guide. En lui donnant un léger pourboire, il sera enchanté de venir avec nous.

— Puisqu'il en est ainsi, descendons ; puis, avant de monter en voiture, allons vite, si le cœur vous en dit, avaler quelque chose de chaud.

— Volontiers, fit mon compagnon.

Ayant absorbé un peu de café, nous prîmes place dans la calèche à deux chevaux qui stationnait à la porte, et aussitôt nous traversâmes dans toute sa longueur l'*Allée d'Etigny*, où de rares passants commençaient à se montrer.

A cette heure matinale, la promenade favorite des Luchonnais présentait un coup d'œil ravissant. Les arbres séculaires, qui la bordent de chaque côté, projetaient leurs ombres obliques sur la chaussée, qu'on arrosait ; tandis qu'à leurs cimes, de gais rayons de soleil filtraient à travers le feuillage. Des nuées d'oiseaux, pinsons, moineaux, mésanges, y jouaient à cache-cache, se poursuivant à tir d'aile en faisant entendre leur bruyant ramage. Les hôtels commençaient à donner signe de vie, les fenêtres s'ouvraient, les portes d'entrée bâillaient. Des landaus, des breacks, des victorias stationnaient en attendant la

pratique; des muletiers, avec leurs ânes et leurs mulets
bâtés, se rendaient au marché : des guides pimpants, en
coquet costume pyrénéen, coiffés du béret, chaussés d'espadrilles, causaient par groupe, la main armée du fouet
classique, au manche agrémenté de pompons. Des baigneurs soigneusement emmitouflés se dirigeaient fiévreu-
sement vers les *Thermes*, qui pour un bain, qui pour une
douche, qui pour une inhalation. Les omnibus enfin passaient à vide, au grand galop, allant à la gare chercher de
nouveaux arrivants, les bienheureux étrangers attendus
comme le Messie!

A l'extrémité de l'avenue, par dessus les grands arbres,
tout au fond de l'horizon, se détachaient dans le ciel,
blancs et roses, souriants comme des amours, les Pics
pointus du *Sacroux*, de la *Mine* et de la *Pique*, ces
fiers satellites, qui montent la garde autour du *Port de
Vénasque*! Nous allions au-devant d'eux, et ceux-ci, en
gens bien élevés, nous souhaitaient la bienvenue. Et
plongé dans le ravissement, j'admirai en passant ce cadre
enchanteur, où *Luchon* m'apparaissait, sous un aspect
frais et séduisant, tel que je ne l'avais pas encore si bien
remarqué.

Arrivés en face des *Thermes*, nous suivîmes à gauche
et puis à droite le chemin qui s'enfonce dans la vallée,
ouverte au midi de la ville. Après avoir laissé de côté le
village de *Saint-Mamet*, situé sur la rive droite du torrent
de la *Pique*, la route s'élève par gradins successifs jusqu'à
proximité d'une ruine pittoresque. C'est la *Tour de Castelvieil*, plantée en vedette sur une éminence, qui commande la vallée. Tandis que je contemplais cet unique
débris de l'antique manoir mauresque, datant du XIVe siècle,
on me fit remarquer qu'il était à vendre. Car précisément
le propriétaire de cette ruine venait de trépasser. A en
juger par le peu de valeur du sol aride et pelé qui l'entoure,
j'estimai que l'acquéreur l'aurait sans doute à bon compte.
A moins toutefois qu'elle ne tentât la convoitise de quelque

artiste, passant par là, subjugué par la beauté du paysage, ou de quelque roturier, désireux d'ajouter à son nom, celui, plus décoratif de *Castelvieil*. Il y a tant d'amateurs de châteaux en *Espagne*, et même en France !

Au-delà de *Castelvieil*, la vallée se resserre, et l'on voit s'ouvrir sur la gauche le vallon de *Burbe*, d'où l'on peut pénétrer dans le *Val d'Arau*, où la *Garonne* prend sa source. Nous côtoyons le torrent de la *Pique*, que nous traversons d'abord sur le *Pont de Lapadé*, puis un peu plus loin sur celui de *Ravi*. C'est près de là, dans une prairie, que jaillit une source sulfureuse, dont les naturels de l'endroit disent le plus grand bien.

Laissant sur la gauche la *vallée de la Pique*, qui conduit à l'*Hospice de France* et de là à *Vénasque*, en *Espagne*, nous obliquons à droite, à l'entrée de la *vallée du Lis*.

Au fur et à mesure qu'on pénètre au sein de cette vallée célèbre, le paysage revet un aspect de plus en plus séduisant. Sur le bord de la route coule un ruisseau charmant, qui clapote gaiement sur son lit de cailloux. C'est le ruisseau du *Lis*, alimenté par les neiges des *monts Crabioules*, et formant sur son parcours de multiples cascatelles.

Arrivés au lieu dit *Combe de Bounéou*, on nous fait mettre pied à terre, pour admirer de près une curiosité naturelle. Là le torrent s'engouffre, au milieu de rochers, noirs et moussus, où il se perd en rugissant, puis il ressort plus bas, tout blanc d'écume. On appelle cet endroit le *Trou de Bounéou* ou *Cascade de l'Estrangouillé*. Une méchante planche vermoulue, jetée par-dessus l'abîme, permet aux curieux d'admirer la chute et ses volutes irrésistibles. Je cherchai à y installer mon appareil, mais je dus y renoncer, faute d'espace suffisant, et dans l'impossibilité d'embrasser de là la profondeur du gouffre. Je me dirigeai en aval dans l'espoir de découvrir un endroit plus propice. Malheureusement la scène se trouvait à cette heure très mal éclairée. C'est à peine si, de distance en distance, quelques furtifs rayons de soleil filtraient à travers ces fissures caverneuses, piquant çà et là quelques points lumineux, sur la roche surplombante, les brindilles d'herbes et les franges d'écume tourbillonnante. Tout le reste était plongé dans l'ombre, et comme noyé dans la buée, se dégageant des profondeurs de l'abîme. Dans ces conditions défavorables, j'avais bien peu de chances de réussir la photographie que je voulais prendre ; néanmoins, j'opérai à tout hasard. Inutile d'ajouter qu'ainsi que je l'avais prévu, le cliché, fort médiocre, ne me donna plus tard qu'une idée très imparfaite du lieu. Et, à ce sujet, qu'il me soit permis une légère digression.

Si rien n'est fidèle comme une bonne photographie, rien aussi n'est plus trompeur qu'une mauvaise. Sans doute, à l'analyse, chaque détail est à sa place et reconnaissable, malgré la déformation des lignes ; mais, à l'examen, l'ensemble n'y est plus, l'effet s'est dérobé. C'est en vain qu'on le cherche. On ne parviendra à le découvrir qu'en faisant appel à ses souvenirs, pour reconstituer par la pensée ce qu'on a déjà vu. C'est pourquoi la plupart des vues photographiques sont-elles froides et vides de sens, pour qui, au préalable, n'a pu contempler l'original. Bien mieux, pour peu que le sujet n'ait pas été saisi à l'heure favorable, et cette heure se réduit souvent à quelques minutes pour certains paysages, la perspective sera outrée ou faussée. Ainsi les saillies sans ombres paraîtront plates, les accidents de terrains, mal éclairés ou trop en lumière, ne s'enlèveront plus comme il faut, tous les plans seront confondus. Il en résultera que tel aspect, naturellement tranquille, harmonieux, semblera heurté et sauvage; tandis que tel autre, pittoresque, plein d'oppositions, sera flou et gris. Le talent de l'artiste consiste précisément à savoir discerner l'endroit d'où un point de vue doit être pris, l'éclairage qui lui convient le mieux, la disposition des lignes la plus heureuse, pour obtenir un ensemble qui réponde à l'effet qu'il représente. Mais trop souvent l'opérateur se voit

obligé de sacrifier aux circonstances, de se contenter d'un
à peu près, qu'avec plus de loisir il se serait appliqué à rendre
meilleur. Au moment où il passe, voit-il quelque chose qui
le séduit? Victime d'une impulsion irrésistible, vite, il
braque son objectif. Qu'importe que l'heure soit plus ou
moins propice! Ce qu'il veut, avant tout, c'est sa vue!
Car, s'il ne la prend à l'instant, il est à croire que jamais
il ne l'aura. Sait-il seulement quand il reviendra? Il opère
donc, et comme généralement c'est dans de mauvaises
conditions, il a bien des chances d'enregistrer un insuccès
de plus. Pour travailler à coup sûr, à moins d'être merveilleusement outillé et de première force, il faut habiter
la contrée ou tout au moins pouvoir y séjourner. Et alors,
par une singulière contradiction qui se rencontre fréquemment, ce sont les pays que l'on habite que l'on photographie
le moins! On a toujours le temps de le faire, mais, en réalité, on ne le fait jamais!

La *vallée du Lis* est une des plus délicieuses vallées des
Pyrénées. Après avoir dépassé le défilé de la *Combe de
Bounéou*, admiré, en passant, la belle forêt de hêtres
séculaires et de châtaigniers trapus, qui la tapissent de
haut en bas, nous débouchons tout d'un coup en face de
l'ampithéâtre. A cette vue, mon enthousiasme déborde, et
je me sens transporté d'admiration. Je vois majestueusement la vallée s'ouvrir, les montagnes s'écarter, et le
cirque célèbre se révéler dans sa gracieuse perspective!

De chaque côté, les pentes s'infléchissent mollement,
pour se réunir tout en bas dans un berceau de verdure. Des
bois d'essences variées en recouvrent la surface, et masquent
la vue des aspérités rocheuses qui marbrent leurs flancs.
De longs rubans d'argent, flottant à différentes hauteurs
vers les points de jonction du *thalweg*, paraissent immo-
biles. Ce sont les naïades du lieu, que nous irons admirer
de plus près, et dont, atténuée, à cause de la distance, la
voix nous parvient comme un doux murmure.

Au-dessus des forêts, au milieu de l'immense coupe

d'émeraude, s'étendent, jusqu'à la cime des monts, de frais pâturages, baignés de lumière. Leurs teintes, claires et fines, tranchent agréablement sur celles plus accusées des bois, ou plus éclatantes des névés qui les dominent.

A l'extrémité de l'horizon, deux pointes attirent le regard, dessinant sur le bleu du ciel leurs arêtes dentelées, profilant nettement leurs saillies rocheuses, du sein desquelles s'enlèvent de belles lignes blanches de glaciers. Ce sont, à droite, le *Pic de Quaïrat*, à gauche, celui *de Crabioules*, à cheval sur la frontière, où se cache la cime espagnole du *Perdighero*.

Dans le bas de la vallée, sur les croupes des prairies, s'étagent des pâturages, parsemés de granges, qui forment sur la droite le hameau du *Plan de Caʒaux*. A ses pieds, circule en gracieux méandres le ruisseau du *Lis*, qui miroite au soleil et fait entendre sa chanson cristalline. Des faucheurs, çà et là disséminés sur les pentes, tondent l'herbe, grasse et parfumée, tandis qu'à côté, armées, les unes, de longues fourches, et les autres, de râteaux, des faneuses éparpillent le foin, ou l'amassent en tas symétriques. Et voilà que des bambins agiles se lancent, à corps perdu, sur ces monts improvisés, et avec de grands éclats de rire font joyeusement la culbute! Ce pendant, qu'attelés à leur joug massif, des bœufs pacifiques, aux grands yeux étonnés, attendent patiemment leur chargement, tout en se battant les flancs, pour chasser les taons qui les assaillent.

Les bérets bleus, les ceintures rouges des cultivateurs, les foulards multicolores des paysannes, sèment dans toute cette verdure des tons vifs, qui la rehaussent et en rompent la monotonie. Tel un champ de blé en herbe, émaillé de bleuets et de coquelicots !

Intéressée au suprême degré par ce séduisant tableau, la vue vient encore se compléter par le sens de l'odorat. Tous les parfums enivrants de la montagne, et parmi eux l'odeur pénétrante des foins fraîchement coupés, se dégagent de ce milieu enchanteur, dans un air pur et vivifiant, que l'on respire avec délices !

Par cette lumineuse matinée d'été, c'est une vue exquise, un coup d'œil ravissant, dont nous jouissons pleinement. Jamais décor ne me parut mieux approprié à pareille scène champêtre. On eût dit une pastorale, un tableau biblique, une évocation de l'âge d'or, au milieu de cette nature, sereine et grandiose, librement épanouie. Qu'il eût été beau de pouvoir reproduire sur une toile ce merveilleux ensemble, et tentant d'en retracer la noble symétrie ! Oh ! cet aspect magique, bien fait pour éveiller dans une âme d'artiste ou de poète les plus purs sentiments d'esthétique, je le vois encore par la pensée et je l'admire ! N'ayant, hélas ! à ma disposition que mon modeste objectif, je m'empressai de le placer en bon endroit, trop heureux si, grâce à lui, je pouvais emporter un souvenir durable de cette idéale vision.

Aussitôt l'opération faite, étant remontés en voiture, nous nous dirigeâmes vers le fond de la vallée, où se trouve une auberge. Dès que nous y fûmes parvenus, nous nous empressâmes de mettre pied à terre et de commander à déjeuner. Car, si l'admiration est une belle chose, l'air vif du matin nous avait ouvert l'appétit et nous ne demandions qu'à le satisfaire le plus vite possible. Notre requête ayant été favorablement accueillie, le couvert fut mis, en plein air, sous une tonnelle ; puis, nous vînmes gaiement nous ranger autour de la table.

Une fois réconfortés, il fallut lever la séance et songer à l'excursion ; car la promenade ne devait pas se borner là. Un devoir s'impose à tout visiteur de la *Vallée du Lis*, celui d'aller contempler de près les cascades, qui, du haut en bas, sillonnent la forêt, l'animent et la remplissent de leurs fracas. En outre, nous avions projeté d'aller jusqu'aux *Lacs Vert et Bleu*, qui les alimentent. Restait à résoudre pour moi la question de la monture. Car, ne me souciant guère de grimper à pied, j'avais témoigné le désir d'enfourcher un cheval. Or comme, pendant la saison, on en trouve généralement à l'auberge du *Lis*, on était allé m'en quérir un. Au bout d'un instant, le guide vint, tenant en main l'animal, sellé et bridé ; mais alors une difficulté se présenta.

Ayant annoncé au muletier que nous voulions prendre le sentier de la *Crête de la Serre des Cabalé*, pour, de là, nous rendre directement au *Lac Vert*, il nous répondit que c'était impossible d'y passer à cheval. Détérioré par des orages et raviné en certains endroits, ce sentier était devenu impraticable aux quadrupèdes. Nous dûmes en conséquence modifier l'itinéraire, soit simplement faire la course en sens inverse. Nous n'avions pour cela qu'à suivre le bon sentier à mulet, tracé dans la forêt, et quant à moi, je pouvais le gravir à cheval jusqu'en haut. Au lieu dit : *la Rue d'Enfer*, le conducteur ramènerait sa bête, et nous continuerions l'excursion. Rien de plus facile à exécuter.

Les choses étant ainsi convenues, je m'élançai en selle, et aussitôt la petite caravane s'ébranla.

Nous commençons par traverser le torrent sur le pont de bois situé près de l'auberge, puis nous nous dirigeons vers le bas de la forêt, au-devant de la *Cascade d'Enfer*, que nous entendons mugir, et dont bientôt nous admirons la chute imposante, au milieu des sombres parois de la roche verticale. De là, par de nombreux lacets, le sentier serpente à travers les pentes abruptes de la montagne. Des sapins chevelus, répandant dans l'air leurs senteurs résineuses, nous abritent du soleil, et à l'ombre de leurs rameaux nous jouissons d'une agréable fraîcheur. Malgré tout et bien que le chemin soit en assez bon état, la montée ne laisse pas d'être pénible, si j'en juge par les efforts de ma monture, qui souffle à gravir la côte.

Après le passage du *Pont Arrougé*, situé au-dessus de la chute, nous continuons à nous élever, en côtoyant le torrent profondément encaissé, puis nous parvenons en vue de ce qu'on appelle : *le Gouffre Infernal*. Une saillie du roc, surplombant au-dessus de l'abime, a été garnie de murs d'appui, formant là une étroite terrasse, d'où l'on peut à loisir admirer la superbe cascade. Celle-ci, semblable à une avalanche, dont elle a l'éclat et l'irrésistible fureur, déploie juste en face du spectateur ses gerbes étincelantes.

Ayant aussitôt mis pied à terre, je m'empresse de gagner le belvédère, après avoir réclamé mon appareil. Mon ami vient me prêter main-forte pour l'opération que je médite, et qui est rendue délicate par l'étroitesse du lieu. Dire alors le tapage, vraiment infernal, qui bruit à nos oreilles, la buée qui, remontant du fond de l'abîme, nous imprègne d'humidité glaciale, le soleil qui darde furieusement ses rayons au-dessus de nos têtes, mises en ébullition, l'éblouissement vertigineux, causé par cette masse écumante se déroulant sous nos yeux, tout cela ne saurait donner qu'un pâle aperçu de la réalité. Quant à décrire la cascade elle-même, est-ce chose possible ? Y a-t-il des mots assez colorés, assez expressifs, pour représenter pareille scène ? Que sont nos mesquines formules en présence des grands spectacles de la nature ? Que deviennent nos conceptions finies se mesurant avec l'infini ? Voir et admirer, c'est là tout ce qu'on peut faire. Plus ambitieux, j'aurais voulu pouvoir faire admirer aux autres ce que j'avais vu moi-même. Ce fut dans ce but que j'essayai de prendre cette photographie instantanée ; mais me trouvant beaucoup trop près et ne pouvant me reculer, j'opérai dans des conditions défavorables.

En photographie, qu'on ne l'oublie pas, les cascades sont l'écueil des paysages. Trop de pose les rend floues, et pas assez les montre sèches. D'où nécessité de se tenir dans un juste milieu ; chose plus facile à dire qu'à faire, car ce juste milieu est précisément le pont-aux-ânes, contre lequel plus d'un vient se buter.

Nous suivîmes le sentier établi au-dessus du *Gouffre Infernal*, qu'il traverse sur le *Pont Nadié*. Et, en nous penchant au bord du parapet, nous pûmes d'un coup d'œil embrasser la chute, se précipitant d'un seul bond jusqu'au fond de l'abîme. C'est une belle horreur, dont l'effet est saisissant.

Ayant continué de nous élever en zigzag dans la forêt, nous parvînmes enfin à la cime, en pénétrant dans un lieu d'un caractère sauvage. C'est l'entrée du *Parc d'Enfer*, vaste cirque pierreux, aboutissant au midi à une fissure profonde, baptisée elle-même la *Rue d'Enfer*. Là, les chevaux ne pouvant aller plus loin, je fus obligé de me séparer du mien, qui m'avait vaillamment porté jusqu'alors, mais dont les efforts eussent été désormais impuissants, en présence du sol tourmenté que nous foulions aux pieds. Tandis que le muletier faisait volte-face, pour redescendre à l'auberge du *Lis*, nous nous dirigeâmes au devant de cette *Rue d'Enfer*.

Un ruisseau, alimenté par la fonte des neiges et des glaciers supérieurs, s'en dégage, au milieu des blocs de rochers. L'ayant côtoyé, puis franchi sur des pierres, nous parvînmes tout près de l'excavation, d'où un courant d'air glacial vint subitement nous envelopper. Nous étions à l'entrée d'un de ces cercles mystérieux, si bien décrits par *Le Dante*, mais que nous ne pouvions franchir, vu l'étroitesse du passage et le torrent qui en sort. Il fallut nous contenter d'y jeter un coup d'œil, très à la hâte, car il régnait là un froid mortel. Au fond de cette fissure, on apercevait, noyée dans l'ombre, une fraction de glacier, dont la teinte livide tranchait étrangement sur la noirceur de la roche d'à-côté. Du reste, nous nous trouvions acculés dans un entonnoir, formé par les pentes de la montagne vivement redressées de tous côtés. A droite, c'était un escarpement pierreux vertical, et à gauche un promontoire d'abrupts rochers, parsemés de maigres touffes de gazons. Nulle trace de sentier. Sans guide, on ne saurait où aller. Heureusement notre cocher, qui nous avait suivis, connaissait ces parages. Grâce à lui, nous ne risquions pas de nous égarer. Passant à l'avant-garde, il s'élança à travers les pentes de gazon, tout en me faisant signe de le suivre.

Il y eut là, il m'en souvient, une grimpée pénible, rendue plus éprouvante par l'intolérable chaleur qui régnait au milieu de ces rochers. Non seulement il n'y avait pas le moindre souffle d'air, mais un soleil implacable dardait sur nos têtes ses rayons brûlants. Littéralement nous fondions en eau. A plusieurs reprises, il fallut nous arrêter pour reprendre haleine, et nous ne savions où nous fourrer pour trouver un peu d'ombre. Nous parvînmes néanmoins au-dessus de ce plateau, qui, tout en pacages, s'étend sur une vaste étendue, au lieu dit : *la Tusse des Prats Longs.*

(Depuis lors, la section des *Pyrénées Centrales* du *Club Alpin Français* y a fait établir un refuge en pierre, à l'altitude de 1.860 mètres.)

Le plus dur de la course étant fait, le reste, désormais, ne devait plus être qu'une charmante promenade. Nous eûmes à traverser le lit supérieur d'une cascade, qui dégringolait à travers la forêt; puis, après avoir longé plusieurs crêtes herbeuses, nous découvrîmes tout d'un coup le pittoresque emplacement du *Lac Vert.*

Aimez-vous les lacs? Moi, je les adore. Est-ce parce qu'ils reflètent le ciel, et que le ciel est l'âme du paysage? Est-ce à cause de l'élégante découpure de leurs bords, de leur nappe plus ou moins azurée, des promontoires ombragés ou rocheux, qui viennent s'y mirer et s'y baigner, de la mobilité de leur onde frissonnante, ou pour tout autre motif? Toujours est-il que j'aime les lacs. Si la vue des cascades me ravit et des belles montagnes m'impressionne, celle des lacs me charme et me séduit. Grands ou petits, ils ont chacun leur caractère particulier, emprunté au milieu qui les enserre. Ce sont des joyaux que la Nature s'est plu à créer, pour le plaisir des yeux et le ravissement des poètes et des artistes. Les lacs pyrénéens, en général de dimension restreinte et profon-

dément encaissés, sont particulièrement coquets, mystérieux, suggestifs. Il y en a de toutes les couleurs, tout
au moins dans leur désignation.

Celui que nous venions de découvrir, des hauteurs où
nous étions, constitue un amour de petit lac, délicieusement enfoui au fond d'un entonnoir, produit par les
escarpements de la montagne, qui lui fait une guirlande
de verdure. Ses bords, élégamment festonnés, reflètent
les pentes de gazon, qui se mirent dans ses eaux trans-
parentes, qu'elles teintent en vert pâle. D'où son nom
de *Lac Vert*. On l'appelle aussi *Lac de l'Ile*. Car, bien
que minuscule, il a son île, comme tout lac qui se respecte. Par exemple, on y chercherait vainement un *Robin-
son*. Mais il n'y a pas que des gazons qui se reflètent à
sa surface ; on y voit aussi les saillies nettement découpées des rochers. Toutefois, les croupes des montagnes
environnantes étant abruptes et pelées, on n'aperçoit,
ni arbres, ni arbrisseaux, aux alentours. La nature de
ces lieux arides et sauvages formerait un cadre sévère
au riant tableau, s'il n'était égayé par la présence d'une
cascade, à la courbe gracieuse. Celle-ci, descendue des
cimes qui dominent *le Lac Vert*, et provenant des eaux
d'un lac supérieur — *le Lac Bleu* — lui sert d'écoulement
et comme de trait d'union. On la voit, sous forme de gerbe
éblouissante, se déployer en un long ruban moiré, à travers les anfractuosités des roches, qui la font frissonner,
et se refléter dans le miroir du lac, qu'elle diapre d'un
élégant sillon d'argent. En même temps se fait entendre
dans l'éloignement la note perlée du torrent, douce et
régulière, comme le souffle d'un zéphyr. Plus haut que la
cascade, au faîte des escarpements à pic, se profilent dans
le ciel les pointes élancées du *Sacroux*, de la *Pique* et
de la *Mine*, çà et là marbrées de neige.

Le paysage tout entier m'apparut baigné dans une
lumière transparente, qui en avivait les tons et les faisait
singulièrement resplendir. Les roches paraissaient d'amé-

thyste, les pentes gazonnées de pur vert véronèse, et les plaques de neige — il s'en trouvait encore ! — s'enlevaient, immaculées, semblables à un fin duvet de cygne. De cet ensemble harmonieux, élégant, lumineux, fait pour séduire le regard par la délicatesse de sa perspective, je pris deux vues, qui m'ont retracé du tableau une image fidèle et permis d'en garder le souvenir.

Il fallut bientôt mettre un terme à notre admiration et songer au retour. A notre grand regret, nous n'avions pas le temps de poursuivre l'excursion au-delà, jusqu'à ce *Lac Bleu*, resté invisible ; car il nous aurait encore fallu près d'une heure pour y parvenir. Aussi dûmes-nous nous borner à revenir par le *Cirque des Graouès*, emplacement d'un ancien lac, aux abords fangeux, dont le lit nous apparut presque entièrement comblé. Bien que l'époque de la floraison des rhododendrons fût passée, nous trouvâmes encore, à cette altitude assez élevée, quelques sujets fleuris, que nous dépouillâmes de leur parure pour faire de jolis bouquets.

Puis, de crêtes en crêtes, nous entreprîmes la descente de la *Serre des Cabalé*, qui fut longue et fatigante, d'abord dans un fouillis de plantes marécageuses, parsemées de grosses pierres, et ensuite en suivant les sinuosités d'un étroit sentier, qu'en plus d'un endroit nous trouvâmes raviné. Je pus alors me convaincre de la difficulté qu'il y aurait eu pour un cheval de passer par là, et même du danger qui aurait pu en résulter à vouloir le tenter.

Nous rencontrâmes encore plusieurs cascades, que nous admirâmes en passant, celles de *Trégon*, de *Solage*, du *Cœur ;* mais, comme à cette heure, elles étaient dans l'ombre, je ne tentai pas de les photographier.

Nous revînmes à l'auberge du *Lis*, un peu fatigués, éprouvés surtout par la chaleur de la journée, mais enchantés de notre course, favorisée cette fois par un temps superbe. Dès que la voiture fut attelée, nous nous empressâmes de nous caser dedans, et fouette cocher! nous revînmes rapidement. Malgré tout, il était assez tard quand nous fîmes notre rentrée à *Luchon*. J'avais hâte de revenir au logis, pour souper et faire mes préparatifs de départ; car, ne pouvant prolonger mon séjour dans ces lieux, j'avais résolu de les quitter le lendemain.

CHAPITRE VIII

Adieux à Luchon. L'alerte du Port de Vénasque. — Départ pour la
Ville Sainte. — Arrivée à Lourdes. — L'inévitable chambre au troisième et sur le derrière ! — Chaleur intense, soif ardente ! — La
Basilique et la Grotte Sacrée. — La Source miraculeuse. — Promenade au Lac de Lourdes. — Un coup de vent... d'Espagne. — Orage
et nuit incidentée. — Rêve burlesque !

Je n'étais point venu à *Luchon* pour faire une saison ;
aussi, me trouvant déjà en retard sur mon itinéraire, me
fallait-il songer à dire adieu à la *Reine des Pyrénées*.
Après m'être levé de bonne heure le lendemain, je procédai à la confection de ma malle et à l'arrangement de
mes articles photographiques. Puis, quand ces préparatifs
furent terminés, je ne voulus pas quitter la ville d'eaux,
sans user de ses thermes. J'allai donc prendre un bain,
histoire tout à la fois de me délasser des fatigues de la
veille, et d'expérimenter la vertu des eaux sulfureuses du
Dieu celtibère *Ilixo*. Déjà, il est vrai, j'avais tenté d'en
boire ; mais, dès la première gorgée, qui me fit faire la
grimace, je m'étais hâté de rejeter cette eau, chaude et
nauséabonde. Le bain n'eut rien d'agréable, à cause de
l'odeur, à laquelle je n'étais pas habitué, mais il me délassa.
C'était l'essentiel.

Après quelques emplettes, compliquées de pourparlers
sans fin avec les boutiquiers, toujours si longs à prôner
leur marchandise, j'étais rentré au logis, pour voir mon
nouvel ami, à qui j'avais donné rendez-vous. Je tenais à
le remercier tout spécialement de la façon cordiale avec

laquelle il m'avait accueilli, et de plus je voulais le prier de me rendre service. Une commande de glaces photographiques, que l'on devait m'expédier par le chemin de fer, ne m'était pas encore parvenue. Grand était mon embarras, car, ma provision étant épuisée, je risquais d'être pris au dépourvu dans la suite de mes pérégrinations. En outre, ne voulant pas m'encombrer de celles utilisées depuis le début du voyage, qui auraient pu s'altérer ou se briser, je désirais les envoyer directement de *Luchon* chez moi. Il fallait pour cela procéder à leur emballage et à leur expédition. Rien de plus simple, quand on est chez soi et qu'on a tout sous la main ; mais en camp volant, c'est une autre affaire. Tout fait défaut, et il est nécessaire de recourir aux services d'autrui.

Grâce à l'obligeance de *Numa*, le professionnel (qui fait de si charmantes photographies), j'avais pu emballer plusieurs douzaines de plaques exposées. Mais le temps matériel m'ayant manqué pour expédier la caisse au chemin de fer, je dus prier mon ami de vouloir bien s'en charger, et m'adresser, à *Biarritz*, le colis en retard, qui n'arriverait à *Luchon* qu'après mon départ.

Il me le promit, et du reste s'acquitta ultérieurement de cette double commission, avec une ponctualité qui me rendit un réel service. Nous allâmes déjeuner, et, au moment du départ, sur le coup d'une heure, je lui fis mes adieux. Nous nous donnâmes une franche et cordiale poignée de mains, nous promettant de nous écrire et de nous revoir un jour. Puis, étant monté dans l'omnibus, qui allait à *Barcugnas*, j'eus tout juste le temps de faire enregistrer mes bagages et de prendre place dans le train. C'en était fait désormais de *Bagnères-de-Luchon* et de ses délicieuses perspectives.

Toutefois, avant de dire un adieu définitif à la région, qu'il me soit permis de faire un léger retour sur le passé, en évoquant mes souvenirs. En faisant allusion, précédemment, à mes émotions ressenties au *Lac d'Oo*, j'ai rappelé que le hasard des circonstances m'avait ramené dans la contrée, l'année suivante. Mes aventures ne s'étaient pas bornées là. Je me souviens encore de certaine excursion au *Port de Vénasque*, entreprise de compagnie avec de nombreux piétons et cavaliers, et dans laquelle j'avais éprouvé une alerte des plus vives. Qu'on en juge !

Partis en voitures de *Luchon*, nous étions arrivés à l'*Hospice de France*, auberge située dans la montagne, à 1.360 mètres d'altitude, au fond de la *Vallée de la Pique* et non loin de la frontière d'*Espagne*. C'est de là que l'on gravit un sentier à lacets, qui, longeant la base du pic de *la Pique*, conduit au *Port de Vénasque*, d'où l'on découvre un magnifique panorama sur la *Maladetta*, le *Néthou* et toute la chaîne des *Monts Maudits*. J'avais voulu monter à cheval pour faire l'ascension assez pénible. Mais l'animal qui m'avait été confié appartenait à un guide et se trouvait d'un tempérament vif et ombrageux. S'était-il bien vite aperçu qu'il n'avait à faire qu'à un médiocre cavalier, c'était probable ; car il se mit aussitôt en tête de s'en débarrasser. Tout le long du parcours, soit pendant près de trois mortelles heures, impatient, rongeant son frein, caracolant, il chercha à dépasser la file de la caravane, formée par plus de cent alpinistes, marchant à la queue leu-leu. N'ayant pu y parvenir, vu l'étroitesse du sentier, alors il s'était mis à esquisser en travers des pas espagnols, d'allure inquiétante ! Je risquais à chaque instant, non seulement d'être désarçonné et culbuté, mais dans ma chute, d'entraîner celle de ceux qui suivaient par derrière. A plusieurs reprises, la bête énervée pointa en avant et se cabra, au moindre effort pour la modérer. Dès lors, je pressentis que cela finirait mal...

Arrivé péniblement au passage le plus dangereux, au *Trou des Chaudronniers*, caractérisé par quatre ou cinq petits lacs, que l'on domine à pic, je perdis un étrier ! Aussitôt, je m'étais efforcé de le rattraper ; mais l'animal, chatouilleux, affolé par un coup de vent violent qui s'éleva soudain, s'emballa au grand galop!

Voyant l'imminence du danger, mes compagnons inquiets, de s'écrier, soit à l'avant, soit à l'arrière : « Arrêtez-le! » Puis : « Rendez la main! Vous allez nous écraser!... »

Parvenu en un clin d'œil à l'extrémité du lacet, dont le contour était brusque, le cheval vint buter contre le rocher, en perdant pieds des jambes de derrière! j'eus la fraîche sensation du vide, et peu s'en fallut que je n'allasse piquer une tête jusqu'en bas, dans un des lacs; malgré tout ayant réussi à chausser l'étrier, je pus enlever ma monture. Mais celle-ci, toute frémissante, ne tenait plus en place! Ce fut sur ces entrefaites, qu'il se produisit un temps d'arrêt dans la marche de l'avant-garde de la caravane, rendant la situation encore plus critique. Les bâts des mulets, portant sacs et valises, menaçaient de s'écrouler, et il fallait les consolider. Ce pendant, l'orage, jusqu'alors menaçant, commençait à sévir avec fureur, rendant inquiets les chevaux, qui se trémoussaient à qui mieux mieux. Sentant pour ma part que je n'étais plus maître du mien, et m'adressant aux muletiers, je leur criai :

— Avancez donc! Avancez, que diable! Nous ne pouvons rester ainsi plus longtemps en suspens.

Et pendant quelques minutes, longues comme un siècle, ce fut de part et d'autre une terrible anxiété! Enfin, la cohorte s'étant de nouveau ébranlée, j'atteignis non sans peine le faîte de ce fameux *Port de Vénasque*, qui n'est pas un port de mer, mais une espèce de col, ouvert à 2.400 mètres d'altitude, entre deux remparts de roches verticales. Le passage offrait à peine une largeur de 2 mètres, et le vent s'y engouffrait avec rage!

Sauter à bas de cheval, fut aussitôt ce que je m'empressai de faire, peu soucieux d'effectuer sur le revers de la montagne la descente autrement qu'à pieds. De plus, on

peut le croire, je m'estimais très heureux de m'en tirer à
si bon compte. Cette ascension avait causé une vive émotion à ceux qui en avaient été témoins, et, moi, je n'avais
garde de l'oublier. Parvenu à la fontaine de *Pêna Blanca*,
lieu du rendez-vous, je rendis au guide sa monture, me
félicitant d'en être débarrassé, et en me rappelant le danger auquel je venais d'échapper, je me promis, si jamais
je repassais par là, d'y aller désormais *pedibus*, comme
un simple mortel.

En attendant revenons à notre récit.

Je refis en sens inverse le parcours de la *Vallée de
Luchon*, en côtoyant le torrent de la *Pique*, puis la
Garonne elle-même, dont j'admirai le cours rapide et
les rives ombragées. A *Montréjeau*, le train s'arrêta
quelques minutes, pour filer ensuite à toute vapeur dans
la direction de *Tarbes*. Bien que cette ville me fut tout
aussi inconnue que beaucoup d'autres, situées sur mon
parcours, je ne fus pas tenté de m'y arrêter.

De même, j'avais renoncé à prendre l'embranchement
de *Bagnères-de-Bigorre ;* car je préférais me rendre le
plus rapidement possible à *Gavarnie* et *Cauterets*, dont
on m'avait dit monts et merveilles.

De *Montréjeau* à *Tarbes*, et de *Tarbes* à *Lourdes*, la
campagne est charmante. On traverse d'abord l'immense
plateau *de Lannemezan*, où de nombreux cours d'eau
prennent naissance, le *Gers* entre autres. Puis, aux environs de *Tarbes*, on traverse l'*Adour*, qui descendu des
contreforts du *Pic du Midi*, s'écoule dans la *Vallée de
Campan*. Tandis qu'à travers la riche plaine, étendue à
perte de vue, le train dévore l'espace, je vois se profiler à
gauche la chaîne dentelée des *Pyrénées*. En approchant
de *Lourdes*, une montagne imposante apparaît à l'horizon,
et sur ses flancs élancés ruissellent des neiges éblouis-
santes! C'est le *Pic du Midi de Bigorre*, doté à sa cime,
haute de 2.877 mètres, d'un observatoire météorologique,
que le général de *Nansouty* a habité plusieurs hivers

durant. A peine ai-je eu le temps d'admirer au passage la splendide vision, que celle-ci s'évanouit bientôt, et que nous arrivons à la station où je dois descendre.

Nazareth, Jérusalem, Rome, sont des noms célèbres, dans les fastes de la Chrétienté. A notre époque d'indifférentisme moderne, et malgré l'envahissement du scepticisme XXe siècle, quelques autres noms ont encore le privilège d'exciter la haute vénération des fidèles. En France et de nos jours, ceux de la *Salette,* de *Paray-le-Monial* et de *Lourdes,* pour ne citer que les plus fameux, jouissent d'une réputation soutenue. Grâce à leurs miracles, qui les nimbent d'une sorte d'auréole, ces villes saintes sont chaque année l'objet de pèlerinages des plus imposants. A *Lourdes,* plus qu'ailleurs, la ferveur des croyants, l'empressement des pèlerins, l'attente fiévreuse des malades, sont d'autant plus surexcités, que les miracles sont réputés se renouveler fréquemment. C'est une source merveilleuse, qui accomplit ostensiblement ces prodiges, et, comme celle-ci n'est pas intermittente, elle répand continuellement ses bienfaits, à la gloire de Dieu et au grand bénéfice de l'humanité souffrante! Cette situation, si exceptionnelle, donne à la ville un caractère d'austérité religieuse, susceptible de s'élever par moments jusqu'à l'apothéose, et dans tous les cas empreint d'une profonde componction. Dès mon arrivée, je m'en aperçus. Ayant pris place, à la sortie du train, dans un des nombreux omnibus, qui stationnent aux abords de la gare, je fus bientôt transporté au seuil d'un hôtel, d'apparence tranquille. Je traversai un long corridor, au fond duquel se trouvait le bureau, occupé par une dame, au visage sérieux, et d'âge canonique, qui, me recevant, daigna m'accorder une chambre... au troisième étage! Ne comptant passer qu'une nuit céans, je ne récriminai pas trop sur la situation élevée qui m'était dévolue. Je fus du reste invité à en prendre immédiatement possession, si tel était mon bon plaisir, mes bagages ayant été montés en grande diligence. Je pénétrai aussitôt dans mon appartement, qui était vaste, éclairé par deux fenêtres et meublé de deux lits gigantesques! Ayant fait observer à la servante, que cette chambre me semblait plutôt destinée à un ménage, la camérière, avec un gracieux sourire, me dit que je pouvais occuper les deux lits, si je voulais, et que je n'en paierais pas plus cher.

— Vous n'avez donc pas beaucoup de monde en ce moment? lui répondis-je.

— Non, fit-elle. Ce n'est pas la semaine des pèlerinages. Ceux-ci viennent d'avoir lieu et nos voyageurs sont partis. C'est pourquoi on vous a donné une chambre à deux lits : tandis que, si vous étiez venu huit jours plus tôt, vous n'auriez point trouvé de place. Alors tous les appartements sont pris, et l'on ne sait où loger la pratique.

— Ah! vraiment! repris-je. Eh bien, je m'applaudis d'être arrivé au bon moment.

— Oh! Monsieur, comment pouvez-vous dire? C'est le mauvais moment, au contraire! Il n'y a plus personne à *Lourdes*, et la ville est morte.

— Bah! je croyais qu'on y ressuscitait?

— Monsieur veut plaisanter, sans doute ?

Et offusquée, pinçant les lèvres, la camérière tourna lestement les talons et sortit.

Tiens! pensai-je. Qu'a donc cette mijaurée? Ne dirait-on pas, ma foi, que je l'ai scandalisée? Mais qu'importe! Voyons un peu la vue qu'on a d'ici, je suis sûr qu'elle doit être intéressante.

Allant aussitôt à l'une des fenêtres que j'ouvris, je relevài la persienne, discrètement rabattue, et grand fut mon désappointement d'apercevoir en face le mur d'une autre maison! Ma chambre au troisième donnait simplement sur une ruelle, c'est-à-dire sur le *derrière!* Eh! me dis-je. Il paraît qu'on la connaît ici, à *Lourdes*, aussi bien qu'à *Luchon*, ou partout ailleurs, et naturellement on n'a pas manqué de me la faire. Qu'il s'agisse d'une cité profane ou sainte, c'est tout un, les hôteliers sont tous logés à la même enseigne !

N'ayant rien à voir au dehors, je m'échouai dans un fauteuil, puis je consultai ma montre, qui marquait trois heures. La chaleur était accablante. J'en étais considérablement éprouvé, tout en nage, au moindre effort, au moindre mouvement. Ah ! oui, je la reconnaissais cette température torride. C'était la même que celle déjà subie à *Arles*, à *Cette*, à *Narbonne*, et surtout à *Toulouse*, et qui, m'enlevant toute énergie, me paralysant, me coupait bras et jambes. Une bonne heure durant, m'étant mis à l'aise, je farnientai. Cependant, n'étant pas venu à *Lourdes* pour séjourner dans une chambre d'hôtel, alors qu'un soleil étincelant faisait tout resplendir au dehors, je me décidai à réagir. Ayant assujetti à mes épaules le lourd fardeau photographique, que je traînais avec moi, je sortis de l'appartement. Je ne savais trop de quel côté diriger mes pas, quand je fis la rencontre, dans les escaliers, de la bonne de tout à l'heure. Et j'en profitai pour lui demander s'il y avait quelques vues intéressantes à prendre dans les environs.

— Oh ! oui, me dit-elle, en me jetant à la dérobée un regard narquois. Puis elle ajouta :

— Monsieur est photographe ?

— J'en ai au moins tout l'air, n'est-ce pas ?

— Dame ! répondit-elle. Puisque vous portez un appareil !

— Eh bien, répartis-je, quand cela serait, est-ce que cela vous offusque ?

— Moi ? Nullement. Que voulez-vous que ça me fasse ?

— Rien, bien sûr ; mais, je croyais, à vous entendre...

— Des photographes, fit-elle en m'interrompant, il en vient beaucoup à *Lourdes*, et souvent nous en voyons à l'hôtel.

— Ah ! Et qu'est-ce qu'ils font ? Qu'est-ce qu'ils prennent ? Le savez-vous ?

— Mais, ils font des portraits, pardine ! Et ils prennent assez cher !

— C'est juste, répondis-je en riant, ils ont raison. Moi, pourtant, je n'en fais pas des portraits ; je préfère les vues de la campagne, les monuments des villes.

— Oh ! Bien alors, vous allez *tirer* l'église. On la voit très bien d'ici. Venez seulement avec moi, je vais vous conduire sur la terrasse, d'où l'on domine toute la ville.

Ce disant, la camérière s'étant avancée dans un corridor, ouvrit une porte palière, qu'elle m'invita à franchir. Nous pénétrâmes ainsi de plain-pied dans un jardinet, bordé d'un long mur, et adossé au rocher, que couronnent les ruines d'un antique castel, autour duquel est assise la vieille ville. De là on jouit, en effet, d'une vue superbe. En dessous s'étagent par gradins les maisons, d'aspect vénérable, qui dégringolent jusqu'au fond de la vallée, et vont se mirer au passage dans les eaux frémissantes du gave. Un pont de pierre met en communication les habitants des parties hautes de la ville avec ceux d'en-bas. De l'autre côté, en face, le regard est arrêté par l'élégante silhouette de la basilique byzantine, élevée par les fidèles à *Notre-Dame-de-Lourdes*, et dont la flèche élancée dresse jusqu'au ciel la croix qui la surmonte. Une vaste terrasse s'étend par devant, ornée de murs de soutènement en pierres de taille ajourées, et à laquelle on accède par une triple rampe d'escaliers monumentaux. Un portique à colonnades, rappelant quelque peu celui du *Bernin* au *Vatican*, gravite tout autour. Un calvaire, avec des chapelles et son chemin de croix, blanchit sur la colline sacrée, où a été bâtie l'église. Enfin, à l'horizon, se profilent les crêtes arrondies des montagnes, tandis qu'au bas du noir rocher, sourd la miraculeuse *Source* et scintille l'illumination perpétuelle de la *Grotte*, où, suivant le témoignage de la bergère *Bernadette Soubirous*, eut lieu l'apparition de la Sainte Vierge, en l'an de grâce 1858 !

Telle se révéla *Lourdes*, la moderne ville sainte, toute

resplendissante des feux du jour et comme baignée dans une gloire ! J'aurais voulu pouvoir lui rendre un juste tribut d'admiration ; malheureusement, sur cette terrasse, en plein midi, grillé, aveuglé par les rayons du soleil qui m'empêchaient de dresser mon objectif dans cette direction, je dus renoncer à prendre la vue. Condamné à l'inaction, je repliai donc mon appareil, au grand désappointement de la servante, qui, son ombrelle à la main, avait poussé la sollicitude jusqu'à me la tendre au-dessus de la tête pour m'abriter. Et de fait, j'avais tellement chaud, que la sueur me ruisselait par tout le corps et m'inondait le visage. Redoutant une insolation, et me sentant dévoré d'une soif ardente, je ne pouvais songer à rester davantage exposé à cette fournaise, aussi, après mille remerciements, pris-je congé de la jeune personne. Et celle-ci, ne comprenant pas pourquoi je ne voulais pas *tirer* l'église, s'éloigna, d'un air dépité, en me regardant de travers !

Étant descendu au hasard, en suivant une grande route, qui me conduisit au pont, jeté au-dessus du gave, j'arrivai bientôt au pied de l'esplanade de la basilique. Puis, tout d'un coup, je me trouvai en face d'un rocher, à la paroi luisante et noirâtre, d'où suintaient de minces filets d'eau. De vulgaires gobelets d'étain, retenus par une chaînette, scellée dans la pierre, pendaient çà et là, attendant les doigts des buveurs. Ce me fut une révélation ! J'avais très soif ; aussi, m'emparant d'un récipient et l'ayant rempli, je me délectai à 'le vider aussitôt. Cette eau bienfaisante, d'une fraîcheur excessive, d'une saveur légèrement astringente, me parut délicieuse. Trois fois de suite, et coup sur coup, tellement j'étais altéré, je renouvelai l'opération, le plus naturellement du monde, et, dois-je l'avouer à ma confusion, sans la moindre arrière-pensée dogmatique. Je ne recherchais dans la source qu'une qualité, celle de me désaltérer. Elle y réussit sans peine, ce qui ne me surprit pas ; mais elle fit mieux. En vraie source miraculeuse,

qu'elle était, elle réussit à accomplir un nouveau prodige,
en me guérissant de l'indisposition dont j'avais souffert au
début du voyage, et dont je n'étais encore qu'imparfaitement remis. Je la trouvai même si bonne, cette eau, que
le soir j'en fis de rechef usage, la préférant à tous les
bocks du monde! Et, à partir de ce moment, ô miracle,
mes entrailles se calmèrent et mes douleurs d'estomac dis-
parurent! Grâces vous soient rendues, divine source de
Lourdes, vous qui soulagez indistinctement croyants et
infidèles!

Ce qu'on appelle la *Grotte de Lourdes* n'est qu'une
simple anfractuosité dans le rocher. En temps ordinaire,
quantité d'ex-votos et de cierges allumés sont là, au milieu
de fidèles, d'infirmes et de bonnes femmes, qui prient
dévotement, prosternés à terre. En passant à côté d'eux,
en curieux, je ne sais trop pourquoi, je ne me sens pas
empoigné. Chose regrettable, l'ardeur de la foi ne me
transporte guère, et même, faut-il le dire, la vue des mystères qu'on célèbre dans cet antre, un peu théâtral, me
laisse presque indifférent. Oh! sans doute je plains de tout
cœur ceux qui souffrent, je respecte les convictions de ceux
qui implorent la Divinité, mais, pour le moment, je
n'éprouve pas le besoin de m'identifier avec eux. Ce n'est
pas, cependant, que ce soit de parti pris. Non, car, si
j'avais été témoin d'une de ces imposantes manifestations
religieuses, qui ont lieu, en cet endroit, en grande pompe
et magnifique apparat, lors des grands pèlerinages, peut-
être alors aurais-je été autrement impressionné et touché
par la grâce? Mais, pour le quart d'heure, le spectacle me
paraît manquer d'ampleur et la mise en scène médiocre.
En contemplant cette paroi de rocher, où les miracles ont
élu domicile, malgré moi, je me sens envahir par le scepticisme et ne puis que déplorer ma tiédeur, doublée d'in-
gratitude. Je ne sais si je me trompe, mais, à considérer
froidement les choses, je remarque que ce qui domine,
dans l'intérieur de la ville, comme aux abords de la *Grotte*

et de la *Basilique*, c'est l'exploitation réglée d'une sorte de religiosité. A toutes les vitrines des boutiquiers s'étalent des objets de sainteté. Les *Saintes Vierges* de *Lourdes*, les médailles commémoratives des *Bernadette* pullulent, les chapelets, les statues, les images, les chromos, les photos, les lithos de sujets religieux abondent, tout enfin ce qui peut ranimer la foi chancelante des pèlerins, ou leur rappeler les mystérieuses apparitions de *Notre-Dame !* Chaque chose est tarifée, tant pour l'apparition, tant pour le panorama, et tant pour le diorama ! Du reste, la servante de l'hôtel ne m'a pas trompé, la ville est morte. Il y a relâche, en attendant de nouvelles représentations ! De rares visiteurs traversent les rues désertes, le nez en l'air, ou l'œil paresseusement fixé sur les maigres devantures des boutiques. Quant aux habitants, ils se glissent silencieusement à vos côtés, et, pleins de recueillement, passent comme des ombres ! Ici, tout est dévotion, componction, macération et adoration ! Un éclat de voix détonne aussi bien qu'un éclat de rire. Il n'y a que les *Ave Maria* qui ont cours, et sur la physionomie de chaque passant, on peut lire la sentence monastique : *Frères, il faut mourir !...*

Au moment où, ne sachant que faire, je songe à rentrer à l'hôtel, je croise sur la route un automédon, qui est inoccupé et veut à tout prix me faire monter dans sa voiture. Je me laisse d'autant plus aisément persuader, que je commence à être las de flâner ainsi sans but, à pied, avec mon appareil sur le dos.

— Et où allez-vous me conduire ? dis-je au cocher, en prenant place dans son véhicule.

— Où vous voudrez, bourgeois. Connaissez-vous le *Lac de Lourdes ?*

— Non. C'est loin d'ici ?

— Tout près, au contraire. C'est une course d'une heure et demie, aller et retour.

— Et il est joli, ce lac ? On peut le photographier ?

— Oui, très joli ; tous les photographes le prennent.

— Eh bien, c'est dit, allons-y !

L'automédon fait tourner bride à ses chevaux, qu'il caresse d'un coup de fouet, et nous voilà partis. Après avoir franchi le gave, nous sortons de la ville en suivant une belle route ombragée. Bientôt nous gagnons une éminence, d'où la vue s'étend sur toute la vallée, embrassant d'un coup d'œil *Lourdes*, le château fort perché sur son rocher, avec le gave au pied, la basilique, le calvaire sur la colline et la verdoyante ceinture des montagnes.

A cette heure, où le soleil incliné à l'horizon teint les roches en pourpre et en rose, et parsème les ombres des ravins de riches tons violacés, c'est une vision charmante. Au bout de trois quarts d'heure le lac apparaît, dans une délicieuse vallée, toute entourée de collines. Le cocher s'empresse d'arrêter sa voiture auprès d'une buvette, qu'il a l'air de connaître. Et moi, je descends vite afin de profiter des dernières lueurs du jour pour installer mon appareil sur le bord de l'eau. Au milieu d'une atmosphère d'un calme parfait, unie comme un miroir, la surface de l'onde reflète admirablement les côteaux qui s'y baignent. Divers plans de montagnes, peu élevées et dénudées, se succèdent dans la perspective, et font un cadre gracieux, où l'eau et le ciel se confondent dans un mutuel embrassement.

Tandis que j'opérai, l'automédon m'expliqua que ce lac, dont les eaux sont très poissonneuses, appartenait avec les terres des environs à la famille *Fould*, dont le chef fut ministre sous l'Empire. A peine venais-je de plier bagage, qu'il se fit soudain une perturbation dans les éléments. Le ciel ayant subitement tourné au gris, une poussière blanche, venue, je ne sais d'où, envahit l'atmosphère, qu'elle obscurcit, tandis qu'une puissante rafale se mit à souffler, faisant tourbillonner le feuillage des arbres. C'était le prélude d'un orage qui se préparait. Après nous être désaltérés — hélas, j'avais toujours soif ! —

nous nous hâtâmes de reprendre la direction de *Lourdes*, où fort heureusement nous arrivâmes avant la pluie. Néanmoins l'orage, provoqué par un coup de vent d'Espagne, éclata dans toute son intensité pendant la nuit, avec accompagnement d'éclairs et de tonnerre. Celle-ci du reste fut doublement incidentée.

Après un dîner, dans une salle à manger, triste et silencieuse, où je fis assez maigre chair, suivi d'une visite à la basilique et à la grotte, plus flamboyante que jamais, j'étais revenu m'abriter à l'hôtel, étant pourchassé par le vent et la pluie. Depuis un certain temps déjà, monté dans ma chambre, j'y tournais, comme un écureuil dans sa cage, quand, fatigué, je me décidai enfin à me coucher. Ce n'était pas sans contrariété et quelque appréhension que j'envisageai la perspective du mauvais temps, alors que je comptais me lancer en pleines *Pyrénées*. Quant à vouloir prolonger mon séjour à *Lourdes*, il n'y fallait pas songer. Qu'aurais-je pu y faire d'ailleurs pour m'édifier, en l'absence de tout pèlerinage? D'autre part, affronter la montagne? A quoi bon, si c'était pour n'y trouver que le brouillard, ou peut-être pis encore? Telles étaient mes réflexions quelque peu moroses. Baste! Me dis-je, soyons philosophe, laissons d'abord passer la nuit, s'écouler la pluie, et dormons! Demain, il sera temps de prendre une décision. Là-dessus, ayant soufflé ma bougie, je partis pour le domaine des rêves!

Étais-je arrivé à destination? Je ne saurais le préciser, toujours est-il que je fus interrompu dans mon voyage, par des accents impératifs qui me firent tressaillir. Il me semblait percevoir les notes stridentes d'une trompette d'alarme, éclatant dans la rue, au milieu d'une vague rumeur!

Pour m'assurer que je ne rêvais pas, m'étant dressé sur mon séant, je m'efforçai d'écarquiller les yeux. Et alors, ce que je vis me fit aussitôt sauter du lit et me précipiter à la fenêtre, que je m'empressai d'ouvrir. Le ciel m'appa-

rut tout embrasé, en un vaste reflet d'incendie. Je crus
même en entendre les crépitements! De tous côtés, dans
la rue, des ombres couraient éperdues, aux fenêtres, des
têtes effarées se montraient, tandis que se faisaient
entendre les cris sinistres : « Au feu! Au feu! »... Suffisamment édifié, j'enfilai mon pantalon, mon gilet, mon
paletot, en un clin d'œil, et mon bougeoir à la main, je
sortis de la chambre pour aller aux informations. Quant
à ma chaussure, déposée à la porte, impossible de la trouver, elle avait disparu! J'en fus donc réduit à aller
nu-pieds!

Tout le long des corridors et des escaliers je rencontrai
des voyageurs, arrachés comme moi à leur premier sommeil et très sommairement vêtus. Je vis là les accoutre-
ments les plus disparates, qui, en toute autre circonstance,
eussent prêté à rire. Malgré tout je ne pus moins faire
que de les remarquer. Un monsieur, grand, maigre, à la
mine effarée, était en caleçon, revêtu par dessus d'une
redingote mal boutonnée, dont les pans s'envolaient, et en
bonnet de coton, dont le panache gigantesque s'élevait,
raide et blanc, comme un cierge!

Une dame, d'âge mûr et de forte corpulence, n'avait
pour tout costume, sur son peignoir, qu'une paire de pan-
toufles aux pieds et une mantille jetée en travers des
épaules! Une autre, jeune, celle-ci, et de figure agréable,
avait la tête ébouriffée, et dans sa précipitation s'était
affublée d'une jaquette d'homme, recouvrant un court
jupon!

— Lucie! lui criait quelqu'un, son mari, à coup sûr.
Lucie! je vous en prie, arrêtez-vous! Où allez-vous? Mais
Lucie semblait avoir perdu la tête et courait comme une
folle. Du reste, tout le monde restait interdit, s'interrogeant plein d'anxiété. « Qu'y a-t-il? Où est le feu? Est-ce
ici? Ah! Mon Dieu! »...

Me rappelant le passage que tantôt j'avais pris pour
gagner la terrasse, je me dirigeai vite de ce côté. La porte

était fermée au verrou, mais je finis par l'ouvrir et m'élançai au dehors, ayant toujours ma bougie à la main. Malheureusement le vent s'étant engouffré dans l'entrebâille-
ment de la porte éteignit ma lumière, et la pluie vint me
cingler au visage. Il faisait un temps affreux. Le ciel, sillonné d'éclairs, était aux trois quarts envahi par une lueur
intense. Des flammèches, des étincelles papillotaient en
l'air, tandis que des torrents de fumée épaisse jaillis-
saient, au milieu de longues spirales de flammes, d'un amas
de construction, comme du sein d'un cratère en éruption!
Le foyer de l'incendie paraissait tout proche. Mais, en
réalité, il se trouvait à une certaine distance, dans la partie haute de la ville. A moins d'une grande extension, que
les secours immédiatement organisés devaient rendre
improbable, l'hôtel qui nous abritait ne risquait rien,
n'étant pas directement menacé. Ce fut du moins ce que
m'apprit un pompier, passant près de moi en courant.
Rassuré, je repris donc le chemin de ma chambre, n'ayant
en restant à la pluie, nu-tête et nu-pieds, qu'un bon rhume
à gagner. Pendant plus d'une heure, ce furent encore des
allées et venues dans les longs corridors, des interpellations, des chuchotements, des racontars, des bruits de
porte s'ouvrant et se fermant, qui me tinrent longtemps
en éveil. Puis le silence s'étant fait, je finis par m'endormir, mais d'un sommeil pénible, agité..... Je rêvai qu'il y
avait bal sur la terrasse de l'hôtèl, éclairée à la lumière
électrique! Aux accents d'un clairon, la camérière me faisait vis-à-vis, son ombrelle à la main, et moi, ayant mon
appareil en sautoir! A mes côtés, la petite dame à la
jaquette — Lucie — exécutait un menuet, au bras de son
mari, tandis qu'aux acclamations de la société, la grosse
mère, faisant gracieusement onduler son écharpe, risquait
un pas à la *Loïe Fuller!* Des flammes de Bengale et des
fusées volantes éclairaient cette grotesque scène de cho-
régraphie!

. . . .

CHAPITRE IX

En landau. — La Vallée d'Argelès et l'Abbaye de Saint-Savin. — Pierrefitte. — Vallée et gave de Cauterets. — Le Pont de Médiabat et les
mines de plomb argentifère. — La Cascade de Calypso. — Arrivée
à Cauterets. — Dîner en musique.

Il faisait grand jour quand, m'étant réveillé, je me rappelai soudain les péripéties nocturnes. Ayant ouvert la
fenêtre, je vis un ciel gris, sali de nuées basses, qui se
traînaient lentement à travers l'espace. S'il ne pleuvait
pas, peu s'en fallait ; quant au soleil, il boudait. Et, moi,
qu'avais-je à faire ? Mes paquets et partir ; oui, ce fut ce
qui me parut indiqué. Toutefois, n'étant pas fixé sur l'heure
du train, je résolus de déjeuner auparavant. Je m'habillai
donc tranquillement, et descendis mes trois étages, après
être rentré en possession de ma chaussure.

Arrivé devant le bureau de l'hôtel, j'y trouvai Mme la
gérante, à qui je demandai des nouvelles de l'incendie,
cause de la révolution de tout le quartier.

— Nous avons en effet eu bien peur, au premier
moment, me dit-elle. Vous savez, le feu gagne vite, quand
il fait du vent. Heureusement qu'il pleuvait, et que les
pompiers sont accourus aussitôt ; et puis l'eau n'était pas
loin.

— Est-ce qu'il y a eu des accidents ?

— Non, Monsieur. Tout s'est borné à des dégâts maté-
riels.

— Où était donc le foyer de l'incendie ? repris-je. Sait-on comment le feu a pris ?

— C'est chez un droguiste, me dit-elle. Vous comprenez que là ce ne sont pas les matières inflammables qui manquent. On parle d'un bidon d'essence qui aurait fait explosion. Ce qu'il y a de sûr, c'est que la maison y a passé.

— Était-elle assurée ?

— Oh ! sans doute.

— Alors, fis-je, tant pis pour la Compagnie, qui boira le bouillon. Mais vos voyageurs sont-ils remis de leurs émotions ? Je me rappelle avoir vu une jeune dame, qui paraissait littéralement affolée, et que son mari ne parvenait à calmer.

— Vous voulez peut-être parler du ménage du 12 ? Le monsieur avec la dame étaient arrivés le soir même, et s'étaient fait servir à dîner dans leur chambre. Ils sont partis de grand matin pour *Biarritz*, paraissant de fort méchante humeur. Vous les connaissez ?

— Moi ? Oh ! Pas le moins du monde. En voyant cette dame drôlement habillée avec le vêtement de son mari, qu'elle avait pris par mégarde, j'ai ri, voilà tout.

— C'est sans doute pour cela qu'ils ont fui ; ils avaient peur d'être la risée universelle. Et vous, Monsieur, comptez-vous rester encore quelques jours dans nos murs ?

— Non, Madame, lui répondis-je. Je venais précisément vous annoncer mon départ pour cet après-midi. Pourriez-vous me dire à quelle heure part le train de *Pierrefitte* ?

— Ah ! Vous allez à *Cauterets*, peut-être ?

— J'ai en effet l'intention d'y aller, également à *Gavar-nie*. Je fais un voyage circulaire pour mon agrément.

— Très bien, fit-elle. Dans ce cas, vous aurez besoin d'une voiture, à moins que vous ne préfériez voyager à pied, ajouta-t-elle, non sans malice.

— Je n'en ai pas le temps, Madame ; sans cela je le ferais. Car c'est la seule manière de bien voir. Mais je suis obligé de voyager à la vapeur, à toute vitesse, et quand le chemin de fer fait défaut, j'ai recours aux voitures.

— Nous en avons justement d'excellentes au service de nos clients. Si vous désirez en user, je n'ai qu'à faire prévenir le conducteur, pour venir s'entendre avec vous.

— Madame, je vous remercie de votre offre obligeante, mais mon parcours étant payé jusqu'à *Pierrefitte*, je n'aurai besoin d'un véhicule qu'à partir de là. Sans doute j'en trouverai dans cette localité.

— Détrompez-vous, Monsieur. On commence à arriver en foule dans les *Pyrénées*, spécialement à *Cauterets*, qui est une station balnéaire très courue. Vous pourriez très bien ne pas trouver de voiture à *Pierrefitte*[1]; et, dans tous les cas, vous la payeriez fort cher. D'ailleurs, en en retenant une ici, vous serez libre de partir quand vous voudrez.

— Mon Dieu, répondis-je, vous avez peut-être raison ! Veuillez donc en conséquence prier le conducteur de venir me parler, et en attendant, je déjeunerai, si c'est possible.

— Oui, Monsieur, fit la gérante, on va vous servir. Donnez-vous la peine de passer dans la salle à manger.

Ayant déféré à cette invitation, je m'assis à une petite table isolée, et commandai mon repas au garçon, sorte de majordome, vieillot, à l'allure mystérieuse de sacristain. Comme il m'apportait discrètement du vin rouge, que j'avais trouvé la veille assez médiocre, je lui demandai une bouteille de blanc, pour voir s'il serait meilleur. Et, à ma grande surprise, la question parut l'offusquer.

— Du vin blanc? fit-il, d'un air scandalisé ; nous n'en avons pas.

— Comment ! Vous n'en avez pas !

— Non, Monsieur. Ici, jamais nos clients n'en demandent.

---

1. Depuis un certain nombre d'années, la station de Pierrefitte a été reliée à Cauterets par un chemin de fer électrique, et un tramway électrique conduit es baigneurs de l'Esplanade des Œufs aux thermes de la Raillère. (*Note de l'auteur.*)

— Eh bien, répondis-je, moi, j'en désire. Tâchez d'en trouver, je vous prie.

Il partit, sans mot dire, mais la bouche pincée, et me trouvant sans doute bien exigeant. Puis, au bout d'un instant il revint, tenant dans la main le vin blanc demandé. Ayant déposé la bouteille sur la table, il se retira, plein de dignité. J'avais bien envie, pour mettre le comble à son effarement, de lui commander des écrevisses *cardinalisées*, à la *Brillat-Savarin*; mais, comme j'étais pressé, je me contentai de mets moins profanes. Du reste, blanc ou rouge, le vin ne valait pas grand'chose, ce qui ne veut pas dire qu'il ne coûtât rien. Car il figura sur la note pour une quantité non négligeable.

Je venais de terminer mon déjeuner, quand l'automédon averti se présenta devant moi. C'était un homme, d'environ vingt-cinq ans, à la taille élancée, à la physionomie intelligente et ouverte, à l'air éveillé, qui me plut dès l'abord. Aussitôt il me fit ses offres de service, me promettant un excellent landau, à deux chevaux, susceptibles d'aller à bonne allure, pendant des journées entières.

— Vous connaissez le pays? lui dis-je. Vos chevaux sont sûrs?

— Oh! Monsieur, fit-il. Soyez tranquille! Mes chevaux sont doux comme des agneaux, quoique vifs comme la poudre. Quant à moi, je suis conducteur, c'est-à-dire que je connais la contrée comme ma poche. Où désirez-vous aller?

— Mais, à *Gavarnie*, et de là à *Cauterets*...

— C'est bien facile; il y a une bonne route. Si la course est un peu longue, en revanche elle est très intéressante et agréable à parcourir.

— Je voudrais, en outre, repris-je, faire quelques excursions dans la montagne, si le temps le permet.

— Rien de mieux. Pendant ce temps-là mes bêtes se reposeront.

— Pour l'exécution de ce programme, j'aurai besoin

d'y consacrer plusieurs jours. Puis-je compter sur vous?

— Absolument. Vous êtes combien?

— Je suis seul. Mais, voyageant avec un appareil photographique, je désire, quand cela me plaît, m'arrêter en route, pour prendre des vues.

— Oh! vous en aurez de superbes à prendre, et vous n'aurez que l'embarras du choix, je vous le promets.

— Eh bien, répondis-je, quel sera le prix?

— Monsieur gardera ma voiture le temps qu'il voudra; ce ne sera que vingt-cinq francs par jour. C'est pour rien!

— Vous trouvez? Peste! Comme vous y allez!

— Oh! Non, fit-il. Ce n'est pas cher. Rien que pour aller de *Pierrefitte* à *Cauterets* ou à *Gavarnie*, on prend trente à quarante francs, et même davantage, suivant l'affluence des voyageurs.

— Voyons, ce n'est pas possible! La distance n'est pas si grande, que diable! Et puis, la course doit être tarifée, il me semble?

— Le chemin monte toujours et éprouve les chevaux; de plus, on est obligé de prendre des renforts. Sans doute, il y a des services réguliers de transport, à prix fixe. Mais on n'est jamais sûr d'avoir de la place, il faut partir à une heure déterminée, et enfin on ne peut s'arrêter en route. Avec une voiture particulière, vous partez quand vous voulez, et vous vous arrêtez à volonté.

— Je comprends bien, répondis-je. Mais, pour moi tout seul, songez donc que la dépense sera forte, pour peu surtout que je séjourne, une fois arrivé à destination.

— Vous seriez deux, trois, quatre, fit-il, que ce serait le même prix. Maintenant, ajouta-t-il, si vous voulez voyager commodément, prenez ma voiture; vous n'aurez pas lieu de vous en repentir. Si vous y êtes disposé, en partant cet après-midi, nous pouvons aller le soir même coucher à *Cauterets*. Or, comme le temps n'est pas sûr, il est préférable de débuter par là; je vous mènerai ensuite à *Gavarnie*.

— Est-ce qu'il y a une route de *Cauterets* à *Gavarnie?*

— Non, Monsieur, un simple sentier muletier. Nous serons obligés de revenir sur nos pas jusqu'à *Pierrefitte*, en revenant de *Cauterets*, et de nous diriger sur *Luz*, pour gagner *Gavarnie*. C'est l'affaire d'une journée.

J'hésitai une minute, puis toutes réflexions faites :

— Eh bien, c'est entendu, dis-je au conducteur. Je vous arrête, à raison de vingt-cinq francs par jour. Mais j'espère que vous tiendrez votre promesse et me donnerez de bons chevaux. Venez me prendre ici, à la porte de l'hôtel, à deux heures précises, et munissez-vous d'une corde solide pour attacher ma malle. En attendant, je vais faire quelques commissions en ville. A bientôt.

— Vous pouvez compter sur moi, Monsieur, votre serviteur.

Il dit, et après un salut, se retira, satisfait de l'issue de l'entrevue. Je ne l'étais pas moins. Désormais délivré de toute préoccupation de moyens de transport, je m'applaudis du marché conclu, quelque onéreux qu'il pût me paraître. Généralement, quand on part en voyage, ce n'est pas pour faire des économies. Si l'on veut ses aises, n'est-on pas souvent obligé de se plier aux circonstances et de subir certaines exigences? Pour une fois, pensai-je, que je me passerai la fantaisie de voyager en calèche, comme un mylord, je n'en mourrai pas, et puis cela me changera.

A l'heure dite, mon *Lourdois* vint stationner à la porte de l'hôtel. Ayant fait charger mes bagages, je réglai ma note au contrôle, et, satisfait du coup d'œil jeté sur l'attelage, je pris place sur les coussins défraîchis, mais propres, du landau. Le conducteur grimpa sur son siège et mobilisa sa cavalerie, avec accompagnement de bruyants claquements de fouet. Quelques minutes plus tard, hors des murs de *Lourdes*, j'étais emporté au grand trot de deux petits chevaux tarbes, dans la direction de cette célèbre

Vallée d'Argelès, où viennent déboucher, par des vallons
pittoresques, les nombreux gaves qui la sillonnent de
toutes parts. Malheureusement, le temps était tout autre
que magnifique. Les crêtes des montagnes apparaissaient
léchées par des voiles de brouillards, qui les nivelaient,
en les embrumant, et la campagne se déroulait tristement,
dans un ciel gris, d'aspect monotone. On sentait qu'il eût
suffi d'un petit coin de bleu dans la nue, pour ranimer la
nature alanguie. Mais celle-ci, renfrognée ce jour-là, ne
daignait pas sourire, gardant l'aspect, terne et mélancolique, des heures sombres, pendant lesquelles elle semble
en deuil. Cependant, à voir ainsi défiler cette campagne
nébuleuse devant mes yeux chercheurs, je n'étais pas sans
éprouver quelque charme. J'admirai au passage les lignes
harmonieuses de cette belle vallée, toute parsemée de
hameaux et de villages. Les villas et les élégants cottages, à peine entrevus, semblaient me dire, avec les
sources jaillissantes de leurs parcs, leurs ombrages touffus, leurs corbeilles de fleurs éclatantes, leurs pelouses
d'émeraude, que là il ferait bon vivre et s'y reposer. Au
faîte d'une colline, estompée par le brouillard, je vis, à
un certain moment, se détacher la grise silhouette d'un
clocher, à la forme bizarre. Il appartenait, me dit le conducteur, aux restes de la célèbre *Abbaye de Saint-Savin*,
qui fut, dit-on, bâtie par les ordres de *Charlemagne*, et
qui de nos jours encore offre aux amateurs d'archéologie
un rare spécimen du style roman. Le tombeau du saint,
antérieur au XIe siècle, aurait été religieusement conservé
dans la vieille église, dont les pierres effritées s'incrustent
de mousse. Désireux d'emporter un souvenir de cette
antiquité monastique, j'essayai, malgré la brume envahissante, d'en prendre la photographie. Peu après nous arrivâmes à *Pierrefitte*, laissant à gauche le village de *Nes-
talas*, où se trouve la gare du chemin de fer, dernière
station de l'embranchement.

C'est en cet endroit que la *Vallée d'Argelès*, arrosée

par le *Gave de Pau*, se subdivise en deux autres vallées supérieures, que sépare une chaîne de montagnes, dont les cimes principales sont les pics de *Soulom* et de *Viscos*. A gauche, s'ouvre la *Vallée de Luz*, aboutissant à *Gavarnie*, et à droite, celle de *Cauterets*, traversée par le *Gave de Cauterets*. L'une et l'autre ont leur caractère propre et se présentent sous les aspects les plus pittoresques.

Après un court arrêt, pour donner l'avoine aux chevaux et mieux les préparer à la montée, nous prenons la direction de droite, en nous engageant dans un étroit défilé. Au détour d'un lacet, la route surplombe, laissant apparaître un charmant panorama, sur le bassin d'*Argelès*, le *Gave* qui miroite au milieu, les longues lignes de peupliers qui abritent ses rives, et le village coquet de *Pierrefitte*, avec ses ponts et ses toits ardoisés. Séduit par le paysage, j'en fais l'objet d'un second cliché. Malheureusement, je ne suis qu'à moitié satisfait, car la vue n'est pas nette, toute la vallée étant comme noyée sous la brume, qui en estompe les contours. Et à peine ai-je franchi le seuil des *Pyrénées*, que je maudis déjà ces affreux brouillards, qui trop souvent y élisent domicile.

Notre parcours se continue, en suivant les sinuosités d'une route large, parfaitement entretenue, et à pente assez raide. Nous côtoyons la rive droite du *Gave de Cauterets*, torrent profondément encaissé, entre des parois abruptes de rochers, qui lui barrent le passage et contre lesquels il vient se briser en tourbillonnant. A chaque instant, c'est une succession de chutes, de remous, de rapides, de cascades et cascatelles du plus gracieux effet. L'eau convulsée s'épand en gerbes jaillissantes, d'une blancheur mate à l'ombre, et avec l'éclat du vif-argent dans les parties éclairées, qui s'enlèvent, avec hardiesse, sur les verts tendres des gazons et les tons bistres ou gris des roches adjacentes. Sur les déclivités de la montagne

s'étend une végétation variée, harmonieuse de coloris,
faite pour tenter la palette de l'artiste. Pour la première
fois, j'aperçois des genêts d'Espagne, au feuillage gracile,
accrochés aux flancs escarpés et mêlés aux cytises et aux
bruyères roses. Différentes essences d'arbres résineux,
sapins, pins, mélèzes, genevriers, se fondent en une verdure opaque, que, çà et là, viennent égayer des bouleaux
aux fines ramures, ou des arbousiers aux grappes ruti-
lantes. Des deux côtés de la route, les croupes des montagnes se redressent, s'accumulent dans un bizarre enche-
vêtrement de lignes; tandis qu'à leurs cimes, les crêtes
dénudées se découpent en festons irréguliers. Et au fur et
à mesure que nous nous élevons, en pénétrant au sein de
la vallée mystérieuse, que remplit la voix grondeuse
du torrent, le coup d'œil change, les aspects se modi-
fient.

Ce sont, à chaque détour du chemin, des apparitions
nouvelles, d'agréables et séduisants décors, qui flattent la
vue et la subjuguent. N'étaient ces fâcheux brouillards,
trop lents à se dissiper, et le soleil, trop avare de ses
rayons, on pourrait se croire dans une fraîche oasis, aux
portes de l'*Olympe!*

Voilà qu'après avoir traversé le *Pont de Médiabat*,
situé à moitié chemin des 10 kilomètres, qui séparent
Pierrefitte de *Cauterets*, nous passons devant une colline, où gisent des filons, mis en exploitation, de plomb
argentifère. L'entrée des galeries des mines se trouve à
une assez grande élévation au-dessus du gave, qu'elles
surplombent. Le minerai doit être d'une extraction difficile, dans un milieu aussi accidenté, du moins autant que
j'en ai pu juger d'en-bas; aussi a-t-il nécessité un système
de traction aérienne, qui ne manque pas de pittoresque.
Au travers d'une gorge étroite et profonde, un câble de
fer a été tendu, d'une paroi à l'autre de la montagne. Un
chariot s'y trouve suspendu, et, à l'aide de poulies, il
exécute en l'air un incessant mouvement de va-et-vient,

semblable de loin à un gigantesque oiseau de proie, planant ailes déployées ! Un peu plus loin, le paysage revêt un aspect plus sauvage, presque sinistre. De tous côtés la roche se montre à nu, cassée, brisée, heurtée. D'énormes blocs entravent le lit du *Gave*, qui, devenu furieux, les mord au passage et les couvre d'écume. Entre la force d'inertie de la pierre et l'action dissolvante de l'eau, la lutte est terrible. Si l'une est bien dure, l'autre est irrésistible. Ceci tuera cela ; c'est affaire de temps.

Tout d'un coup, changement de décor, nous nous trouvons en présence d'une belle chute d'eau. On l'appelle, dans la région, la *Cascade de Calypso* ; et nous pouvons, d'où nous sommes, tout à l'aise l'admirer. Cherchant en vain, aux alentours, la nymphe enchanteresse, si chère à *Ulysse*, je n'aperçois que le cours échevelé du *Gave* écumant, qui, par bons désordonnés, dégringole, au milieu d'un dédale de roches affleurantes. Dans cette saison, le volume des eaux n'est pas des plus considérables ; mais la limpidité, comme la blancheur, en sont si parfaites, l'élan si précipité, le cours si cahoté, que l'effet produit est merveilleux. Les grosses pierres moussues, recouvertes sur les bords d'une poussière diamantée, reluisent comme de l'or, et paraissent enchâssées dans l'émeraude des fins gazons qui les enserrent. Une fragile passerelle a été jetée pardessus l'abîme, qu'elle franchit, en prenant au milieu un point d'appui sur une saillie du roc.

Pour que le tableau fût complet, j'aurais voulu trouver là quelque bergère d'*Arcadie*, ou d'ailleurs, avec des chèvres et des moutons errants. Bien qu'à ce moment celle-ci brillât par son absence, je n'en priai pas moins le conducteur de s'arrêter, afin de me laisser prendre la vue de la *Cascade de Calypso*, ce qu'il fit très obligeamment. Il était près de six heures quand nous fîmes notre entrée à *Cauterets*.

Parmi les stations balnéaires des *Pyrénées*, et Dieu sait si le nombre en est grand, les plus courues sont celles de

Luchon et de *Cauterets*. On peut dire que leur réputation est universelle. Car elle tient non seulement à la beauté des sites des environs, mais encore à la mode, et surtout à l'efficacité des eaux thermales, qui s'y trouvent en abondance. Aussi y accourt-on de toutes parts en foule, pendant la belle saison, avide de boire, de voir et d'être vu! Un voyage aux *Pyrénées* n'est, du reste, complet qu'autant qu'on a pu rendre visite à ces lieux fréquentés par le *high-life* cosmopolite et le monde des touristes, des baigneurs et des buveurs d'eau. De là, à de certaines heures, cette animation, dans la rue, aux thermes, aux buvettes, au casino, partout. On y reconnaît de prime abord cette société, visant à l'élégance et à la distinction, qu'on a laissée sur le boulevard, et qui s'en est échappée. En cherchant bien, on pourrait même y découvrir des célébrités, n'en déplaise à certain esprit, à tendance paradoxale, qui a prétendu, fort irrévérencieusement du reste, que, « pour y voir de grands hommes, il faut les apporter reliés en veau, dans sa malle [1] ».

Par exemple, ce qu'il n'est pas facile d'y découvrir, en pleine *season*, c'est un logement, si on ne l'a pas retenu d'avance. *Cauterets*, sous ce rapport, est encore moins favorisé que *Luchon*, car les hôtels, sauf celui d'*Angleterre*, qui est immense, y sont moins de premier ordre et en moins grand nombre. Lorsque la voiture déboucha sur la place, le conducteur m'ayant demandé à quel hôtel je comptais descendre, je lui répondis que c'était à l'*Hôtel de France*. Mais là, quand je me présentai au bureau, il me fut déclaré qu'on n'avait plus de place. Je me fis alors conduire à l'*Hôtel d'Angleterre*, qui est le meilleur et, de plus, celui recommandé aux membres du *Club Alpin*. J'eus au moins la satisfaction d'y être hébergé et de pouvoir prendre aussitôt possession de mon appartement. J'étais, il est vrai, logé dans l'annexe de l'hôtel, mais seu-

---

1. H. Taine, *Voyage aux Pyrénées*.

lement au deuxième, et j'eus une chambre très confortable, donnant sur la montagne. Je dis au cocher de remiser sa voiture et ses chevaux où il voudrait, et, quant à lui, je lui donnai carte blanche jusqu'au lendemain. Puis, après un brin de toilette, je descendis à la salle à manger, pour la table d'hôte du soir. La pièce où l'on me fit entrer était spacieuse et brillamment éclairée. Je pris place à la suite d'autres convives déjà installés, parmi lesquels je reconnus des têtes d'Anglais, entrevues ailleurs. Pour peu qu'on voyage, on est sûr de rencontrer ces insulaires partout où l'on passe. Dans certaines parties de la France, à la *Côte d'Azur* notamment et dans les *Pyrénées*, aussi bien que dans les *Alpes*, ils pullulent. Du reste, où qu'ils soient, ils se montrent en général si grotesques, chez nous, avec leur mise excentrique, leur flegme imperturbable, leur raideur compassée, leur sansgêne légendaire, qu'ils sont divertissants, en fournissant des sujets constants d'observation. Le dîner, servi en grand apparat, me parut soigné. J'y fus régalé d'un plat, qui, pour ne pas figurer sur le menu, me sembla cependant digne d'être apprécié... pour une fois. Sur une estrade, élevée à l'une des extrémités de la salle, un orchestre vint s'établir et nous gratifier d'un concert en règle, pendant toute la durée du repas. N'ayant à mes côtés personne à qui causer, je ne fus pas gêné d'être condamné au silence. En fut-il de même pour tous les autres convives? Je n'oserai l'affirmer. Les notes n'ont pas le don de plaire à tout le monde, même si elles sont musicales.

CHAPITRE X

Après l'harmonieux dîner que je venais de savourer, j'éprouvai le besoin d'aller un peu flâner au dehors. *Cauterets* n'est qu'un assez gros village, de près de 2.000 habitants, irrégulièrement construit au fond d'une vallée resserrée entre de hautes montagnes. De toutes parts la vue est bornée par une enceinte de promontoires et de pentes boisées, qui mettent au front de la cité une auréole de verdure. Le Gave, à deux pas, fait entendre sa voix babillarde, en bondissant sur son lit de cailloux. Le regard, tourné vers l'Espagne, glisse à travers l'entrecroisement des lignes de faîtes des montagnes, et va au loin se perdre sur les cimes neigeuses des pics d'*Estom Soubiran* et des *Culaous*, qui sont hérissés comme des dards. Mais, à cette heure tardive, je pus à peine juger du coup d'œil, le fond de la vallée étant envahi par des brumes, qui vinrent bientôt rejoindre celles des sommets. Un voile gris, crépusculaire, se répandit uniformément partout, en même temps que l'humidité du soir, singulièrement pénétrante. Je fis un tour sur la *Promenade de l'Esplanade*, qui est l'*Allée d'Étigny* de *Cauterets*, et s'appelle la *Promenade des Œufs*, près des *Thermes* de ce nom, où de nombreux baigneurs se prélassaient, en fumant et en devisant. Puis, après avoir passé en revue les éventaires des boutiques, pleines de ces bibelots spéciaux aux villes d'eaux, ayant épuisé les distractions de la rue, et n'éprouvant pas le désir de m'en procurer d'autres au casino, je rentrai au logis.

Le lendemain, quand je m'éveillai, un gai rayon de soleil filtrait à travers les rideaux de ma fenêtre. Aussitôt levé, je m'empressai de m'habiller, tout joyeux de cette perspective de beau temps. Cependant, j'aurais eu tort de chanter trop tôt victoire.

En voyage, et surtout quand on se trouve à proximité des hautes montagnes, la question du temps est primordiale. Je devrais ajouter que dans les *Pyrénées*, spécialement, elle s'impose. C'est un sujet de préoccupation quotidienne, qui est aussi une des choses les plus aléatoires. Soir et matin, on se livre à l'observation du ciel, et l'on tire de cet examen des pronostics plus ou moins favorables, pour les projets ultérieurs. Le plaisir que d'avance l'on s'est promis de goûter, à la contemplation des beautés de la nature, reste subordonné à l'état de l'atmosphère; on le sait par expérience. Que celui-ci se montre nébuleux ou pluvieux, adieu l'entrain! Toute allégresse a disparu, et bientôt c'est la mélancolie qui lui succède. Qu'un rayon de soleil, par contre, vienne à luire, qu'un peu de bleu dans le ciel fasse sa trouée, aussitôt l'espoir renaît, nos physionomies s'épanouissent, et sur nos fronts rassérénés la tristesse ne tarde pas à s'évanouir. A la fluctuation des éléments se trouve intimement liée la mobilité de nos sentiments.

Ayant projeté, pour l'unique journée que j'avais à consacrer à *Cauterets*, l'excursion classique du *Lac de Gaube*, il m'importait beaucoup de savoir si je serais favorisé par le temps. Après la déception du *Lac d'Oo*, il me fallait une revanche. Car je n'admettais pas que deux fois à mon égard le ciel pût se montrer inclément. J'avais droit à une compensation. Aussi, après avoir ouvert la fenêtre, fus-je heureux de constater un examen assez favorable. Sans doute, la plupart des cimes m'apparaissaient encore voilées par des brumes, mais celles-ci, plutôt légères et de nature à être aisément dissipées, me semblaient de bonne composition. Le soleil brillait par intermittence, envoyant, çà et là, ses rayons dans l'espace, faisant resplendir au loin les pentes verdoyantes, encore humides de la rosée du matin. Un air frais m'arrivait, tout imprégné des senteurs de la montagne. Tout en le humant avec satisfaction, je me dis que le temps serait pur dans la journée, et sur cette belle assurance je me réjouis. Tant il est vrai que notre pauvre nature humaine aime à se bercer d'illusions, et que trop souvent le rêve a plus de séductions que la réalité !

Si, à juste titre, *Luchon* est fière de son *Lac d'Oo* et de sa *Vallée du Lis*, qui font l'admiration de ses nombreux visiteurs, *Cauterets* a non moins le droit de s'enorgueillir de son lac et de sa vallée célèbres. L'un s'appelle le *Lac de Gaube*, et l'autre, la *Vallée de Lutour*. De même que sous peine d'être disqualifié, on ne peut décemment venir à *Luchon*, sans rendre visite au Cirque de la *Vallée du Lis*, voir ses cascades et monter jusqu'au *Lac d'Oo*, de même aussi un séjour à *Cauterets*, tant court soit-il, doit être employé à faire au moins la course du *Pont d'Espagne* et du *Lac de Gaube*. Ceux que la montée fatigue ou effraie peuvent, sans le moindre danger, l'effectuer à cheval. C'était le parti auquel je m'étais décidé. Aussi dans cette prévision, dès la veille, avais-je recommandé au portier de l'hôtel de me procurer une bonne monture pour le lendemain matin. Et, quand je descendis de ma chambre, je trouvai au bas du perron un guide tenant en mains un cheval sellé et bridé. L'un et l'autre m'étaient destinés. Je gratifiai le premier, de mon inséparable (lisez : sac photographique), et le second, de ma personne, plus légère d'esprit que de corps. Dirai-je qu'en recevant leur fardeau tous deux firent la grimace ? A de certains signes, plus ou moins équivoques, ce fut du moins ce que je crus remarquer.

A peine étions-nous parvenus au bout de la rue, débouchant sur la place, que le guide, filant à l'anglaise, me dit de poursuivre, en prenant le chemin de droite, et que, quant à lui, il allait me rejoindre. Pensant qu'il avait oublié quelque chose, je ne fis pas autrement attention à sa disparition. Le cheval, sur ces entrefaites, avait tenté de traduire ses grimaces par un ou deux panaches, suivis de ruades supérieurement lancées ! C'était sa manière à lui de m'envoyer en avant ! Je la trouvai mauvaise, comme bien l'on pense. Toutefois, sans être un cavalier émérite, j'avais assez d'assiette pour me tenir ; je pus donc subir ces assauts intempestifs sans choir. Voyant sa tactique déjouée, le noble animal crut-il que ses velléités de résistance seraient vaines, ou l'exposeraient à une correction méritée ? Je ne sais, toujours est-il qu'il ne renouvela pas sa tentative d'insubordination, et qu'à partir de ce moment il daigna se montrer accommodant. Je fus d'autant plus touché de ses bons procédés que, n'ayant ni éperons, ni cravache, j'aurais été bien en peine de le mettre à la raison, s'il avait continué à faire la mauvaise tête. Cependant, au moment où je passai devant une écurie, en suivant la rue qui m'avait été indiquée, la bête eut une lueur d'hésitation. S'étant arrêtée net, puis tournée vers l'entrée, restée ouverte, elle chercha à y pénétrer. Elle reconnaissait sans doute son gîte habituel et trouvait plaisant de le réintégrer. Or ceci ne faisait guère mon affaire, et à cette occasion, j'eus encore à parlementer avec elle. Ayant eu le dernier mot, je sortis enfin des maisons, puis, ayant longé un mur, j'arrivai au point d'intersection de plusieurs chemins, et en présence d'un pont jeté sur le gave.

Là, ne sachant plus quelle direction prendre, j'attendis que le guide revînt, comme il me l'avait promis. Mais les instants se passèrent, et l'homme n'apparaissait pas. Sentant s'impatienter ma monture, par suite de l'immobilité à laquelle je la condamnais, je commençais à trouver le temps long, quand une personne vint à ma rencontre.

Je crus d'abord que c'était mon guide, car de loin j'avais remarqué qu'elle portait quelque chose à son dos. De près, je reconnus que ce quelque chose était en effet mon appareil photographique ; mais ce qui me surprit, ce fut que le porteur avait changé de visage ! Quant au costume, c'était bien le même, c'est-à-dire celui des guides pyrénéens : béret à la tête, veste de drap, agrémentée d'un double rang de boutons métalliques, gilet et pantalon marrons, espadrilles aux pieds.

Comme je lui marquais mon étonnement de cette transfiguration, non indiquée au programme, mon futur acolyte m'expliqua que son compère, étant retenu pour une autre course, lui avait délégué ses pouvoirs, en l'envoyant à sa place. Ce que je compris de plus clair, ce fut que le guide en premier ne s'était pas soucié de porter à son dos mon appareil, ni de m'accompagner à pied, tandis que j'étais à cheval. Tel était sans doute le fin mot de la grimace soupçonnée au début. Après tout, que m'importait ? Est-ce que le remplaçant ne pourrait pas tout aussi bien faire mon affaire ? Sans autrement insister, je me bornai à lui demander le chemin du *Lac de Gaube*. C'était tout droit, au-delà du pont.

Après avoir traversé le gave, nous suivons un bon chemin, s'élevant en pente douce vers la montagne, située au devant de nous. Bientôt après nous rejoignons la route, qui mène à la source de la *Raillère*, où se trouve un établissement thermal très fréquenté. Un peu plus loin et en continuant à nous élever, nous passons auprès d'une autre source, non moins fréquentée, celle de *Mauhourat*, à l'entrée de la *Vallée du Jéret*. Là, s'ouvre à gauche une autre vallée, d'aspect sauvage, celle de *Lutour*, où l'un des bras du *Gave* se livre à mille contorsions échevelées. Nous la laissons de côté, pour nous engager dans une belle forêt. Nous côtoyons la rive droite d'un autre torrent, qui s'échappe en bouillonnant, et dont les émanations, sulfureuses et même sulfhydriques, ne flattent pas agréablement l'odorat.

Mais, à partir de ce moment, la pente du sentier devient assez raide et se borde de chaque côté de grosses pierres. Partout les quartiers de roches moussues abondent, et sous les sapins argentés s'étend la riche végétation des zones alpestres. Du reste, la promenade est charmante. Je la trouverais même délicieuse, si le soleil voulait bien se montrer plus prodigue de ses rayons. C'est en vain qu'il cherche à lutter contre les brumes, qui s'accumulent sur les hauteurs et flottent sur les crêtes, en nous en masquant la vue. Sans perdre courage, je me persuade que tout ce cortège de vapeurs qui assombrissent le tableau finira bientôt par être balayé. En attendant, nous montons toujours, et je suis heureux de constater que mon cheval se comporte vaillamment. Sans broncher, il choisit ses voies, et malgré les obstacles les franchit avec adresse, m'enlevant d'un pas lent, mais sûr. Peu loquace de sa nature, le guide suit par derrière, en s'épongeant le front.

A un détour, subitement nous nous trouvons en présence d'une belle chute d'eau, que le gave forme, en tombant tout d'une pièce au fond d'un gouffre et en étalant sous mes yeux une nappe écumante. C'est la *Cascade du Cériscy*, une des plus renommées des environs. Ce qui la caractérise, c'est un énorme bloc de rocher qui, suspendu au milieu de son cours, le subdivise, le réduit en poussière et en reçoit les assauts formidables. Une fragile passerelle en bois a été jetée au-dessus de l'abîme, qu'elle traverse, en prenant son point d'appui sur la pierre. Autour des roches polies et luisantes, que les eaux ne cessent d'effriter, les sapins chevelus, aux flèches élancées, dressent leur tête altière et servent d'encadrement à ce gracieux tableau.

A cette vue, émerveillé, je descends de cheval et prie le guide de le tenir par la bride, pendant que je vais photographier la cascade. Et j'ai soin de placer le groupe au premier plan, de façon à pouvoir également en emporter l'image, si l'épreuve réussit.

L'opération terminée, je reprends possession de ma monture, et de nouveau nous nous élançons en avant, à travers les sinuosités du sentier, de plus en plus rocailleux.

Successivement, nous passons devant plusieurs autres cascades. Celle du *Pas de l'Ours* attire mes regards, et surtout celle de *Baussès*, dont le cours désordonné, éparpillé, à l'issue d'un étranglement de la montagne, m'apparaît tout hérissé de blocs informes, vraie image du chaos.

Au bout d'environ deux heures d'ascension, nous arrivons enfin au lieu appelé *Pont d'Espagne*. Qui n'en a entendu parler? Là, le *Gave*, venu de la vallée du *Marcadau*, et grossi des eaux du *Gave de Gaube*, s'élance tumultueusement au travers d'un étroit défilé, et y forme, soit en amont, soit en aval, de magnifiques chutes, que l'œil ne peut se lasser d'admirer. Entre le ressaut inférieur, où le gave disparaît dans un gouffre, et la cascade supérieure, composée de la réunion de plusieurs nappes successives, se trouve une maisonnette, où l'on peut se rafraîchir. Des troncs de sapins, jetés sur le torrent, permettent de le franchir d'une rive à l'autre, et de contempler de près ces belles horreurs.

Au moment où je traversai ce *Pont d'Espagne*, je fis la rencontre d'une dame accompagnée d'une fillette. Et tout naturellement la conversation vint à s'établir, avec le sans-façon admis en voyage. J'appris ainsi que cette dame venait souvent depuis *Cauterets* se promener dans ces parages avec sa fille. Toutes deux trouvaient la promenade charmante, et malgré la fatigue y prenaient chaque fois un plaisir nouveau. Il est en effet difficile de découvrir un site d'un caractère plus romantique et plus pittoresque, au sein d'une nature plus tourmentée. De toutes parts les roches grimacent et pleurent, l'eau gronde et se convulsionne, les sapins échevelés développent leur longue ramure, qui se découpe en silhouettes fantastiques. Je tentai de photographier ce lieu remarquable, mais j'eus à compter avec le brouillard, qui me gêna considérablement. Toutefois, j'étais loin de me douter du tour qu'il allait me jouer plus haut. Ayant consulté le guide, pour avoir son avis sur le temps, soit que le Béarnais ne voulût pas se compromettre, soit simplement qu'il fût indécis, je n'en pus obtenir une réponse catégorique.

— Mais, enfin, lui dis-je, ne pensez-vous pas que ce maudit brouillard finira par s'élever? Il me semble, au contraire, vouloir augmenter, au fur et à mesure que nous montons?

— Ah! fit-il. Avec le brouillard, on ne sait jamais à quoi s'en tenir, en montagne. Tantôt il monte, tantôt il descend, cela dépend des courants d'air. Il suffit parfois d'un coup de vent pour le faire disparaître. Quand nous aurons atteint le *Lac de Gaube*, soit à près de 1.800 mètres d'altitude, peut-être aurons-nous dépassé la couche brumeuse, et alors nous verrons le soleil. Mais, à vrai dire, je n'en puis répondre aujourd'hui.

Malgré tout, j'espérais encore. En attendant, nous avions repris notre marche ascendante depuis un certain temps, quand, après avoir franchi une sorte de col, au milieu d'un éboulis de grosses pierres, nous débouchâmes dans un lieu découvert et nu, qu'on appelle le *Plateau de Cayan*. Le gave s'y divise en une infinité de cascades et cascatelles du plus gracieux effet, et s'y répand en joyeux méandres. Quelques pins parasols isolés, mêlés à des pins rouges, dressent çà et là leurs touffes élégantes, au milieu d'un amoncellement de roches moussues et trouées. Ce me fut l'occasion d'un nouvel arrêt et d'une nouvelle pose. Puis, enfin, nous arrivâmes à la hauteur de ce fameux *Lac de Gaube*, cuvette de 700 mètres de longueur, sur 300 mètres de largeur, creusée au sein de montagnes rocheuses, aux pentes fortement déclives. De là, par une échappée, quand le temps est clair, le regard embrasse d'un coup d'œil la vallée supérieure de *Gaube*, et découvre à l'horizon les cimes étincelantes du *Grand Vignemale*, dont les glaces et les neiges éternelles alimentent le lac. C'est une vue caractéristique, empreinte d'un caractère de sauvagerie et de grandeur sans pareilles, dans un cadre sévère, idéalement beau! Que n'aurais-je donné sur le moment pour en jouir! Mais, ô déception amère, à peine étions-nous arrivés, que cet affreux brouillard vint nous envelopper, tendant au-devant de nous ses voiles opaques! Impossible de découvrir quoi que ce soit. Ce fut en vain que j'interrogeai l'espace. Je ne distinguai, ni *Vignemale*, ni montagne, ni lac, rien, qu'une masse flottante et indécise, perdue dans la nébulosité! C'était vraiment désolant!

Quelque peu déconforté par ce fâcheux contre-temps, je pénétrai à l'intérieur d'une bâtisse, qui se trouve sur le rocher, à deux pas du lac invisible, et qui sert d'abri et de restaurant. La pièce, où j'entrai, était vide, et me parut sommairement meublée de quelques méchantes tables, avec bancs et chaises autour, comme dans les vulgaires guinguettes de village. A mon entrée, une servante se présenta, me demandant ce que je désirais.

— Déjeuner, Mademoiselle, lui répondis-je, si c'est possible.

— Qu'est-ce que Monsieur veut manger?

— Mais, ce qu'il y aura. Vous avez des provisions?

— Bien sûr, fit-elle. Mais je crains bien qu'elles ne soient perdues. Car il n'est encore venu personne aujourd'hui, et ce sale brouillard va empêcher la pratique d'arriver. Depuis le commencement de la saison, c'est presque tous les jours ainsi.

— Le fait est, répondis-je, que le temps n'est guère favorable aux excursions, ni encourageant pour les touristes.

— Ah ! Ne m'en parlez pas! Si j'étais libre, il y a longtemps que je l'aurais quitté, ce pays de malheur!

— Vous n'êtes donc pas de *Cauterets ?*

— Non, je suis de *Pau*, où il fait beau, où le soleil brille ; tandis que dans ce trou, on gèle au milieu des brouillards ! Aussi, je me demande pourquoi j'y suis, et ne sais pourquoi on y vient.

— Probablement, pour admirer la vue, répartis-je, que l'on dit fort belle. Seulement aujourd'hui il est difficile d'en juger, car on n'y voit goutte. C'est un fait exprès et je n'ai vraiment pas de chance !

— Oh! Vous n'êtes pas le seul, soyez tranquille. Tous ceux qui viennent ici en disent autant. C'est même ce qui m'exaspère, car ils font rejaillir sur moi leur mauvaise humeur, comme si j'étais cause du mauvais temps.

— Vraiment? Il ne fait donc jamais beau, par là?

— Pas souvent. Presque tous les jours il y a du brouillard et de la pluie, quand ce n'est pas de la neige !

— Alors, vous devez bien vous ennuyer, céans ?

— Dame! Ce n'est pas que je m'amuse, allez! Au surplus, je n'en ai guère le loisir, il faut servir la pratique, et cela me donne assez d'occupation. Il y a des jours où il y a tant de monde dans ce refuge, que je ne sais à qui entendre. C'est à en perdre la tête ; et puis, on est si difficile! Ces Parisiens ne sont jamais contents. On a beau se mettre en quatre pour les satisfaire, ou ils se plaignent, ou ils vous blaguent! Les Anglais, c'est bien pis, ils ne font que ronchonner !

— Ah! Et les Espagnols? Que font-ils ?

— Les Espagnols, ils font la contrebande!

— Et vous, que leur faites-vous ? Les yeux doux ?

— Bon ! Vous êtes Parisien, vous aussi, et vous vous moquez de moi.

— Non, je vous assure. C'est histoire de plaisanter. Mais, si vous voulez bien, parlons de choses plus sérieuses. Occupons-nous du déjeuner, qui de ce train-là menace de se passer en conversation. Or cela ne ferait guère mon affaire, car je vous avoue que je suis mort de faim. Vous avez des œufs, des pommes de terre, un peu de viande, n'est-ce pas, Mademoiselle ?

— Oui, nous avons de tout cela, et même du poisson du lac, si vous en désirez. Il est tout frais, on vient de le pêcher.

— Certainement, que j'en veux. Si je ne puis voir le lac, c'est bien le moins que je goûte de ses produits, que l'on dit supérieurs !

— Je vais mettre votre couvert, et dans quelques instants ce sera prêt.

— Bien, répondis-je à l'avenante soubrette. En attendant, pour me distraire, puis-je feuilleter le livre des voyageurs ? C'est toujours si instructif !

— Tenez, Monsieur, fit-elle en me le présentant, le voici. Il n'y a que des âneries dedans.

Faute d'autre subsistance, je fis main basse sur cet aliment, que je soupçonnai de lourde digestion. Dirai-je que je l'ai dévoré ? Après un coup d'œil sur les feuillets, émaillés de taches d'encre et garnis d'hiéroglyphes, j'en eus vite assez de ces élucubrations de rastaquouères, dont le fond invariable pouvait se traduire ainsi : « Tel jour, à telle heure, nous sommes montés au *Lac de Gaube*, et n'y avons vu que le brouillard. Les truites étaient fraîches, comme la température, et la note salée ! Nous avons bien bu et bien mangé..... Mais il fera chaud, quand nous reviendrons !... »

A noter, cette impression navrée d'un photographe : « Je viens ici pour la huitième fois, avec mon appareil, grand format, et pour la huitième fois je ne puis découvrir le lac ! J'y renonce. Stupide brouillard, va ! Et chien de temps ! »

Pendant que j'étais occupé à cet intéressant examen, plusieurs sociétés de touristes étant venues faire irruption dans la salle, ne tardèrent pas à y semer un beau désordre. Au milieu d'un tohu-bohu général, tables et chaises furent prises d'assaut, puis chacun réclamant à la fois madame l'hôtesse et ses services, ce fut bientôt un vacarme indescriptible. Ce qu'il me fallut entendre là de propos ineptes, de conversations saugrenues, ce fut inénarrable ! Et j'en conclus qu'au fond de tout touriste se cache un petit *Perrichon*, doublé d'un grand *Prudhomme !* Sur ces entrefaites, on me servit mon déjeuner, auquel je fis honneur. Je vis encore arriver plusieurs personnes, qui étaient montées, les unes à pied, et les autres à cheval, et qui, faute de places, se mirent à rôder dans la pièce, comme des âmes en peine, ou se collèrent aux vitres recouvertes de buée. Du reste, toutes les mines étaient allongées et la mauvaise humeur latente. Au dehors, la même inclémence du temps persistait. On n'y voyait littéralement pas à quatre pas ! Les *Pyrénées*... oh ! que c'est beau..... quand on les voit ! Mais, quand on ne les voit pas, comme ça ressemble aux *Alpes*, ou même à la plaine ! Le brouillard n'est-il pas partout le même ? Une défaillance de la nature !

Dès lors, n'ayant plus aucun espoir de remporter de ces lieux le moindre souvenir photographique, je me décidai à leur dire adieu. J'appelai le guide et le priai de seller le cheval pour partir.

Quelques instants plus tard, nous reprenions de concert le chemin du retour, enchantés, lui de revenir à *Cauterets*, et moi de fuir une contrée aussi déplorablement brumeuse. Nous repassâmes au *Pont d'Espagne*, et, par une ironie du sort, quand nous fûmes au bas de la forêt, nous eûmes la satisfaction de voir de nouveau briller le soleil ! Oui, il

en est ainsi en montagne! Le brouillard n'était répandu
que sur les hauteurs; tandis qu'à mi-côteaux et dans la
plaine, le temps était magnifique! Ceci me permit de
prendre quelques photographies des sites que je n'avais
fait qu'admirer en montant, et je revins d'assez bonne
heure à *Cauterets*. J'en repartis aussitôt, désireux de
gagner du temps, et peu soucieux de prolonger mon
séjour sans but précis. Je réglai ma note à l'hôtel, où l'on
fut parfait d'attentions et de prévenances à mon égard, et
cela sans m'écorcher, chose rare dans les *Pyrénées;* puis,
installé dans ma calèche, je me laissai emporter au grand
trot de l'attelage. Je vis avec intérêt se dérouler à ma vue
les aspects pittoresques de cette célèbre *Vallée de Cauterets*, si souvent parcourue et tant de fois décrite, et de
nouveau je me retrouvai à *Pierrefitte*, à l'entrée de la non
moins remarquable *Vallée de Luz*.

De *Pierrefitte* à *Luz*, la distance n'est pas considérable,
13 kilomètres, sur une excellente route, desservie par un
service de diligences.

Après avoir traversé le village et laissé à droite la route
de *Cauterets*, nous trouvons d'abord le bourg de *Soulom*,
où j'admire, en passant, une vieille église romane, à
l'allure de forteresse, comme on en voit dans les *Flandres*.
Nous côtoyons un torrent, dont nous remontons la rive.
C'est le *Gave de Pau*, aperçu les jours précédents, et que
je revois avec plaisir. En contemplant son cours rapide,
ses eaux bouillonnantes, je songe à son existence, qui est
une véritable odyssée. Qu'on en juge. Prenant sa source
au pied du *Vignemale*, il dégringole, de cascade en cascade, des hauteurs de *Gavarnie* jusqu'à *Gèdre*, où il se
grossit des eaux du *Gave de Héas*, traverse la *Vallée de
Luz* jusqu'à *Pierrefitte*, y rencontre le *Gave de Cauterets*,
avec lequel il fraternise, parcourt la *Vallée d'Argelès*,
passe à *Lourdes*, à *Pau*, à *Orthez*, et vient enfin déverser
ses ondes limpides dans le *Golfe de Gascogne*, après
s'être jeté dans l'*Adour*, au lieu dit *Sanus-Guiche*, à

26 kilomètres de *Bayonne*. Il y a tant de sortes de *gaves*, dans ces vallons et vallées des *Pyrénées*, qu'on les confond volontiers ; et l'on risque de se perdre, dans la longue généalogie de la famille, si l'on n'y prête quelque attention. La branche du *Gave de Pau* est une des plus importantes, et à ce titre méritait qu'on l'étudie. Une fois n'est pas coutume.

Au-delà du pont de *Villelongue*, la route suit un magnifique défilé de plusieurs kilomètres, présentant à chaque détour des points de vue variés, au milieu d'une nature grandiose et pittoresque. Nous longeons les bases des *Pics de Soulom* et de *Viscos*, dont les belles pentes boisées tombent jusque dans le gave, qui en baigne les épaulements rocheux. Les ponts succèdent aux ponts, tandis que nous courons, tantôt sur la rive gauche, tantôt sur la rive droite du torrent. C'est ainsi que nous arrivons à *Luz*, après avoir traversé un dernier pont en marbre, à l'entrée de la *Vallée de Bastan*. Là, le conducteur ayant arrêté sa voiture, à la porte d'un hôtel, à la toiture en auvent, découpée en forme de chalet, m'invite à descendre. Il est trop tard pour aller plus loin aujourd'hui, me dit-il, et il faut s'arrêter là pour y passer la nuit.

Je mets donc pied à terre, et, franchissant le seuil de l'habitation, je retiens une chambre au *Grand Hôtel de l'Univers*, ouvert toute l'année, et tenu par Mme Ve *Payotte*. C'est du moins ce que m'annonce une carte, que l'on vient de me remettre, et sur laquelle la maison a été photographiée. J'y lis même (au dos) que *Luz* possède : Une *Église des Templiers*, datant du XIIe siècle, une *Tour de Sainte-Marie*, dernier vestige d'un ancien château fort, et une *Chapelle de Solférino*, édifice moderne, orné d'un clocher remarquable.

J'avoue que, dans mon ignorance, je ne m'attendais pas à trouver toutes ces belles choses à *Luz*. Faut-il ajouter, qu'elles restèrent pour moi à l'état de lettre morte, et qu'à cette heure, la nuit étant arrivée, je dus faire abstraction

de ces curiosités ? Du reste, je fus invité à passer à la
salle à manger, et à prendre place à une grande table
ronde, où se trouvaient des convives. Bientôt se renouvela
le supplice quotidien de la table d'hôte. Après dîner,
comme il faisait très chaud dans la salle, j'allai fumer une
cigarette au dehors. Le ciel me parut noir et le temps
singulièrement lourd. J'eus la sensation d'une forte dépression atmosphérique, faisant prévoir, à brève échéance,
une perturbation dans les éléments. Rentré dans ma
chambre, je m'y barricadai du mieux possible, pour procéder au chargement de mes châssis photographiques.
Opération des plus fastidieuses, et néanmoins se représentant invariablement chaque soir, sous peine d'être
désarmé le lendemain. Puis, étant un peu las de la journée,
et brisé par la course à cheval du matin, je m'empressai
de me coucher. Que se passa-t-il ensuite ? Il me souvient
d'avoir été réveillé au milieu de la nuit, au bruit du
tonnerre et d'un vent furieux, qui faisait rage contre le
volet de ma fenêtre. En même temps j'entendis la pluie
fouetter aux vitres et résonner sur le toit du chalet. Bast !
Ce n'est qu'un orage, pensai-je ; laissons pleuvoir. Demain
il sera calmé et le beau temps lui succédera. Et philoso-
phiquement, je me rendormis...

CHAPITRE XI

La neige ! Saint-Sauveur et le Pont Napoléon III. — La Vallée de
Gavarnie. — Gèdre et sa grotte. — Une célébrité alpine. — Le
Coumélie. — Le Gave d'Aspé et la Cascade d'Arroudet. — Le
Chaos. — L'Hôtel des Voyageurs. — Le sentier des Entortes. —
Edelweiss et iris panachés.

Ma première pensée, en m'éveillant, fut pour le temps,
car je me rappelai l'orage nocturne. Il me semblait voir
luire les rayons du soleil à travers les interstices du volet,
aussi allai-je vite à la fenêtre, que j'ouvris toute grande.
Et ce que je vis me parut si extraordinaire, que je me
frottai vivement les yeux, pour m'assurer que je ne rêvais
pas. A perte de vue s'étendaient devant moi des pâturages,
des pentes de forêts, des pics, plus ou moins pointus,
plus ou moins élevés ; et tout cela était blanc de neige !
Comment ! De la neige fraîche, à la fin de juillet, en
pleines *Pyrénées !* Quel singulier anachronisme ! Et plusieurs minutes durant, je restai là, ébahi, à la vue de ce
que je considérais comme une énormité, une véritable
indécence météorologique ! Malheureusement, le fait était
irrécusable, palpable, éclatant ! Oui, il avait neigé, et
c'était à peine si les pâles rayons du soleil levant, luttant
contre un amoncellement de brumes, parvenaient à avoir
raison de cette couche immaculée. Songeant alors à mes
projets de visite à *Gavarnie*, je n'entrevis pas de gaieté
de cœur la perspective d'un hivernage forcé dans cette

nouvelle *Sibérie*. Au surplus, la vue était magnifique. Surprise sous ce blanc linceul, la végétation ressortait, avec des jeux de lumière et d'opposition, du plus curieux effet. Pour un amateur de contrastes, je devais être satisfait.

Dès que je fus habillé, j'allai trouver le conducteur pour lui demander conseil. Il me répondit sérieusement que ce n'était rien, tout au plus un simple incident ; que le soleil aurait bien vite fondu cette neige peu épaisse ; que du reste il fallait s'en applaudir, car l'orage ayant purifié le temps, il ferait beau dans la journée. Il fut en conséquence résolu qu'après déjeuner nous nous mettrions en route pour *Gavarnie*.

Sur les dix heures, nous quittâmes *Luz*, nous dirigeant le long d'une belle route, plantée d'arbres, au-devant de *Saint-Sauveur*. Après avoir dépassé l'établissement thermal de *Barzun*, dont les eaux sulfureuses ont été amenées depuis *Barèges* jusqu'à *Luz*, nous laissâmes sur notre droite le charmant village de *Saint-Sauveur*, pittoresquement accroché au flanc d'une montagne tombant à pic au-dessus du gave. Bientôt ensuite nous arrivâmes en vue d'un pont monumental.

Tout en pierre taillée, d'une seule arche en plein cintre, audacieusement élevée à 65 mètres au-dessus du torrent, cet ouvrage d'art, garni de parapets crénelés et d'une balustrade ajourée, projette son élégante silhouette entre deux escarpements, qu'il relie entre eux. A une grande profondeur, le gave mugit tout en bas, étranglé dans son lit tourmenté. Des arbustes, lianes flexibles, pendent, çà et là, des fissures de la roche surplombante, encadrant délicieusement dans leur verdure la blancheur du monument. Au-dessus, se découpent en courbes élégantes les arêtes festonnées des pics, dont les flancs sont parés d'une riche végétation. La perspective aérienne les colore en jolis tons nacrés et violacés, qui se marient agréablement avec l'azur du ciel. C'est le *Pont Napoléon III*, qui, érigé en 1860, met en communication *Luz* et *Saint-Sau-veur* avec *Gèdre* et *Gavarnie*, et sert de trait d'union entre la *France* et l'*Espagne*. A l'entrée, se dresse une colonne, surmontée d'un aigle colossal, dont les ailes déployées, semblent guetter une proie.

Au sein de cette gorge profondément encaissée, au fond de laquelle luit comme un éclair l'écume du torrent, le site se développe, romantique et sauvage.

Avec son arche unique, enjambant le gave à toute élé-vation, ce pont me rappelle ceux du *Diable*, situés, l'un à *Andermatten*, en *Suisse*, sur la *Reuss*, et l'autre, à *Saint-Gervais*, en *Savoie*, sur le *Bonnant*.

Au *Saint-Gothard*, la nature se montrerait peut-être plus terrible, et à *Saint-Gervais* plus grandiose.

Naturellement j'en pris la photographie ; puis, étant remonté en voiture, nous continuâmes notre course, en suivant les lacets décrits au bord du torrent.

De *Saint-Sauveur* jusqu'à *Gèdre*, on peut dire que le parcours n'est qu'une suite d'enchantements. La vallée est vraiment merveilleuse. Tout en offrant quelque analogie avec celle de *Cauterets*, elle me semble cependant l'em-porter sur celle-ci, aussi bien par la grâce, que par l'ampleur et la sauvagerie. Nulle part, le gave ne bon-dit plus tumultueux, plus étranglé dans son lit, plus étin-celant dans ses rejaillissements ; nulle part les mousses ne parent les pierres de tons plus dorés, les gazons ne sont plus frais, la végétation n'est plus échevelée, et la roche plus polie et plus heurtée. A chaque pas, les sources suintent aux parois de la montagne, les ruisseaux dégringolent en notes cristallines, et les rigoles sèment des perles au sein de la verdure. De distance en dis-tance, pour animer le paysage, surgissent des passerelles en rondins de sapins, des ponts rustiques, jetés en tra-vers de l'eau furieuse, qu'ils coupent d'un trait arqué. Et l'on voit, tantôt un pêcheur de truites, qui, planté sur un roc, fend l'air de sa ligne agile, et tantôt une bergère,

qui, une gaule à la main, poursuit en courant ses chèvres
vagabondes! Doucement bercé par le petit trot de l'attelage, je me laisse aller au charme ambiant, savourant pleinement ce paysage exquis.

Après avoir traversé l'étroit défilé, que forme le chaos
de pierres roulées du *Rioumaou*, à la base du *Pic de
Bergons*, nous entrons dans une tranchée, pour au sortir
nous élever peu à peu. J'admire au passage les cascades
gracieuses de *Lassariou* et de *Sia*. Puis nous franchissons plusieurs ponts et côtoyons la rive, tantôt droite,
tantôt gauche du gave, jusqu'à ce que, parvenus à l'entrée
d'une petite vallée transversale, nous apercevions les
toits et les maisons d'un village. C'est la *Vallée d'Héas*,
sillonnée par le gave de ce nom, et le village est celui de
Gèdre, distant de 7 kilomètres de *Gavarnie*.

« Voir *Naples*, et puis mourir », est un proverbe qui a
fait son temps. Depuis qu'il a cours, on a beaucoup vu
Naples, et l'on n'en est pas mort. A *Gèdre*, on pourrait
dire : « Voir la *Grotte*, et puis courir! »

Au moment où le conducteur arrêtait sa voiture près
d'un pont, pour laisser souffler ses chevaux, voilà que
s'ouvrit la porte d'une maison située à côté. Il en sortit
une vieille sorcière, qui, s'avançant vers moi, me demanda
si je voulais voir la *Grotte*.

— Quelle grotte? lui dis-je.

— La *Grotte*, donc! Vous savez bien, pardine!

Hélas! Je ne savais rien ; toutefois, flairant quelque
mystification, je repris :

— Et où est-elle cette grotte? C'est loin d'ici?

— Non, suivez-moi.

Ce disant, la vieille voulut m'entraîner ; mais, moi, faisant la sourde oreille, je me gardai d'aller voir. Ici, il
faut laisser parler *Taine*. Plus heureux que bien d'autres,
il a vu la *Grotte*, lui, et voici comment il raconte l'aventure.

« Une servante ouvre une porte, nous fait descendre

deux escaliers, jette en passant une motte de terre dans une lagune pour réveiller les poissons qui dorment, fait six pas sur deux planches. « Eh bien ! la Grotte ?

— La voilà, Monsieur ? »

Nous voyons un filet d'eau entre deux rochers sous des frênes. « Est-ce tout ? » Elle ne comprend pas, ouvre de grands yeux et s'en va. Nous remontons et nous lisons cet écriteau : *On paye dix sous pour visiter la grotte*. L'affaire s'explique, les paysans des Pyrénées ont beaucoup d'esprit[1]. »

Et, sous ce rapport, ceux des *Alpes* ne le cèdent en rien, me permettrai-je d'ajouter.

Ce qu'il y a de plus remarquable à *Gèdre*, sans parler de la *Grotte*, ni du *Piméné*, belle montagne au pied de laquelle le village est adossé, c'est une maison de modeste apparence. Une plaque commémorative, placée par les soins du C. A. F. (lisez : *Club Alpin Français*) sur la façade de la rue, apprend au passant que là a vécu un botaniste distingué. Il était instituteur et s'appelait *Bordère*. Et c'est ainsi qu'en cultivant les simples, on acquiert de la renommée. *Sic itur ad astra !* .

Au-delà de *Gèdre*, la route de voitures s'élève par de nombreux lacets, en longeant la base du *Coumélic*, dernier contrefort du *Piméné*. Le site présente un caractère extraordinairement pittoresque. A droite, dans un étroit vallon formé par le pic de *Soumaoute*, dégringole le *Gave d'Aspé*, lequel vient se réunir à celui de *Gavarnie*, en formant la charmante cascade d'*Arroudet*. Tombant tout d'une pièce, d'une grande hauteur, le torrent, avalanche en miniature, fait d'abord une chute verticale, puis vient s'engouffrer dans une vasque de rochers. De là, par des bonds successifs, cascadant au milieu d'un dédale de pierres, il se tord, se disloque, s'éparpille en gerbes variées, qui, réunies plus bas en un seul jet, se déversent

---

1. *Voyage anx Pyrénées*, par H. Taine.

en bouillonnant dans le Gave. Rien de gracieux, de vaporeux, comme ces nappes ondoyantes, qui se jouent dans l'air, s'irisent au soleil, et répandent aux alentours, sur les roches effritées, les maigres arbrisseaux et les tapis de verdure, une bienfaisante rosée, mêlée à une pluie de diamants ! Cette eau a la limpidité du cristal, la fraîcheur de la glace et la blancheur de la neige ; le gazon à côté a l'éclat de l'émeraude, et les pierres sur les bords, singulièrement trouées et corrodées, ressemblent à de gigantesques madrépores !

Un peu plus loin, la scène change d'aspect. Les teintes riantes de tout à l'heure disparaissent une à une, pour être remplacées par des tons gris, monotones, désespérants. La végétation peu à peu cesse, au fur et à mesure que nous pénétrons au sein du domaine, où ont élu domicile la dévastation, la stérilité et la désolation! On ne voit de toutes parts que pierres brisées, menaçantes, semées dans le plus grand désordre. C'est à peine si la route réussit à se frayer passage, au milieu de ce formidable éboulis. Il semble que, transporté dans quelque royaume des *Titans*, on traverse un champ de bataille. Et, en effet, la ruine est complète et innombrables sont les débris! Mais le désastre est au-dessus de la portée des humains. C'est le *Temps*, l'implacable ennemi de la nature, qui seul a accompli là son œuvre de destruction ! On appelle ce lieu, la *Peyrada de Gavarnie*, caractérisé par un chaos prodigieux de roches incohérentes, entassées les unes au-dessus des autres, comme *Pélion sur Ossa*, par suite de l'écroulement d'une partie de la montagne de *Coumélie*. A la vue de ce cataclysme, qui rappelle le néant des choses, la pensée s'attriste, douloureusement impressionnée ; mais, par un heureux contraste, à deux pas, le gave jaseur glougloute, et à la limite de l'horizon, bien haut dans les airs, l'œil découvre un écrin de cimes argentées ! C'est une compensation.

Nous approchons du but. Encore quelques tours de

roues, un dernier effort de nos vaillants coursiers, et nous serons à *Gavarnie*. Nous croisons sur la route des muletiers, des guides, des porteurs, qui sont à l'affût des voyageurs, et tour à tour viennent me faire leurs offres de service. Nous passons un dernier pont et faisons enfin notre entrée dans l'humble bourgade, représentée, en gros et en détail, par un hôtel de modeste apparence. C'est l'*Hôtel des Voyageurs*, rendez-vous des touristes du monde entier, où, si l'on ne trouve pas absolument tout le confort et le luxe, déployés à l'*Hôtel d'Angleterre* de *Cauterets*, on est au moins sûr d'être accueilli avec autant d'affabilité, surtout si l'on peut se recommander du *Club Alpin Français*.

Mon premier soin, en y arrivant, fut de m'informer d'un guide pour la montagne. A *Toulouse*, on m'avait fait un pompeux éloge de l'un d'eux, *Henri Passet*, en me disant que c'était un homme sûr et de commerce agréable. Je demandai donc à le voir. Quand, après avoir pris possession de ma chambre, je sortis un instant après, je vis au devant de l'hôtel mon conducteur en pourparlers avec un personnage, qui à ma vue vint à ma rencontre, en me saluant. C'était mon homme.

— Mon cher guide, lui dis-je en lui tendant la main, qu'il me serra aussitôt, comme si nous étions de vieilles connaissances, je suis enchanté de vous voir.

— Pareillement, Monsieur, moi aussi.

— C'est la première fois que j'ai le plaisir de vous serrer la main, j'espère bien que ce ne sera pas la dernière.

— Monsieur est bien bon.

— Vous ne me connaissez pas, mais, moi, je sais qui vous êtes. On m'a même dit le plus grand bien de vous; ce qui ne peut vous surprendre et ne me surprend pas davantage, car je suis sûr que l'éloge est mérité.

— Oh ! vous me confondez, vraiment.

— Je suis d'autant plus aise de vous rencontrer, que je tiens avant tout à m'acquitter d'un message à votre adresse.

— Un message !

— Oui, je suis chargé de vous faire les compliments et les amitiés de mes collègues, qui sont à la tête de la *Section des Pyrénées Centrales* du *Club Alpin*.

— Ah ! vous venez de *Toulouse*, et vous avez vu ces messieurs ?

— Je les ai vus, et ils m'ont bien recommandé de me présenter à vous sous leurs auspices.

— Je suis très touché de la bonne opinion que ces messieurs ont de moi, et je les en remercie. Quant à leur recommandation, soyez persuadé que je suis tout disposé à y faire le plus grand honneur ; car un désir exprimé par eux est un ordre pour moi.

— Eh bien, répartis-je, mon ambition serait de faire demain une petite excursion dans les environs. Puis-je compter sur vous pour m'accompagner ?

— Monsieur, ce serait avec le plus grand plaisir, croyez-le bien. Malheureusement demain cela m'est impossible. Je ne suis pas libre, m'étant engagé à aller chercher des dames en *Espagne*. Il faut même que je parte dès ce soir pour traverser la frontière.

— Quelle fâcheuse coïncidence ! En vérité, vous m'en voyez tout désolé.

— Et moi, je le regrette infiniment ; mais, vous le comprenez, ayant donné ma parole, je ne puis y manquer.

— C'est juste. Aussi n'insistè-je pas. Toutefois, laissez-moi au moins vous dire combien je suis contrarié de vous voir partir, sans que j'aie pu faire votre connaissance, ni jouir de votre compagnie. Peut-être serai-je plus heureux une autre fois ? En attendant, mon cher guide, adieu et bon voyage !

— Merci, monsieur, au plaisir de vous revoir !

Nous échangeâmes une dernière poignée de main en nous séparant. Tout désorienté par ce contretemps, je rentrai à l'hôtel ; cependant, comme il n'était pas tard, je tenais à employer le reste de la journée à faire une promenade. Or, ne sachant où aller, j'avais besoin de quelqu'un pour m'accompagner. Le gérant à qui je fis part de mes intentions, manda aussitôt un naturel du pays, qui vint se mettre à ma disposition.

C'était un grand diable, de six pieds, taillé en hercule, à l'air bonasse et au visage placide. Ayant spontanément endossé le harnais photographique, qu'il porta gaillardement en bandoulière, comme une escopette, et m'ayant mis un bâton à la main, il me fit signe de le suivre. Nous fûmes aussitôt en marche, sans plus de formalités, en prenant ce pas lent et allongé, en usage, dans la montagne. Puis bientôt la conversation s'engagea.

— Vous êtes du pays ? demandai-je à mon compagnon.

— Oui, Monsieur, répondit celui-ci. Je suis de *Gavarnie*.

— Alors vous connaissez bien la contrée ?

— Oh ! Parfaitement, depuis le temps que je la parcours !

— Êtes-vous guide de profession ?

— J'accompagne les étrangers, en qualité de guide ou de porteur, à volonté. D'ailleurs je connais tous les passages, et je puis dire que toutes les montagnes des environs me sont familières.

— Très bien, et où allons-nous de ce pas ?

— Oh ! Pas bien loin. Vous ne désirez faire qu'une simple promenade, pas vrai ?

— Oui, pourvu qu'elle soit intéressante, et qu'en chemin je trouve à prendre des photographies.

— Je vais vous conduire dans un endroit où la vue est superbe. Par exemple, ça monte un peu, mais, comme le sentier est bon, nous arriverons sans nous fatiguer, en ne nous pressant pas. Êtes-vous bon marcheur ? Ah ! j'y pense, ce n'est pas une question à vous faire, puisque, m'a-t-on dit, vous êtes du *Club-Alpin*.

— J'en suis, c'est vrai ; mais cela ne prouve pas grand'chose. Quant à être bon marcheur, je n'ai pas cette prétention. D'abord, je ne suis pas entraîné, et ensuite, je vous l'avoue, je suis un peu lourd, ce qui me rend assez médiocre à la montée. Par contre, à la descente, je me comporte plus vaillamment. C'est pourquoi, au début d'une course, je tiens à aller lentement, pour ne pas m'essouffler et me mettre en nage.

— Nous irons aussi lentement que vous voudrez. Du reste, passez devant, de cette façon vous réglerez la marche.

M'étant conformé à l'invitation, au bout d'un instant je repris :

— Comment appelez-vous cette montagne que nous prenons en écharpe ?

— C'est le *Pic Mourgat*, et le sentier que nous suivons s'appelle la *Montée des Entortes*.

— Et il conduit ?

— Il conduit en *Espagne*, à *Boucharo*, par le *Port de Gavarnie*.

— Il faut longtemps pour y arriver ?

— Non. Deux petites heures seulement. Le pont et l'auberge de *Boucharo* sont à une heure et demie plus loin. Mais nous n'irons pas jusque-là ; car il nous faudrait y passer la nuit, et telle n'est pas votre intention, je pense ?

— Oh ! non, pas le moins du monde.

— Quand nous serons parvenus à une certaine hauteur, nous serons juste en face du *Cirque*, et si vous ne trouvez pas la vue belle, c'est que vous serez joliment difficile.

— Ou que le brouillard n'aura pas disparu, répliquai-je. Car le temps ne me semble pas des plus clairs. Qu'en dites-vous ?

— J'en dis, qu'en effet il a bien de la peine à se remettre. Mais cela n'a rien de surprenant après le violent orage d'hier.

— Ah ! Ici aussi il a fait de l'orage ? A *Luz*, où j'ai passé la nuit, le temps a été exécrable. Au point du jour, il a même neigé !

— Eh bien, à *Gavarnie*, c'est pis ! Il a neigé et grêlé. tout à la fois ! Tenez, là sur la montagne, derrière vous, regardez ces lignes blanches que vous apercevez, c'est de la grêle !

— Ce n'est pas possible !

— Mon Dieu, si. Elle n'a pas encore fondu, tant il y en avait ! Nous avons malheureusement une bien vilaine saison cette année. Sans cesse, il fait mauvais temps ; aussi les voyageurs et les touristes sont-ils rares.

— Ah ! Ne m'en parlez pas. Je viens de *Luchon*, où à cause du brouillard, je n'ai pu voir le *Lac d'Oo*, et de *Cauterets*, où pareillement je n'ai pu découvrir le *Lac de Gaube*. Or, si je ne réussis pas mieux ici avec le *Cirque de Gavarnie*, je me demande ce que je serais venu faire dans les *Pyrénées*, avec un appareil photographique ! Il eût bien mieux valu le laisser au logis, et moi aussi. Mais voilà, quand on part, on espère toujours le beau temps, surtout en plein été et aux portes de l'*Espagne*.

Tout en causant ainsi, nous continuions à nous élever, en suivant les lacets tracés sur la pente de la montagne. Et au fur et à mesure que nous avancions, l'air devenait plus vif. J'étais loin de m'en plaindre, car il me dilatait agréablement les poumons, et, grâce à son action salutaire, j'en ressentais un véritable bien-être. Après avoir longé une récente plantation de mélèzes, entreprise par l'Administration forestière, nous atteignîmes des pentes gazonnées, disposées en terrasses. La vue, qu'on embrasse de là est, en temps normal, absolument idéale. On a en face le fond du *Cirque de Gavarnie*, avec ses innombrables cascades, semblables à d'aériens fils de la Vierge, et au dessus, les remparts de roches et de neiges, qui défendent l'approche des géants pyrénéens, aux têtes altières couronnées de brillants. Tout en bas, minuscule, serpente onduleusement le petit gave, enchâssé dans l'émeraude des prairies.

Seulement, à cette heure, des brumes opaques, que le

soleil ne parvenait pas à dissiper, voilaient toutes les cimes, en dérobant à l'œil des profanes les splendeurs de la création. Par le peu que j'en voyais, il m'était difficile de juger du reste, et je ne pouvais qu'assister, impuissant, au spectacle de la nature en deuil. Il m'apparaissait tout noir, ce cirque tant vanté, et ses cascades échevelées me semblaient tomber de la nue, en longues larmes diaphanes ! Peut-être qu'en nous élevant davantage, car nous étions à peine au tiers de la montagne, nous pourrions découvrir un horizon plus étendu.

Dans cet espoir, je grimpai donc encore plus haut, mû par une fébrile ardeur. Mais sur ces pâturages la pente était si raide que, bien vite à court de souffle, je fus obligé de m'arrêter. Ce ne fut pas toutefois sans être récompensé de ma peine ; car le vent, ayant redoublé d'intensité, réussit fort à propos à faire une trouée dans les nuages, et subitement j'eus l'indicible satisfaction de voir luire le soleil. Quelques névés blanchirent aussitôt, et des cimes, lamées d'argent, se mirent à resplendir.

Vite, mon appareil ! Que je me hâte de prendre une vue ! Qui sait, si ce ne sera pas la seule que je pourrai emporter ! Et puis, toute incomplète qu'elle sera, j'aimerai encore mieux l'avoir que rien.

Dès que l'opération fut faite, il nous fallut plier bagage et déguerpir, car il soufflait dans ces parages un vent violent et froid, qui nous obligea à ne pas stationner. Je demandai ensuite à mon compagnon les noms des montagnes qui nous environnaient.

En face de nous et de l'autre côté de la vallée, il en était surtout une qui sollicitait mon regard. Sur ses flancs ruisselait une cascatelle, dégringolant jusque dans le gave ; à ses pieds, surplombaient des promontoires de rochers abrupts, au milieu, s'étendaient des bosquets de verdure, et à mi-côte, d'immenses alpages en pente douce, tandis qu'au sommet se dressaient des crêtes recouvertes de neige, aboutissant à une pointe effilée. Ayant interrogé le guide,

j'appris que c'était le *Piméné*. Eh quoi ? N'était-ce pas là
précisément la montagne, dont on m'avait tant recommandé l'ascension ? Oui, je me le rappelle, on me l'a
vantée, à cause du splendide panorama que l'on découvre
de sa cime, et citée comme étant d'accès très facile. Du
point que j'occupe, je ne puis trouver un meilleur poste
d'observation pour étudier sa configuration. Avec ma
lunette, j'en peux suivre les moindres sinuosités, et je me
livre en silence à un examen approfondi. Au demeurant,
elle ne me paraît pas bien terrible, cette montagne, et il
me semble que, malgré sa hauteur respectable et sa pointe
terminale, je pourrais me mesurer avec elle. Du reste,
rien de plus facile que d'aller aux renseignements. N'ai-je
pas un guide à mes côtés, qui, pour n'être pas de la
famille des *Joanne*, ni de la taille des *Diamants*,
n'est pas moins bon à consulter ? Aussi, m'adressant à
lui :

— Ce *Piméné*, lui dis-je, dont vous me parlez, le connaissez-vous, en avez-vous fait l'ascension ?

— Si je le connais ! Comme ma poche ! Je l'ai gravi
nombre de fois.

— C'est difficile ?

— A peu près, comme là où nous sommes.

— Et l'on peut monter jusqu'à la cime ?

— Mais sans doute, quoi d'étonnant à cela ?

— C'est que cette cime a l'air bien pointue, et l'arête
tout à fait à pic.

— Ce n'est rien du tout, vous dis-je. On y monte, les
mains dans les poches et la cigarette à la bouche.

— Vous, oui, je n'en doute pas ; mais moi ?

— Vous de même, j'en suis certain.

— Ah ! Et combien de temps faut-il pour l'ascension ?

— Cela dépend d'abord par où l'on passe, car, suivant
que l'on va, à pied ou à cheval, il y a deux directions ; et
ensuite de l'allure que l'on prend. On peut sans se presser
monter de *Gavarnie* au *Piméné*, en trois petites heures,

et l'on redescend en moins de deux heures. Comme vous le voyez, c'est une promenade.

— On peut y monter à cheval?

— Oui. On remonte le gave, jusqu'à cette dépression que vous apercevez d'ici, on tourne à gauche, en prenant en écharpe les flancs gazonnés de la montagne, et l'on s'élève en pente douce, jusqu'au pied de ces escarpements rocheux, qui se dressent là sur notre droite. A partir de là, on abandonne sa monture, et, obliquant de plus en plus à gauche, on se dirige vers le col, ouvert entre l'aiguille et le prolongement de son arête.

— Et par où passe-t-on, s'il vous plaît, pour aller à pied?

— Tenez, portez votre regard là-bas, tout à fait à votre gauche. Vous voyez le gave, n'est-ce pas, et un petit pont au-dessus?

— Oui. D'ici il me fait l'effet d'un simple trait.

— Voyez-vous de l'autre côté un sentier en lacets, qui grimpe à travers des rochers et des broussailles?

— Eh quoi? Le sentier en question, c'est cette espèce d'échelle? Il a l'air joliment raide?

— C'est lui-même. Remontant le long de ce torrent, qui plus bas tombe en cascade, il aboutit au plan des pâturages, que l'on traverse, en se dirigeant tout droit sur le col. De ce côté, la montée est un peu plus pénible au début, mais, comme le trajet est plus direct, on atteint bien plus vite le sommet.

— A-t-on une belle vue de là-haut?

— Une belle vue! Ah! oui, par exemple! Non seulement on embrasse d'un coup d'œil tout le *Cirque de Gavarnie*, qu'on domine, mais encore les belles montagnes qui l'entourent. Le regard s'étend à l'infini, de la plaine de *Tarbes* jusqu'en *Espagne*, sollicité d'un côté par le *Pic du Midi*, et de l'autre, par la chaîne du *Grand Vignemale* couverte de glaciers. C'est un des plus beaux panoramas qu'on puisse voir dans nos contrées; tout le monde s'accorde à le dire.

— Savez-vous qu'à vous entendre le tableau est si séduisant, que j'ai une folle envie de l'aller voir?

— Rien de plus facile.

— Vous vous chargeriez de m'y conduire?

— Les yeux fermés, oui!

— Et vous croyez que je serais capable de faire l'ascension à pied?

— Ah! çà! vous moquez-vous? Quand je vous dis que c'est la chose du monde la plus simple! Tous les jours, quand le temps le permet, on y monte de *Gavarnie*, et jamais il n'est arrivé le moindre accident.

— Eh bien, mon cher, topez-là! C'est entendu. Demain matin, venez me prendre à l'hôtel et nous ferons ensemble le *Piméné*.

— Oui, monsieur. Comptez sur moi.

— Naturellement, j'aurai mon appareil; pourrez-vous me le porter en route?

— Ne vous inquiétez pas. Je porterai l'appareil, les provisions, tout. J'en ai bien vu d'autres!

— Et où allons-nous de ce pas? repris-je. Est-ce que nous rentrons déjà à *Gavarnie?* Si, avant que la nuit ne vienne nous surprendre, nous allions visiter le fond du cirque? Qu'en pensez-vous?

— C'était bien mon intention, en vous amenant dans ces parages. Seulement nous nous sommes trop avancés par là, pour pouvoir descendre directement au-dessus du cirque. Nous pourrions trouver des rochers difficiles à passer, et puis au bas nous ne saurions comment franchir le gave.

— Mais n'y a-t-il pas de pont?

— Près du cirque? non, il n'y en a pas, et, pour rejoindre celui de la vallée, il nous faudrait revenir en arrière.

— Eh bien, qu'est-ce qui nous empêche de le faire?

— Cela allongera la course, et je ne voudrais pas vous fatiguer dès aujourd'hui.

— Oh! qu'à cela ne tienne! Je ne suis pas las, et, du

moment qu'il n'y a plus qu'à descendre, je vous suivrai tant que vous voudrez.

— Puisqu'il en est ainsi, venez.

A la suite de ce colloque, nous descendîmes, en les coupant, d'ici delà, les nombreux lacets que nous avions gravis. La température s'était singulièrement rafraîchie, au fur et à mesure que le vent s'était mis à balayer les brouillards et à les refouler jusqu'à la crête des cimes. Bientôt nous atteignîmes le bas de la vallée, où le gave tapageur folâtrait dans son lit de cailloux. Ayant traversé le pont, nous suivîmes un délicieux sentier, remontant sur la rive droite du torrent. Il se montra d'abord horizon_tal, puis ne tarda pas à devenir accidenté et taillé en lacets. Après une petite montée en zigzag, nous découvrîmes une maisonnette, cachée derrière un pan de la montagne, et nous nous y arrêtâmes, pour avaler un peu de café.

Nous touchions au but ; car, en face de nous, s'étalait dans toute sa sévérité le fameux *Cirque de Gavarnie*. Seulement, à cette heure tardive, entre chien et loup, l'immense entonnoir était plongé dans l'ombre. De toutes parts, le long des parois noirâtres et suintantes, glissaient de minces filets d'eau, dégringolaient des ruisselets, qui s'épandaient en longues traînées blanches, bondissaient cascades et cascatelles, retombant en pluie de perles. Un rideau de brumes impénétrables nivelait toutes les cimes, à une assez grande hauteur, laissant apercevoir des fragments de névés, alternant avec les flancs striés de la roche serpentine. Dans ce fond, creusé comme un cratère, s'abîmait en ondulations poussiéreuses, la grande cascade, dont la voix, grave et monotone, troublait seule le silence de cet asile sépulcral, qu'un champ de neige recouvrait d'un blanc linceul.

Il est de certaines horreurs sublimes, qui veulent être contemplées en plein jour, au soleil, parées de toutes les splendeurs de la lumière, et qu'alors, émerveillé, l'homme admire en extase ! Jetez par-dessus un voile de brouillards,

tout pâlit, tout s'efface. Des tons blafards s'emparent des
névés éteints, une couleur livide s'attache aux parois de
la montagne, assombrissant les verdures, estompant les
saillies des roches, noyant tout sous la nébulosité. La
splendeur de la création distille un mortel ennui. On se
trouve emprisonné dans un de ces étroits défilés, dont la
vue désespère. qui a encore son genre de beauté, mais
d'où l'on a hâte de sortir. Telle fut mon impression première
de ce *Cirque de Gavarnie*, impression plutôt pénible,
alors que, nous étant avancés, le guide et moi, au-delà
du sentier qui descend jusqu'au bas de l'excavation, je
me trouvai parvenu au bord du névé, d'où sort mystérieux
le *Gave de Gavarnie*.

Pendant qu'absorbé par mes pensées, je cherchais à
analyser cette vision lugubre, si différente de celle que
j'avais rêvée, mon compagnon était allé fureter sous le
pont de neige, que d'habitude l'on franchit pour arriver
jusqu'au pied de la grande cascade.

— Voyez, me dit-il, comme on peut se fier à ce pont !
Hier encore des touristes l'ont traversé, à en juger par
leurs traces toutes fraîches; tandis que, si on voulait le
faire maintenant...

— Eh bien ?

— Eh bien, on ferait la culbute ! Tenez, voyez comme
cela est solide !

Ce disant, ayant appuyé le bout du pied sur le rebord
du névé, celui-ci céda aussitôt et s'écroula dans le torrent
sous-jacent. Mais ce n'était pas uniquement pour la dé-
monstration de cette expérience, que cet enfant des Pyrénées sondait le Gave, retournant les pierres, une à une,
comme s'il eût voulu découvrir parmi elles quelque talis-
man précieux. A la fin, je le vis se relever radieux! Il
tenait à la main quelques touffes d'édelweiss, que triom-
phant il vint m'offrir, aussi galamment que s'il avait eu
à faire à quelque miss en quête de flirt! Je n'avais, hélas!
que ma tête de tous les jours ! Je la fis aussi gracieuse

que possible, en reconnaissant la noble fleur, chère aux alpinistes, et en m'emparant du bouquet :

— Des édelweiss! m'écriai-je. Il y en a donc par ici? Où diable les avez-vous trouvées? Elles sont toutes fraîches, comme si elles venaient d'être cueillies!

— Je crois bien, fit-il. Elles sortent de l'eau, et elles étaient cachées sous la neige!

— Mais vous connaissiez donc cette cachette? Car vous venez tout simplement de les dérober, n'est-ce pas? A moins cependant que ce fût vous qui les aviez déposées là?

— Non, ce n'est pas moi. C'est sans doute quelque berger qui une fois sa cueillette faite, l'aura remisée en cet endroit.

— Eh bien? Il me semble que vous ne vous gênez guère.

— Oh! Pour une fois qu'il m'arrive d'avoir une petite aubaine, je puis bien m'en faire honneur. Assez souvent j'ai moi-même déposé des bouquets, qu'on m'a fait disparaître. Et puis, demain, ces fleurs seraient perdues, gardez-les donc sans crainte, si cela vous fait plaisir.

— Je vous remercie, lui répondis-je. J'aime beaucoup les édelweiss ; aussi garderai-je celles-ci en souvenir de notre promenade. Je croyais que ces fleurs étaient spéciales aux *Alpes*, où d'ailleurs elles sont assez rares, ne croissant qu'à une certaine altitude. Il parait cependant qu'on en trouve également dans les *Pyrénées*!

— Oui, comme vous voyez. Il y en a en effet dans les environs du *Cirque de Gavarnie*, mais elles sont bien plus abondantes, sur le versant espagnol. Du reste si vous aimez les fleurs, il y en a d'autres ici que recherchent les touristes. Ce sont des iris sauvages. Les prés sur les bords du Gave en sont tout violets, en cette saison. Tout à l'heure, en revenant, je vous en ramasserai un bouquet.

— C'est cela, répartis-je. Nous ferons à nous deux une grosse gerbe, et si, à mon retour, je trouve à la placer en bonnes mains, je penserai à vous.

La fraîcheur s'accentuant, et les ombres du soir commençant à envahir le fond de la vallée, nous revînmes en
traversant les prés. Nous y fîmes une ample récolte
d'iris, superbes, gigantesques, et d'un violet magnifique,
que je portai en triomphe jusqu'à l'hôtel. N'ayant pas
rencontré la moindre princesse, digne de recevoir l'hommage de ces fleurs, je les déposai au frais dans ma chambre,
en attendant meilleure occasion. Puis je me séparai du
guide, en lui donnant rendez-vous pour six heures précises du matin, et lui recommandant de prendre toutes
les provisions qu'il jugerait nécessaires, tant en boire
qu'en manger. Après souper, je m'empressai d'aller me
reposer des fatigues de la journée, afin de mieux me préparer à affronter celles du lendemain.

CHAPITRE XII

Au point du jour, je sautai à bas du lit, et, tout grelottant, car il faisait frisquet dans ma chambre, bien qu'au 30 juillet, je procédai à ma toilette. Ayant ouvert la fenêtre, ce fut avec un indicible plaisir que je constatai un temps idéal. Pas un nuage ne flottait en l'air, ni la moindre trace de brouillard ! La voûte du ciel, où brillaient encore quelques étoiles, se montrait doucement azurée, et les crêtes des montagnes s'enlevaient à l'horizon avec une netteté merveilleuse. L'atmosphère, calme et pure, annonçait une de ces belles journées d'été, qui mettent en liesse le cœur des touristes et aussi celui des amoureux. Seulement, par la fraîcheur de la température, on sentait qu'on était à proximité des hautes montagnes et des neiges éternelles. Quel contraste avec les journées précédentes, si péniblement caniculaires !

Dès que je fus chaussé et guêtré, je sortis à la recherche du guide. Celui-ci n'était pas loin ; il m'attendait, en causant avec des camarades, à quelques pas de l'hôtel. Nos

préparatifs étant terminés, nous partîmes, l'estomac lesté
d'un breuvage chaud, et salués par le gérant, qui nous
souhaita bonne promenade.

Bien qu'il fût à peine six heures, nous étions les derniers. En effet, depuis deux heures du matin, plusieurs
bandes de touristes s'étaient dispersées dans diverses
directions, heureuses de profiter de cette belle journée.
Parmi ces alpinistes, les uns étaient partis en *Espagne*
pour le *Mont Perdu*, d'autres en voulaient au *Grand
Marboré*, à l'*Astazou* ; d'autres, enfin, devaient s'attaquer
au *Taillon*. Quant à moi, moins ambitieux, je n'avais
d'autre objectif que le *Piméné*. En résumé, ce jour-là un
grand assaut devait être donné aux *Pyrénées*, et les principales cimes du *Cirque de Gavarnie* devaient être con-
quises, à la force du jarret et du poignet.

Bien plus matinal que moi, depuis longtemps déjà, le
soleil lançait ses flèches dorées sur le haut des cimes qu'il
faisait étinceler. Nous étions encore dans l'ombre, et dès
les premiers pas, je me sentis saisi par l'air vif du matin,
comme au cœur de l'hiver. Chose incroyable ! Il avait gelé
pendant la nuit, et nous étions en pleine canicule ! Au
surplus, cette impression de fraîcheur n'avait rien d'excessif.
Loin de me paraître intolérable, elle me fit relativement
plaisir, dès que j'y fus accoutumé. Car, à vrai dire, la
grosse chaleur dans la montagne est peut-être plus à
redouter que le froid. En provoquant sur l'organisme une
transpiration exagérée, elle amollit les courages les mieux
trempés. C'est afin d'en éviter les funestes effets, que l'on
part généralement bien avant l'aube, quand on veut entreprendre une ascension de longue haleine. Les touristes
qui m'avaient précédé n'y avaient pas manqué, en quittant Gavarnie avant le jour. Ils étaient ainsi sûrs, une fois
parvenus à l'altitude des névés et des glaciers, de trouver
ceux-ci résistants et d'un parcours plus facile. N'ayant,
quant à moi, ni névé, ni glacier, à fouler aux pieds, je
n'avais pas jugé à propos d'être si matinal ; et cela d'autant

plus que je comptais prendre plusieurs photographies durant le trajet.

Au bout de quelques instants de marche, je n'éprouvai plus la moindre sensation pénible. Bien au contraire, ragaillardi par la brise qui me caressait le visage, dispos de corps et d'esprit, ravi de cette belle matinée radieuse, je suivais allègrement les pas du guide. Celui-ci, ayant repris la direction de la veille, s'avançait au-devant de la vallée, laissant à notre droite le *Val d'Ossoue*, et ayant en face le fond du *Cirque* admirablement découvert.

Dès que nous eûmes dépassé les dernières maisons du village, nous nous engageâmes dans un sentier aboutissant au pont jeté sur le *Gave*, et qui plus loin traverse un petit bois, clairsemé de sapins et de mélèzes. Mais là, dès les premiers pas, la côte se montra abrupte, en pente raide. Le chemin, frayé sur la roche, s'élevait rapidement par de nombreux lacets, plus faits à première vue pour les chèvres que pour les bipèdes. A son aspect, conscient de mes faibles talents d'ascensionniste, je ne pus réprimer une légère grimace ; puis, voyant le guide en avant, je m'empressai de lui dire :

— Oh! Guide! Du calme, je vous prie. De grâce, ne vous emportez pas. Allons lentement, n'est-ce pas ?

— Aussi lentement que vous voudrez, Monsieur. Rien ne nous presse.

— Oui, très lentement pour commencer, s'il vous plaît, sans quoi je serai vite essoufflé. Tu-Dieu! ajoutai-je. Quel trompe-l'œil que vos *Pyrénées !* De loin, elles vous ont un petit air modeste des plus engageants, et de près, cet air modeste prend des allures rébarbatives. S'agit-il de les aborder, elles se dressent toutes droites, vous regardent du haut de leur grandeur et vous obligent à de véritables assauts. Il n'y a pas de transition là, comme dans les *Alpes*, où en général les pentes sont plus longues, mais peut-être moins heurtées de prime abord et d'accès moins pénible.

Tout en causant, je gravissais tant bien que mal, à l'aide de mon bâton ferré, les sinuosités du sentier. Mais bientôt, celui-ci devenant de plus en plus escarpé, j'en fus réduit au silence... Comme les grandes douleurs les fortes montées sont muettes !

Au fur et à mesure que nous nous élevions, à travers les méandres de ce bois que l'on appelle le *bosquet d'Allanz*, la vue commençait à prendre de l'ampleur. Quand au bout de trois quarts d'heure d'ascension laborieuse, qu fît perler à mon front de nombreuses gouttes de sueur, nous sortîmes enfin de ce labyrinthe, ce fut pour gagner la région des pâturages. A perte de vue, s'étendaient devant nous en terrasses, doucement inclinées et assises les unes au-dessus des autres, des pentes de gazons qui me parurent remplacer avec avantage l'affreux sentier rocailleux, suivi jusque-là. N'était-ce pas un vrai plaisir que d'avoir désormais à fouler aux pieds ce tapis de verdure, tout émaillé de fleurs ? Un charmant ruisselet, s'étant creusé son lit parmi de grosses pierres, dégringolait gaiement, en formant une succession de minuscules cascatelles. Ah ! la jolie source ! m'écriai-je. Qu'il doit faire bon s'y désaltérer quand on vient de se livrer à cette rude grimpée ! Aussi, ne pouvant y résister :

— Guide, halte-là ! lui dis-je. Arrêtons-nous ici. Vite, débarrassez-vous de mon sac, qui vous scie le dos. Déposez-le dans l'herbe à côté, en attendant que je l'ouvre. *Nunc est bibendum !*

— Vous dites ?

— Ne faites pas attention, c'est du latin ; et j'oublie que c'est de l'hébreu, pour vous. J'ai voulu dire : à boire ! Jamais refrain ne m'a paru plus de circonstance ! Car, vous l'avouerai-je, la montée m'a desséché le gosier, et j'ai une soif, oh ! mais, une soif !...

— Qu'il va vous être facile de satisfaire, ajouta mon compagnon. Et, de plus, je vous défie de trouver une eau meilleure et plus fraîche. Goûtez-en ; du reste, je vais vous donner l'exemple, car, moi aussi, je me sens altéré.

Il dit et, se mettant à plat ventre dans l'herbe, il but à même du torrent.

Après des ablutions réitérées de cette eau glacée, nous allumâmes nos cigarettes. Je me hasardai ensuite à jeter au loin un regard circulaire, m'apprêtant à savourer les idéales jouissances de l'esprit, succédant au bien-être physique. Est-il besoin de le dire ? La vue que j'embrassai me remplit d'admiration. Nous étions à mi-hauteur de la montagne, à l'altitude d'environ 2.000 mètres, ni trop bas, ni trop haut, pour bien juger de la perspective et pouvoir tout découvrir d'un coup d'œil.

Juste en face se développait le fameux *Cirque de Gavarnie*, étrange, colossal, dont nous dominions le vaste entonnoir, de façon à pouvoir en sonder les mystères et à en détailler les étranges beautés. Le ciel, à cette heure encore matinale, était d'une admirable pureté, d'un bleu d'une douceur infinie, s'harmonisant à ravir avec les teintes tranchées de la montagne. La limpidité de l'atmosphère était telle qu'on découvrait au loin jusqu'aux moindres saillies des roches et des arêtes vertigineuses, lamées d'argent !

Que de fois n'a-t-il pas été décrit ce magnifique panorama, merveille des *Pyrénées*, trop peu connue et encore trop peu visitée, malgré sa réputation ! Toutes fidèles qu'elles soient, les descriptions ne peuvent donner qu'une idée bien imparfaite du caractère sauvage et grandiose, que la nature s'est plu à revêtir en ces lieux. Le regard aura beau fouiller scrupuleusement chaque pierre, s'arrêter, fasciné, sur chaque facette étincelante de l'incomparable écrin, il devra s'avouer vaincu ! Il est de ces spectacles qui défient l'analyse et confondent l'imagination. On les contemple avec stupeur, on les admire en silence, et bientôt, transporté dans le domaine du rêve, l'esprit subjugué se laisse aller avec béatitude au ravissement ! On s'hypnotise dans l'extase ! Ce n'est que plus tard, lorsque

l'œil s'est pour ainsi dire rassasié de sa vision, que le jugement se réveille, pour faire appel à la réalité et discuter
ses impressions. Veut-on connaître celles de *Taine* ce
maître du beau langage ? C'est ainsi qu'il s'exprime [1].

« Une muraille de granit couronnée de neige se creuse
« devant nous en cirque gigantesque. Ce cirque a 1.200 pieds
« de haut, près d'une lieue de tour, trois étages de murs
« perpendiculaires, et sur chaque étage des milliers de gra-
« dins. La vallée finit-là ; le mur est d'un seul bloc, inex-
« pugnable. Les autres sommets crouleraient, que ses assises
« massives ne remueraient pas. L'esprit est accablé par
« l'idée d'une stabilité inébranlable et d'une éternité assu-
« rée. »

« Là est la borne de deux contrées et de deux races ;
« c'est elle que Roland voulut rompre, lorsque d'un coup
« d'épée il ouvrit une brèche à la cime. Mais l'immense
« blessure diparaît dans l'énormité du mur invaincu. Trois
« nappes de neige s'étalent sur les trois étages d'assises. Le
« soleil tombe de toute sa force sur cette robe virginale, sans
« pouvoir la faire resplendir. Elle garde sa blancheur mate.
« Tout ce grandiose est austère ; l'air est glacé sous les
« rayons du Midi ; de grandes ombres humides rampent au
« pied des murailles. C'est l'hiver éternel et la nudité du
« désert. Les seuls habitants sont les cascades assemblées
« pour former le Gave. »

« Les filets d'eau arrivent par milliers de la plus haute
« assise, bondissent de gradin en gradin, croisent leurs raies
« d'écume, serpentent, s'unissent et tombent par douze
« ruisseaux qui glissent de la dernière assise en traînées
« floconneuses pour se perdre dans les glaciers du sol. »

« La treizième cascade sur la gauche a douze cent
« soixante-six pieds de haut. Elle tombe lentement, comme
« un nuage qui descend, ou comme un voile de mousseline
« qu'on déploie ; l'air adoucit sa chute ; l'œil suit avec com-

---

1. *Voyage aux Pyrénées*, par Taine.

« plaisance la gracieuse ondulation du beau voile aérien.
« Elle glisse le long du rocher, et semble plutôt flotter que
« couler. Le soleil luit à travers son panache, de l'éclat le
« plus doux et le plus aimable. Elle arrive en bas comme
« un bouquet de plumes fines et ondoyantes, et rejaillit
« en poussière d'argent; la fraîche et transparente vapeur
« se balance autour de la pierre trempée, et sa trainée qui
« rebondit monte légèrement le long des assises. L'air est
« immobile; nul bruit, nul être vivant dans cette solitude. »

« On n'entend que le murmure monotone des cascades,
« semblable au bruissement des feuilles que le vent froisse
« dans une forêt. »

Absorbé dans une muette contemplation, je ne pouvais
me lasser de cette vue incomparable. Il fallut cependant
y mettre un terme. Toutefois, avant de poursuivre l'ascension, je ne pus résister au désir d'emporter un souvenir
du splendide panorama. Ayant donc disposé l'appareil, je
photographiai le Cirque, dont, à cette heure, les moindres
saillies étaient mises en valeur et rehaussées par une éclatante lumière. Puis, après avoir replié bagage, nous
reprîmes la marche ascendante, à travers les pâturages,
en remontant le cours du ruisselet.

Nous parvînmes ainsi tranquillement et sans grande
fatigue, jusqu'au pied d'un escarpement rocheux, où la
source prenait naissance. Ce fut l'occasion d'une seconde
halte. Nous n'étions pas fâchés de nous rafraîchir et de
nous désaltérer; car, de plus en plus ardent, le soleil
dardait ses rayons brûlants sur nos têtes. Ne devant, du
reste, trouver aucune autre source sur notre parcours, il
était à propos de profiter de celle qui se présentait. Mais,
faute de récipient, nous dûmes nous contenter d'ablutions
et de quelques gorgées de ce breuvage glacé. Puis, bien
qu'à regret, nous fîmes nos adieux à l'onde bienfaisante.

Sauf au début, où l'ascension du sentier m'avait paru
un peu raide, je n'avais jusqu'à présent rencontré aucune
difficulté, dans la marche. A vrai dire, ce n'avait été

qu'une promenade en pente douce sur un moelleux tapis de verdure, à peine çà et là parsemé de quelques pierres. Mais bientôt l'aspect du sol changea en devenant plus tourmenté. Aux pentes gazonnées, succédèrent des aspérités rocheuses, d'abord insignifiantes et d'un parcours facile, puis plus prononcées et entrecoupées de bandes herbeuses trouées. Pour ne pas s'y tordre les pieds, il fallait choisir ses pas. Peu à peu au-devant de nous la pente se redressait, nécessitant de notre part plus d'efforts et plus d'attention. Le guide en tête s'élevait tranquillement, en longues enjambées, décrivant de nombreux zigzags, pour éviter les trop grosses pierres. Je le suivais de mon mieux, m'appliquant à ne pas me laisser distancer. Cependant, la pente s'accusant et la marche devenant de plus en plus éprouvante, je n'y parvenais pas sans peine. Aussi, bien que le fond de l'air fût vif, ne tardai-je pas à être incommodé par la chaleur. Ma respiration précipitée devint haletante, en même temps que je me sentis inondé de sueur par tout le corps. Continuant à faire bonne contenance, je réussis encore à maintenir ma distance. Mais il vint un moment, où nous atteignîmes une zone perfide, caractérisée par des amas de neige et de glace, recouvrant les interstices des touffes de gazon et des roches affleurantes. Malgré mon bâton ferré, mes pieds ne parvenaient que difficilement à prendre un point d'appui solide, sur cette surface glissante. De là, un surcroît d'efforts, qui me coupaient la respiration et paralysaient mes mouvements. Le teint allumé, la face congestionnée, le visage ruisselant de sueur, j'allai soufflant bruyamment. Dévoré toujours d'une soif ardente, je crus l'apaiser en suçant quelques fragments de cette neige durcie, formée de globules agglutinés. A leur goût styptique, et à la sensation corrosive qu'ils me causèrent, je reconnus vite mon erreur. Loin d'être désaltéré, mon gosier n'en fut que plus desséché. Ce fut alors que se retournant vers moi le guide me dit :

— Voyez! la grêle d'avant-hier n'a pas encore fondu!

— Comment! lui répondis-je. C'est de la grêle, ce que nous foulons aux pieds?

— Oui, mélangée à de la neige fraîche. Et vous pouvez remarquer qu'il y en a encore pas mal, en de certains endroits.

— Prodigieux, en vérité! Dire que, tombés depuis deux jours, plusieurs de ces grêlons sont encore aussi gros que des noix, et cela malgré l'ardeur du soleil! Et puis, cette neige elle-même, si précoce, me semble peu disposée à fondre; car au fur et à mesure que nous nous élevons, la couche en devient plus épaisse. Sommes-nous donc au niveau des neiges éternelles, ou bien si les *Pyrénées* sont plus froides que les *Alpes?*

— Oh! non, Monsieur, reprit le guide. Ce n'est qu'accidentel. D'habitude en été le *Piméné* est dépourvu de neige. Il a fallu cet orage de l'autre jour et une saison peu chaude pour qu'il en soit tombé si prématurément.

— Sommes-nous encore loin du but? fis-je.

— Nous approchons; vous n'êtes point fatigué?

— Fatigué? Non, un peu las seulement et très essoufflé. Ce n'est point chose facile que de fouler aux pieds cette neige sans consistance, dans laquelle on enfonce et l'on glisse.

— Encore quelques instants de patience et nous en viendrons à bout. Voyez! Nous n'avons plus que ce couloir à franchir, pour atteindre le col. C'est tout au plus l'affaire de quelques minutes. Suivez-moi et ne perdez pas courage.

Il dit et, se dirigeant vers un couloir d'avalanche, plein d'éboulis de pierres et recouvert d'une épaisse couche de neige, il l'attaqua bravement. Docilement je le suivis, cherchant à emboîter mes pas dans les siens; mais, quoique je n'aie pas la taille d'un pygmée, j'avais fort à faire à suivre ses larges enjambées. Dès les premiers pas dans cette sorte de cheminée, resserrée entre deux promontoires de rocs à pic, je me rendis compte que sa traversée serait laborieuse. A chaque instant, enfonçant dans la neige friable, j'allais heurter mes pieds aux angles masqués des blocs de pierres, ensevelis sous le blanc linceul. Nous n'avions pas fait 100 mètres, en obliquant, tantôt à gauche et tantôt à droite, à cause de la pente, que nous eûmes de la neige jusqu'aux genoux. Aussi nous ne marchions plus qu'avec une extrême lenteur. Malgré mes efforts, je n'avançais qu'avec peine, m'époumonant et étant obligé de m'arrêter fréquemment pour reprendre mon souffle. De temps à autre, levant la tête et jetant à la dérobée un coup d'œil en avant, je sondais du regard l'horizon, estimant la distance qui me séparait de la ligne de faîte. Sans doute elle diminuait de plus en plus, mais pas assez vite au gré de mes désirs. Bien qu'elle fût à peine de 200 mètres, je la trouvais encore bien longue. Néanmoins, je ne perdais pas courage, persuadé qu'en ménageant mes forces, en prenant tout mon temps, — et rien ne me pressait, — je finirais par atteindre le haut de ce couloir. Après? Ah! je ne savais pas ce qu'il y avait; d'ailleurs, peu m'importait pour l'instant, et je n'y songeais même pas. En attendant, nous grimpions toujours, nous enfonçant de plus belle dans le névé, dont la pente s'accentuait davantage. Pendant qu'avec une peine infinie, je cherchais à démarrer mes jambes, je me demandais si par aventure je n'allais pas disparaître dans quelque trou, traîtreusement masqué. Toutefois, une chose me rassurait, c'était de voir le guide au-dessus de moi, imperturbable, continuer tranquillement ses formidables enjambées, aussi à l'aise que s'il eût été sur la pelouse!

Cependant un moment vint où la foulée lui parut assez pénible, pour qu'il cherchât ailleurs un passage. Il y avait à notre droite un épaulement de roches presque verticales, mais striées et offrant quelques fissures. Ayant abandonné le névé, il se dirigea de leur côté et se mit à les escalader. Naturellement, je voulus l'imiter; mais n'ayant ni le pied aussi sûr, ni la tête aussi solide que lui, ni la même souplesse d'articulations, ni la même légèreté, je restai vite en arrière. Et alors :

— Ah ! mais, guide, m'écriai-je. Du calme ! De grâce, modérez votre ardeur ! Si vous croyez que je puis grimper là comme un chamois, vous vous trompez. N'allez pas si vite, je vous prie, et venez me donner la main, sans quoi je dégringole !

— Oh ! que non ? me dit-il en accourant à moi. Il n'y a pas de danger ; il y a des escaliers dans la pierre. Voyez cela va tout seul. Mettez votre pied là, et puis ici ; sautez maintenant, et vous y êtes !

— Oui, grâce à vous ! Enfin, ne vous éloignez pas trop. Et pendant quelques instants la gymnastique continua ainsi, jusqu'à ce que nous eûmes franchi l'épaulement. Mais alors ce fut un *gendarme*[1], sur notre gauche, qui vînt nous arrêter, et nous obliger à redescendre sur le névé. Heureusement nous approchions du sommet du col, dont quelques mètres à peine nous séparaient. Longeant la base des escarpements, je n'enfonçai presque plus dans la couche de neige, qui se trouvait congelée, mais je n'en soufflais pas moins bruyamment. Sur ces entrefaites, je vis le guide se baisser et considérer attentivement quelque chose à ses pieds. En même temps, je l'entendis s'écrier :

— Oh ! Des *poules blanches*[2] ! Tenez ! Voyez leurs traces sur la neige. Je gage qu'elles sont tout près, et qu'une fois arrivés au col nous allons les voir partir.

— Vraiment ! lui dis-je.

Mais, c'était sans le moindre enthousiasme, malgré mes instincts de chasseur. En vérité, je me souciais bien de poules blanches ou noires, à cette heure ! J'allais atteindre au but ! Encore trois pas, et le sommet du col, objet de mes efforts, allait être à moi !

Les ayant gravis, ces trois pas, je n'en fis pas un de plus et pour cause ! D'abord, à bout de souffle, j'étais

1. Gendarme, pointe de rocher.
2. Gélinottes des Pyrénées.

obligé de m'arrêter, pour reprendre haleine; ensuite un pas en avant de la ligne de faîte m'eût envoyé rouler, à 5 ou 600 mètres, de l'autre côté ! Peut-être même plus loin encore, jusqu'en *Espagne!*

Le col que nous occupions se trouvait glacé sur tranche et en dos d'âne, avec une largeur d'à peine *cinquante centimètres!* Altitude, 2.516 mètres. On aurait facilement pu l'enjamber et se mettre à cheval dessus, n'eût été la couverture un peu fraîche, en guise de selle !...

Quand enfin j'eus repris mon souffle et l'usage de mes sens, je consentis, solidement appuyé à mon alpenstock, à ouvrir les yeux et à regarder autour de moi, pendant que l'enragé chasseur cherchait à découvrir ses *poules blanches!* Or, ce que je vis me parut étrange, fantastique, invraisemblable ! De prime abord, je fus même tellement surpris, impressionné, que je ne pus réprimer un frisson ! Et cependant, à grosses gouttes, la sueur me découlait du visage ! M'étant épongé la tête avec mon mouchoir, et ayant recouvré la parole, ce fut pour dire au guide, bredouille à mes côtés :

— Dieu ! que c'est beau !...

Puis, après un silence :

— Je me déclare satisfait; je n'irai pas plus loin!

— Comment! fit l'autre. Vous n'irez pas plus loin? Vous voulez rire, assurément?

— Mais ne sommes-nous pas au bout?

— Pas tout à fait, répondit le terrible homme. Il y a encore l'*Aiguille* à escalader. Nous ne sommes qu'au *Col du Piméné* .

— Oh ! cela me suffit! repris-je. Je n'ambitionne pas d'aller plus haut. Vive le *Col du Piméné!*

— Ah! Par exemple! Vous me feriez cet affront! Vous, un membre du *Club Alpin Français!* Mais vous n'y pensez pas!

— Si, vraiment. Cette neige du couloir m'a brisé les jambes, et je vous déclare que je n'en puis plus !

— Allons donc ! Vous moquez-vous de moi ? Vous arrêter en aussi beau chemin !

— Oui, il est superbe ! répartis-je en riant ; mais que voulez-vous ? En ce moment, il ne me dit rien qui vaille.

— Sachez, fit-il le plus sérieusement du monde, que vous allez gravir avec moi ces rochers, et que, bon gré mal gré, il faudra que vous arriviez jusqu'en haut, dussè-je même vous y porter!

Il eût été capable de mettre sa menace à exécution, ce diable d'homme ! A cette minute, il me parut grandi de cent coudées ! Aussi, ne voulant pas le réduire à cette pénible extrémité, car je suis loin d'avoir la légèreté d'un sylphe, je lui répondis :

— Soit ! Puisque vous le voulez, j'essayerai. Seulement, je demande auparavant à me reposer cinq minutes. J'ai besoin de souffler, et je désire faire l'essai d'un cordial dont je suis muni. C'est bien le cas ou jamais de juger de son efficacité.

Je me rappelai à propos que j'avais emporté le flacon, contenant la Kola, dont m'avait fait présent le pharmacien de *Toulouse*. L'ayant tiré de ma poche, j'en absorbai une forte gorgée, bien que la mixture fut tiède et à l'état de marc louche. Puis, me tournant vers le guide :

— Eh bien, lui dis-je, maintenant je vous suis ; montrez-moi le chemin. En avant pour l'*Aiguille !*

— Venez, fit-il, et attention ! Faites comme moi.

Sur notre gauche, se dressaient, en pointes hérissées, une succession de roches, noirâtres, menaçantes, feuilletées en lamelles, dont l'arête en dents de scie se profilait dans le ciel. Dessus, pas la moindre végétation, pas même de neige, partout, rien que le roc délité, vulcanisé, d'aspect sinistre. C'était là notre voie d'ascension, voie aérienne, s'il en fût, bordée de chaque côté de vide parfait, aboutissant à d'effroyables précipices ! Il s'agissait de se tenir en équilibre sur ces pointes branlantes, et de suivre, en la remontant, cette arête d'alligator fantastique !...

Mes premiers pas furent tant soit peu vacillants, mais avec l'aide du guide, qui dans les passages scabreux me tendait la main, et m'enlevait d'un vigoureux élan, ma marche étant assurée s'effectua sans accident. Uniquement préoccupé de l'assiette à donner à mes pieds, m'accrochant parfois avec les mains aux aspérités de la roche, je concentrai toute mon attention en avant de moi. Évitant d'ailleurs de jeter mes regards, à droite et à gauche, je n'éprouvai pas la sensation du vertige, qui m'eût absolument paralysé, s'il se fût emparé de moi. Néanmoins, la situation ne laissait pas d'être critique et émouvante, nécessitant la plus grande circonspection. Nous allions très lentement, observant un religieux silence.

Au bout d'un certain temps de cet exercice de haute voltige, je finis par m'aguerrir, et par pouvoir me passer de l'égide du guide, que je suivais de près. Nous nous élevâmes ainsi successivement sur cette arête, irrégulière, bossuée, et qui allait s'amincissant toujours. En définitive, nous n'avions que 300 mètres d'altitude à gravir, et nous en vînmes à bout, dans un temps relativement assez court. A ma grande surprise et sans grande fatigue, je me trouvai tout d'un coup à l'extrémité de l'arête. Nous étions bien à la cime du *Piméné*, et le guide cria : halte ! Il était environ onze heures !

Était-ce l'effet de la Kola, ou toute autre cause, je ne sais, mais cette ascension de l'*Aiguille*, dont j'avais presque désespéré, ne m'avait pas coûté d'efforts surhumains. Cela me paraissait si prodigieux, que je ne pouvais croire être parvenu au sommet. Il fallait cependant se rendre à l'évidence, la plate-forme sur laquelle j'étais, n'offrant que quelques mètres de superficie et donnant de tous côtés sur le vide. En ayant rapidement fait le tour, je jetai à travers l'espace un cri d'allégresse, tandis que, tourné du côté de *Gavarnie*, dont l'hôtel m'apparaissait, comme un point blanc, tout en bas, j'agitai avec frénésie mon mouchoir. J'étais alors persuadé que l'univers avait les yeux fixés sur moi, par la simple raison que c'était moi qui avais les miens sur lui !

Le guide de son côté, tout joyeux, me regardait d'un air satisfait. Il venait de se débarrasser de son fardeau, porté en croix sur le dos, et qui avait dû passablement l'étrangler. Ayant ajouté, comme c'est l'usage, quelques pierres au *Cairn* [1], qui couronne la cime de la montagne, il s'étendit par terre, une fois ce devoir d'alpinisme rempli, et se mit à y étaler nos provisions. Je m'empressai de m'asseoir à ses côtés, en plein soleil, sur le sol pierreux et tiède, me déclarant enchanté de prendre un bon bain de lézard, en même temps que la collation, à laquelle je m'apprêtais à faire honneur. Cependant, comme il n'y a rien de parfait ici-bas, je m'aperçus aussitôt d'une lacune regrettable, étant plus que jamais dévoré par la soif.

— Et de l'eau ? Guide, où y en a-t-il ?

— De l'eau ? Ah ! Il n'y en a pas.

— Comment ! Pas la moindre source aux environs ?

— Dame ! Je n'en connais pas ; à moins toutefois que vous ne vouliez descendre jusqu'à ce petit lac, que vous apercevez d'ici, et encore est-il gelé !

— C'est cette cuvette, là, en dessous, dont les bords sont frangés de neige et dont la surface paraît en effet gelée ?

— Oui, c'est cela même.

— Oh ! Bien, merci ! Je ne me sens nullement disposé à transporter ma personne jusque-là, d'autant plus qu'en admettant que je pusse le faire, je ne pourrais la remonter.

Ma foi, tant pis ! Je me passerai d'eau.

— Nous avons du vin ; cela ne vaut-il pas mieux ?

— Pour vous, c'est possible ; mais moi, quand j'ai très soif, le vin ne me désaltère pas. Il me brûle et me grise ! Je tâcherai de n'en pas trop boire, voilà tout. Combien avons-nous de bouteilles ?

1. *Cairn*, pyramide de pierres.

— Deux seulement, une de blanc et l'autre de rouge. Lequel préférez-vous?

— Tous les deux, guide. Oh ! Rassurez-vous, vous aurez votre part. Quant à moi, je couperai mon vin rouge avec du blanc, pour me donner l'illusion de l'eau. Et pour commencer, si vous m'en croyez, débouchons-les, ces bouteilles, un petit coup ne fera pas de mal pour préparer les voies. Je ne sais si vous êtes comme moi, mais il me semble que j'ai amassé au fond de mon gosier tout le sable du Sahara !

Le moment qui suivit fut solennel. Aiguisés par la course, nos estomacs criaient vengeance. D'un commun accord, nous fîmes main basse sur les victuailles, déposées en belle vue à notre portée, et celles-ci ne tardèrent pas à disparaître rapidement. Au début, nous étions trop occupés à satisfaire nos appétits, pour nous livrer aux charmes de la conversation ou de l'admiration. Mais au dessert, entre la poire (absente) et le fromage, après des libations répétées, tantôt blanches, tantôt rouges, qui me prédisposèrent à voir tout en rose, ma langue se délia et mes yeux tout larges s'ouvrirent. Je me trouvais dans cette bienheureuse disposition, où le corps satisfait se repose avec délices, et l'esprit surexcité se met en fête, à la vue des merveilles qui s'offrent à lui.

C'est avec juste raison qu'on a vanté les panoramas admirables que l'on découvre, soit dans les *Alpes*, soit dans les *Pyrénées*, du sommet des hautes montagnes. Celui du *Piméné* est sans contredit l'un des plus remarquables ; et, si j'ajoute que l'ascension (maintenant que je l'ai faite) ne présente aucune difficulté sérieuse, il n'est pas un touriste de passage à *Gavarnie*, qui ne voudra la tenter. Certes, il est dans les *Pyrénées* nombre de cimes plus élevées, d'où la vue est plus étendue et le spectacle plus magique encore ; mais il faut bien en convenir, ces points d'observation ne sont pas à la portée de tout le monde. Ne monte pas en effet qui veut, à la *Maladetta*, au *Mont*

Perdu, au *Vignemale*, ces géants pyrénéens, qui paraissent et sont si redoutables quand on n'a pas vécu dans leur intimité ; tandis que, pour grimper au *Piméné*, il n'est point nécessaire d'être un ascensionniste émérite. Le guide et moi, nous avons, à la vérité, mis près de cinq heures, depuis *Gavarnie* jusqu'à la cime, haltes comprises. Mais, devons-nous ajouter, d'abord nous avons pris notre temps, ensuite nous nous sommes arrêtés en chemin pour photographier, enfin et surtout une neige anormale, en cette saison, a entravé et ralenti notre marche. D'habitude, au mois d'août, cette montagne n'en porte pas vestiges, malgré ses 2.803 mètres d'altitude.

Par sa situation topographique, au premier rang du massif calcaire, étant donnée la forme élancée de son arête terminée en pointe acérée, ce belvédère est merveilleusement placé pour le charme des yeux. De là, le regard plane et s'étend à l'infini, sur un océan de crètes, de croupes, d'arêtes, de pics, d'ondulations immenses, dont les lignes se croisent, s'enchevêtrent les unes dans les autres. Dans les bas-fonds, les excavations profondes apparaissent béantes, les vallées s'ouvrent en éventail, profilant au loin leurs chaînes dentelées, les vallons bleuissent, les ruisseaux serpentent en longs traits d'argent.

De quelque côté que l'on se tourne, l'attention est sollicitée et l'admiration s'impose. Du reste, la vue est variée, et par ses aspects divers repose agréablement des teintes sévères ou monochromes, que la nature étale au grand jour, à de certains endroits.

Ce qui, en premier lieu, frappe le spectateur et lui arrache des cris d'enthousiasme, mêlés à un véritable sentiment de stupeur, c'est la vue de cet imposant massif calcaire, dont les assises formidables se développent audevant de lui, avec une ampleur, une majesté, qui confondent l'imagination. On a en face de soi l'axe central des *Pyrénées*, dont on peut suivre la ligne de faîte dans tous ses développements. On en est si rapproché, qu'il semble qu'en quelques enjambées on la foulerait aux pieds. Qu'ils sont superbes à voir tous ces pics gigantesques, qui s'enlèvent hardiment sur la ligne d'horizon, et portent jusqu'au plus haut des nues leurs cimes aiguës, que font étinceler les feux du jour! Sous leur armure de pierre et de glace, ces fiers satellites paraissent inébranlables et sont l'image de la force indestructible. Les éléments auront beau se coaliser contre eux et leur livrer de nombreux assauts, ils lutteront en vain contre l'invincible résistance, que ceux-ci sauront leur opposer. C'est à peine, si, à force, de les entamer et de les désagréger, ils pourront leur faire çà et là quelques blessures. Le temps seul, ce grand vainqueur, finira un jour par en avoir raison, et, grâce à ses injures, nivellera impitoyablement toutes ces têtes découronnées. Notre pauvre terre, réduite en poussière, deviendra alors si plate, qu'il ne vaudra plus la peine de l'habiter! Il est vrai que d'ici-là...

Paresseusement étendu à terre, recevant avec béatitude les rayons du soleil, qui, à cette altitude, me paraissent des plus bienfaisants, j'aspire avec délices l'air pur et vivifiant de la montagne. C'est avec un plaisir ineffable que je laisse mes yeux errer au hasard et s'égarer ma pensée dans le domaine de l'infini. Je cherche à graver dans mon esprit, la forme, la structure, la relation de tous ces monts bizarres, dont j'ignore même les noms. Je voudrais pouvoir les interroger pour leur arracher leurs secrets. Ah! quelle doit être longue et intéressante leur histoire ! Mais qui la saura jamais à fond ? Qui pourra nous la raconter ? Tant de légendes courent déjà sur leur compte, qu'à vouloir les rappeler on écrirait des volumes! Faute de mieux, j'interroge mon cicerone, pour qui toute la contrée est familière, et il me fait l'énumération suivante :

— La première montagne que vous voyez, en plein midi, et dont les puissants contreforts s'appuient aux flancs du *Piméné*, c'est le *Grand Marboré*. Les cimes principales qui le caractérisent sont : *l'Astazou*, le *Cylindre* et les

Tours, ou les *Trois Sœurs* (*Tres Hermanas*), comme on les appelle en *Espagne*.

Le pic neigeux qui vient à la suite, se profilant horizontalement dans le ciel, pour finir brusquement par un ressaut vertical, c'est le *Nez* (*el Nazo*), dont vous apercevez en ce moment l'ombre projetée sur le névé en dessous. Remarquez comme la roche en cet endroit paraît tourmentée et striée. On dirait un serpent gigantesque qui se tord en déroulant ses anneaux cuivrés. Les savants disent que c'est l'effet des convulsions volcaniques du sol et des soulèvements géologiques, provoqués par l'action du feu terrestre. Moi, je ne sais s'il y a vraiment du feu par dessous, mais je vous assure que dessus il fait joliment froid, à de certaines heures.

— Vous avez quelquefois passé par là ? M'écriai-je en l'interrompant.

— Oui, fit-il. Notamment avec le Comte *Russell*, que j'ai souvent accompagné dans ses excursions.

— Le Comte *Russell*? dites-vous. Ce n'est pas celui qui a fait construire des abris au sommet du *Vignemale*?

— Si. C'est lui-même. Vous le connaissez?

— De réputation seulement. Je sais que c'est un alpiniste convaincu et un homme d'une intelligence supérieure. J'ai lu de lui des relations d'ascensions qui m'ont fait rêver! Pour un Anglais, il me paraît allier la finesse d'esprit du Parisien à l'élévation d'idées du poète ou du philosophe, et, chose rare, il écrit le français, comme je voudrais moi-même pouvoir le faire. A coup sûr, ce ne doit point être un homme banal. Il peut être doué de quelque originalité dans le caractère, mais on ne doit pas s'ennuyer dans sa société.

— Ah! Il est certain qu'il n'a pas les idées de tout le monde, M. le Comte. Au fond, c'est un cœur d'or, et quand une fois on a vécu dans son intimité, on l'apprécie à sa valeur. Par exemple, avec lui, il ne faut pas avoir froid aux yeux, ni trembler ; car il se charge de vous dégourdir. Ce n'est pas une passion qu'il a pour la montagne, mais un culte ! Aussi, chaque année, pendant la belle saison vient-il dans son sanctuaire, rendre hommage à sa divinité. Toutes ces cimes que vous apercevez, étalées devant vous, il les a, de jour et de nuit, visitées et foulées aux pieds ! Il les a contemplées, adorées, non seulement en plein jour, à la clarté du soleil, mais même au clair de lune, qu'il affectionne tout particulièrement. C'est lui qui a dit que « la lune est plus aimable que le soleil et que « son regard est plus tendre ».

— Comment ! au clair de lune ? Mais il passait donc la nuit dans la montagne, votre comte ?

— Assurément. Il a ainsi passé plus d'une nuit, blanche ou noire, au sommet du *Vignemale*, la plus haute cime des *Pyrénées françaises*.

— Il devait y faire un froid de loup ?

— Ah ! Dame ! Vous pensez ! Le froid, c'est dur ; mais le brouillard, c'est bien pis ! Car alors on ne sait plus où l'on est, ni où l'on va.

— Et vous vous êtes également trouvé à pareille fête ?

— Moi ? Comme les camarades, plus d'une fois.

— Et qu'en pensiez-vous ?

— Que voulez-vous ? A coup sûr j'aurais préféré être dans mon lit, mais avec ce diable d'homme on ne fait pas ce qu'on veut. Allez ! Il vous ensorcelle ! Et puis, à vrai dire, il est si bon, si plein de prévenances et de sollicitude, qu'on ne peut rien lui refuser. Ce que l'on a de mieux à faire, c'est de se prêter à ses fantaisies.

— Alors il est intrépide ; car, pour s'égarer de gaieté de cœur dans ces solitudes glacées, il faut être rudement trempé, au physique comme au moral.

— Oh ! Pour cela, je vous en réponds ! Si je vous racontais tous les dangers qu'il a courus, auxquels il a eu la chance d'échapper, vous ne voudriez pas me croire. Que de fois ne lui est-il pas arrivé de partir seul dans la montagne,

et d'y rester plusieurs jours, perdu, à demi mort de faim
et de froid !

— Que me dites-vous là ? En vérité, c'est inouï ! Et actuellement, il renouvelle encore ces exploits ?

— Mais, oui, chaque année. Cependant, dois-je dire,
avec l'âge il devient raisonnable. Ainsi maintenant il
prend des guides et des porteurs ; il consent même à faire
usage des chevaux dans les sentiers muletiers. Ah ! Autrefois, il n'aurait pas fait bon lui en parler, car il disait que
c'était lui faire injure !

— Enfin, repris-je, chacun a sa marotte dans ce
monde. Dieu veuille que la sienne ne lui joue pas un
jour un mauvais tour ! Pour le moment, comment appelez-vous ce dôme, qui, s'élevant au-dessus du *Cirque*,
forme trois étages en dessous, séparés par des bandes de
névés, d'où jaillissent de tous côtés d'innombrables cascades ?

— Monsieur, c'est le *Casque*, et la coupure à la suite,
dans l'arête que vous apercevez, c'est la *Brèche de
Roland*. De l'autre côté de la roche noire et lui faisant
vis-à-vis, se trouve la *Fausse-Brèche*. Cette montagne
pointue et lamée qui se détache plus loin à l'horizon, est
le *Taillon ;* tandis que celle qui lui succède est le *Gabiétou*. C'est à la *Brèche de Roland*, que l'on passe pour
faire l'ascension du *Mont Perdu*.

— Ah ! Et où est-il donc ce *Mont Perdu ?*

— Il est en *Espagne*, Monsieur, et l'on ne peut le voir
d'ici ; le *Marboré* nous le cache. C'est dommage, car c'est
une montagne superbe, toute resplendissante de neige et
de glace ! Je vous promets que c'est de là que la vue est
belle, s'étendant à l'infini, sur les vallées et les *Sierras*
jusqu'aux plaines d'*Aragon !*

— Maintenant, dites-moi, je vous prie, quelle est cette
chaîne, à droite, aux formes imposantes, aux parois cons-
tellées de neige, et dont l'arête, caractérisée par plusieurs
cimes, arrondies, est partagée par un immense champ de

neige. D'ici, elle fait un effet magnifique! Ce doit être un géant des *Pyrénées?*

— En effet, c'est la chaîne du *Grand Vignemale.* Ce que vous prenez pour un névé est le *Glacier de Montferrat,* et la gorge profonde au dessous, *le Val d'ossoue.*

— Eh quoi? C'est là ce fameux *Vignemale* dont j'ai tant entendu parler? Je ne saurais vous dire combien je suis heureux de l'apercevoir ainsi dans tout son éclat! Est-ce que vous en avez fait l'ascension?

— Oui, monsieur, plusieurs fois.

— Elle est périlleuse?

— Par le beau temps, non. Seulement pour la faire, il est nécessaire de s'entourer des précautions d'usage, telles que cordes, haches et piolet.

— Bah! Mais alors ce n'est pas une plaisanterie. Sans doute il faut traverser des glaciers?

— Oui, et puis des névés, des moraines, des cheminées, des clapiers, tout le tremblement, quoi! Dame! Ce n'est pas un sentier battu, et il est plus fréquenté par les isards que par les hommes.

— Et il faut longtemps pour arriver au sommet?

— Cela dépend d'où l'on fait l'ascension. Si l'on part de *Cauterets,* il faut coucher en route, dans l'un des abris du comte *Russell ;* tandis que de *Gavarnie,* on compte de dix à douze heures, aller et retour, haltes non comprises. De là, en partant de grand matin, on peut faire la course en un jour; par exemple c'est une forte journée.

— Vous dites qu'on peut passer la nuit dans les abris du *Comte Russell,* il y a donc des cabanes là-haut?

— Oh! Des cabanes! Ce serait beaucoup dire. Ce sont des abris, et rien de plus; encore sont-ils sans planches!

— Comment, sans planches? Alors, qu'y a-t-il donc?

— De la pierre, ou plutôt du rocher; car ce sont des grottes creusées à côté du glacier. Il paraît même qu'actuellement elles n'abritent plus personne. Le glacier s'étant exhaussé, les a bouchées et ensevelies sous son blanc névé. Du moins, c'est ce que m'a rapporté le guide *Henri Passet*, qui dernièrement a accompagné au *Vigne-male* l'intrépide alpiniste, y faisant sa vingt et unième ascension (1891)!

— Ah! Bien! M. l'Anglais doit la connaître dans les coins, sa montagne!

— Vous ne pensez pas dire si juste. C'est bien en effet sa montagne, puisqu'il l'a achetée! Oui, il en est devenu propriétaire, avec les 200 hectares de neige et de glace qu'elle renferme!

— Bizarre, autant qu'étrange! C'est égal, si j'en avais le loisir et la force, il me semble que, sauf sa permission, j'aimerais à fouler aux pieds son domaine. Oui, l'ascension de ce *Vignemale* me tenterait. Mais voilà, il y a tant de choses qu'on voudrait faire, et que jamais l'on ne fait!

— Et pourquoi pas? Il en est de plus impossibles que celle-là, qui n'exige après tout qu'un peu de volonté et d'adresse.

— Oui, vous en parlez à votre aise, vous, en votre qualité de montagnard, d'enfant des *Pyrénées*; tandis que moi... Enfin, suffit! Continuons, s'il vous plaît, l'examen du panorama, dont jamais nous ne viendrons à bout, si nous nous égarons en chemin.

En regardant au nord, je vois d'abord un important massif montagneux, qui sépare la chaîne du *Vignemale de Gavarnie*. Dans le bas, il me semble reconnaître les pentes du *Pic Mourgat*, que nous avons longées hier; mais au dessus se dressent des pointes singulièrement dénudées et aiguës. On y découvre même quelques flaques de neige. Quelle est cette montagne?

— On l'appelle le *Pic Lary*.

— Bien que nous le dominions, il n'a pas l'air d'un accès facile, ce pic!

— Eh bien, malgré ses 2.400 mètres d'élévation, je l'ai gravi bien des fois, en hiver et au printemps, en allant à la chasse à l'isard.

— Ah ! vous êtes chasseur ? Mes compliments, mon cher, moi aussi. Seulement moi je ne m'adresse qu'à la petite bête. On fait ce qu'on peut ! Et en tuez-vous beaucoup de ces isards ? Il y en a donc dans ces parages ?

— Oui. Ils sont encore assez abondants dans la contrée. Mais leur chasse est tellement difficile, et ces animaux sont devenus si sauvages, qu'on n'en tue guère. Souvent on revient bredouille !

— Je vous crois ! Y a-t-il d'autres espèces de gibier spéciales au pays ? Des ours, par exemple ? L'ours des *Pyrénées* est-il un mythe ?

— Non. Il y en a, mais ils sont si rares ! Ici, le sol est trop nu et trop froid. Pour en trouver, il faudrait aller dans les grandes forêts, du côté de *Bielsa*, en *Espagne*. En revanche, nous avons des aigles et nous les chassons.

— Vous chassez les aigles ? Ah ! Et comment cela ?

— Mais, à coups de fusil, tout simplement.

— Oh ! Ce doit être un genre de chasse bien peu productif ?

— Détrompez-vous, Monsieur. Il y a à *Gavarnie* des chasseurs d'aigles, qui en détruisent chaque année un certain nombre. Le soir ou la nuit, au clair de lune, ils vont à l'affût, attirent ces oiseaux au moyen d'une charogne, et les tirent, à balle franche ou à chevrotines.

— S'ils tuent l'aigle, c'est bien, fis-je ; mais, s'ils le manquent, celui-ci à son tour ne pourrait-il pas les attaquer ?

— Il n'y a de risques que s'il est blessé, car alors il se défend avec une véritable furie. Et je vous prie de croire qu'à ce moment il ne fait pas bon s'en approcher. D'un coup d'aile, il peut briser un membre. Quant à son bec et à ses serres, il faut soigneusement s'en garer, leur contact étant des plus dangereux.

— Enfin, repris-je, je m'imagine que cette chasse est plutôt un jeu d'adresse qu'une industrie ; car, à vrai dire, je n'en vois pas bien l'utilité.

— Mais, Monsieur, les aigles des *Pyrénées* sont de terribles oiseaux de proie, qui causent de nombreuses déprédations. Ils ne se gênent pas pour enlever des volailles, des lièvres, des lapins, au besoin des chiens, des chèvres, des agneaux et même des moutons!

— Oh! des moutons! cela me paraît tout de même un peu surprenant! J'avoue que je voudrais bien les voir, l'un emportant l'autre.

— Oui! quand ils ne fondent pas sur le berger lui-même!

— Allons! guide. De plus en plus fort! Il est vrai que j'en ai vu un, empaillé (un aigle, bien entendu, pas un berger) dans la salle à manger de *Luz*, où j'ai passé la nuit. Cet oiseau était, ailes déployées, et ma foi, de taille gigantesque. Mais la chasse nous égare ; revenons à nos moutons, à nos montagnes, veux-je dire. Quelle est cette bande verte que l'on aperçoit tout là-bas, en plein nord, à l'extrémité de l'horizon?

— Çà, c'est la *Vallée de Gavarnie*, par où vous êtes venu; puis celles de *Luz*, d'*Argelès*, et enfin au bout, la plaine de *Tarbes*.

— Et là, cette belle montagne isolée, toute blanche à la cime, et qui a l'air de monter la garde en face de nous?

— *Le Pic du Midi* de *Bigorre*, ou *Pic d'Arize!* (2.877 mètres).

— Ah! vraiment! *Le Pic du Midi!* N'est-ce pas au sommet que se trouve un observatoire, rendu célèbre par le séjour qu'y fit, pendant plusieurs années, le général *de Nansouty?*

— Oui, précisément. C'est une station météorologique créée par le Gouvernement.

— Comme d'ici, malgré la distance, on le voit admirablement! m'écriai-je. C'est prodigieux! Et ces trous immenses, qui se creusent à nos pieds, et qui, avec leur ceinture de rocs à pic, ressemblent à des cratères lunaires, que leur aspect est donc singulier! N'est-ce pas l'image de la stérilité et du néant?

— Vous avez, à votre gauche, le *Cirque de Troumouse*, que surmonte le *Pic de la Munia*, dont l'ascension est assez dure; puis, à droite, le *Cirque d'Estaubé*, qui aboutit à la fameuse *Échelle de glace de Tuquerouye*, que vous apercevez là, en-dessous de nous.

Ici, malgré moi, je me vis obligé d'interrompre cette longue énumération, tant je me sentais empoigné par un vif sentiment d'admiration.

Les sites merveilleusement sauvages, qui s'offraient à ma vue, ne sauraient se décrire. Toute cette contrée, au-dessus de laquelle nous avions l'air de planer, sur l'étroite plate-forme que nous occupions, m'apparaissait absolument fantastique. Ce n'étaient autour de nous que pics et aiguilles, arêtes aiguës, ciselées en dents de scie, parois de roches verticales ou surplombantes, champs de neige, dans les couloirs d'avalanche, amoncellements incohérents de gigantesques débris!

Du côté de l'*Espagne*, le regard s'étendait au loin sur un océan de montagnes, de toutes formes, de diverses élévations, les unes sèches et pelées, les autres boisées et verdoyantes, se fondant, s'unifiant, comme des vagues, et comme elles frangées à leur cime d'écume de neige!

Une admirable limpidité était partout répandue, accusant les moindres saillies des roches, que le brillant soleil de midi faisait étinceler, fouillant jusqu'au plus profond de leurs anfractuosités. Le ciel, d'une idéale pureté, d'un azur intense, se développait en ondes vibrantes, autour de chaque objet, lui communiquant un éclat incomparable! Et vu dans cette gloire, ce panorama avait quelque chose de fascinateur, de vraiment féerique, dont l'œil ne pouvait se détacher. Il y avait là tout à la fois un tel contraste de lignes, de couleurs, de formes, une telle variété, une telle opposition de teintes, allant des plus sombres aux plus claires, des plus tristes aux plus riantes, des plus mourantes aux plus vives, que l'œil se délectait à les contempler. Et, parmi toutes ces attractions, une surtout avait le don d'exciter au plus haut degré mon ébahissement. C'était cette arête si mince par laquelle nous étions grimpés, depuis *le Col du Piméné*. En abaissant mon regard sur elle, et le reportant jusqu'aux pentes abruptes qui se redressaient vis-à-vis, je ne voyais partout qu'abîmes et précipices ! Il régnait là un tel chaos, un tel bouleversement de la nature, que la vue hypnotisée s'y cristallisait ! Comme je faisais remarquer au guide la sublime horreur de cette vision :

— Ce que vous regardez là, me dit-il, c'est l'*Échelle de glace de Tuquerouye*. Du haut de la brèche on aperçoit le *Mont Perdu*. Voulez-vous y monter ?

— Au *Mont Perdu ?*

— Non, à *Tuquerouye*.

— Grand merci ! Je me suis laissé dire que c'était un casse-cou de première classe. Est-ce vrai ?

— Il est certain que la montée est raide ; mais dans cette saison la neige est bonne, ce qui fait qu'on y grimpe aisément. Et puis, en haut il y a le refuge, créé par le C. A. F. et inauguré en 1890.

— Oui, je sais, repris-je. J'en ai entendu parler. N'est-ce pas par là qu'on a scellé des crampons et des barres de fer dans le rocher, pour faciliter l'ascension ?

— Si, et même cela a rendu furieux le *Comte Russell*.

— Ah ! Et pourquoi donc ?

— Il a prétendu que sous prétexte de travaux d'art, on lui avait défiguré sa brèche, et qu'en *lardant* la montagne de barres de fer, on se livre à une véritable profanation !

— Je conviens en effet que, pour un alpiniste de sa valeur, il y a quelque chose de répugnant à voir *vulgariser* l'objet de son culte. Pour une âme d'élite, comme la sienne, il n'y a rien de tel que la difficulté vaincue ; mais, n'en déplaise au noble comte, pour le commun des mortels, un peu d'aide fait grand bien. On pourra peut-être objecter : qu'*à vaincre sans périls, on triomphe sans gloire !* Sans doute, répondrai-je, mais trop souvent, où la gloire va-t-elle se nicher? Ainsi, je vous le demande, quelle nécessité y a-t-il à risquer sa vie et celle des autres, pour aller au *refuge de Tuquerouye?*

— Pour sûr, il n'y en a pas, fit mon compagnon. C'est précisément pour cela qu'il était au moins inutile de faciliter cette ascension aux novices ; quant aux autres, c'est leur affaire !

— La pente est donc bien raide, qu'on a pris toutes ces précautions, comme s'il s'agissait du *Cervin*[1].

— Mais, jugez-en vous-même ! Ne voyez-vous pas devant vous le couloir de neige, dont l'inclinaison est de 50 à 60° ? Maintenant il est encore assez facile d'y monter, en taillant des marches dans le névé, mais plus tard, à l'automne, quand la neige d'hiver a fondu et n'a pas encore été remplacée par la nouvelle, on ne trouve plus sous les pieds que la glace vive. Alors, ma foi, l'escalade est presque impossible, ou tout au moins très scabreuse.

— A vrai dire, ce que j'en vois d'ici ne me paraît pas engageant, aussi n'est-ce pas aujourd'hui, ni de sitôt, que j'irai visiter le refuge. Et je m'en console aisément, n'ayant pas la moindre prétention d'ascensionniste ! J'ai pu m'élever jusqu'ici, grâce à votre aide, et je vous en suis très reconnaissant ; mais cela suffit à mon bonheur. J'avoue que j'ai rarement joui d'une vue aussi belle, même dans les *Alpes*, et certes, j'emporterai le meilleur souvenir de cette course.

— Moi aussi, Monsieur, croyez-le bien, fit l'honnête guide. Je suis bien heureux que vous ayez pu arriver jusqu'à la cime, car, si vous étiez resté en chemin, je ne m'en serais pas aisément consolé.

— Est-ce que cela arrive quelquefois aux touristes qui veulent faire l'ascension ?

1. Le Cervin (Matterhorn), Valais.

— Cela peut arriver, surtout si le temps se gâte ; mais avec moi c'est rare.

— Et pourquoi ?

— Mais parce que... je m'arrange pour ne pas laisser mon monde en route. Si mon voyageur ne peut plus marcher, eh bien, je le porte.

— Oh ! Vous le portez ! C'est une façon de parler. Car avec un pareil fardeau, malgré votre force et votre adresse, vous n'iriez pas bien loin sur ces rochers, je gage.

— Si je vous disais que j'ai conduit ici quelqu'un, qui n'avait qu'une jambe de bonne... et l'autre, en bois !

— Quant à ça, l'interrompis-je, il m'est permis d'en douter ; et, guide, permettez-moi de vous le dire, vous abusez de ma crédulité.

— C'est cependant l'exacte vérité. Ce monsieur marchait assez bien, malgré sa jambe de bois. Cependant, une fois arrivé au col, où il n'y avait pas de neige, comme aujourd'hui, il n'en pouvait plus, et, de même que vous, il me déclara qu'il n'irait pas plus loin. Je le fis monter sur mon dos, et nous arrivâmes ainsi à la cime, l'un portant l'autre ! Lorsque je le déposai à terre, il était fou de joie et il m'embrassa !

— En vérité, c'est fabuleux ! Mais, enfin, à la descente, comment fîtes-vous ?

— Comment je fis ? Mais, de même ! Je le repris sur mes épaules jusqu'en dessous des rochers, et comme il était las, je le soutins par le bras jusqu'à *Gavarnie*. Arrivés à l'hôtel, on nous fit une ovation !

— Que vous n'aviez pas volée, à coup sûr. Toutefois je trouve que votre voyageur vous avait imposé là une corvée écrasante, dont il eût pu se dispenser.

— C'est vrai, mais j'ai oublié de vous dire que c'était une gageure.

— C'est égal, repris-je, il faut que vous soyez un fameux gaillard ! Quant à moi, j'aurais eu honte de me laisser porter, comme un colis, d'autant plus que je ne suis pas léger ; je ne m'en aperçois que trop !

— En revenant de la chasse, s'il nous arrive d'avoir à porter un isard ou deux, en bandoulière, il faut bien que nous nous en tirions. Et je vous prie de croire, que nous passons souvent par des chemins, où non seulement il y a des pierres, mais aussi de véritables rochers.

— Nous restâmes ainsi plus d'une heure, à notre poste d'observation, à bavarder, fumant des cigarettes et éprouvant les plus pures jouissances d'esthétique. Il fallait pourtant s'arracher au charme contemplatif et songer au retour ; car je tenais à rentrer à *Gavarnie* de bonne heure, pour repartir le jour même, si c'était possible.

Avant de lever le camp, ayant bu le coup de l'étrier, nous soulevâmes quelques pierres plates gisant à nos pieds, dans l'espoir d'y faire des découvertes. En effet, sous l'une d'elles, nous trouvâmes la carte d'un membre du *C. A. F.*, monté quelques jours auparavant. N'en possédant pas sur moi, j'inscrivis nos deux noms à côté du sien, et je réintégrai la pièce à conviction dans sa cachette primitive. Puis le signal du départ étant donné, nous descendîmes.

Dirai-je que je n'étais pas sans quelque appréhension, au sujet de la descente, me sentant la tête alourdie et échauffée, tant par l'action prolongée du soleil, que par l'effet combiné des libations, rouges et blanches, auxquelles je m'étais livré ? Mes premiers pas furent donc assez incertains, sur les pointes de roc de l'arête vertigineuse. Néanmoins, en usant de beaucoup de circonspection, je réussis à éviter toutes chutes et glissades, et même ayant pu conjurer le vertige, je repris bientôt mon aplomb. Ce me fut une nouvelle occasion de remarquer combien j'effectuais mieux la descente que la montée, même en terrain difficile. Le guide, en avant, m'indiquait les passages, en se retournant de temps en temps pour me tendre la main. Mais il vit que désormais son aide m'était inutile. De ce moment, je remontai dans son estime, ayant quelque peu démérité à la montée.

En moins d'un quart d'heure, nous atteignîmes le col, et nous nous lançâmes dans la pente assez raide du névé. La descente m'en parut incomparablement moins fatigante que la montée ; cependant, comme nous enfoncions à mi-jambes dans la neige molle, l'exercice n'eût rien eu de récréatif, s'il se fût prolongé longtemps. Pour en finir plus vite, j'eus la velléité de faire une glissade ; mais le guide m'en dissuada, la neige étant trop friable et les dessous trop anguleux.

Quand, après la traversée du couloir, nous fûmes en dessous des rochers, nous retrouvâmes avec satisfaction, sous nos pieds, l'herbe moelleuse des pâturages. Et, dès que nous parvînmes à la source, je m'empressai de m'y arrêter pour boire un bon coup ; car il y avait longtemps que j'avais soif, d'eau ! Ce fut à ce moment que nous aperçûmes trois aigles, qui planaient au-dessus de la cime du *Piméné*, et cherchaient à y découvrir quelques reliefs du déjeuner. Sans doute ils nous avaient observés de loin, pendant notre séjour sur l'esplanade, et ne s'étaient décidés à se montrer qu'après notre départ.

Le retour s'opéra dans d'excellentes conditions de marche et de vitesse. Était-ce l'effet de la Kola ? Chose extraordinaire, je n'étais point fatigué ; au contraire, je me sentais alerte et dispos. Parvenus aux chalets, nous nous arrêtâmes quelques minutes à la porte de l'un d'eux, où se trouvait un indigène qui m'offrit du lait. Je refusai, bien que j'en eusse envie, craignant de me couper les jambes. Mais ce fut l'occasion, en causant, de brûler de nouvelles cigarettes ; car dans ces régions frontières de l'*Espagne*, on en a les habitudes, et même aux champs, les naturels se livrent aux douceurs du *Papelito*.

Nous retrouvâmes le *Bosquet d'Allanz*, que nous traversâmes de notre pied léger ; puis, nous parcourûmes les lacets en pentes raides, qui aboutissent au bas de la mon-

tagne. Je revis avec plaisir le gave turbulent, en passant
le pont de bois, et, bientôt après, j'étais de retour à l'hôtel. Il était deux heures de l'après-midi. En me voyant, le
gérant me souhaita le bonjour, en me disant que, parti le
dernier, je revenais le premier. Puis, m'ayant demandé
des nouvelles de l'excursion, je lui répondis que j'en
revenais enchanté. Après avoir fait mes adieux au brave
compagnon qui m'avait accompagné, guidé et amusé par
ses racontars, je lui souhaitai mille prospérités.

Plus rien ne me retenait à *Gavarnie*. J'emportais de
ma visite en ces lieux des souvenirs charmants, et de la vue
des *Pyrénées*, une impression forte et durable. Malgré les
pronostics les moins rassurants, je venais d'être favorisé
d'un temps magnifique, qui m'avait permis de voir la contrée sous un jour étincelant, et d'en détailler les merveilleuses beautés. Je pouvais donc me déclarer satisfait et
m'en aller content. Plus privilégié que beaucoup d'autres,
j'avais réussi à voir autre chose que le brouillard. D'aucuns
n'ont-ils pas prétendu n'avoir jamais vu que ça, dans les
Pyrénées?

Ayant fait descendre mes bagages, réglé ma note à l'hôtel, et soigneusement étalé sur la banquette du landau
l'énorme bouquet d'iris cueillis au *Cirque*, je pris congé
des braves gens qui me souhaitèrent amicalement bon
voyage. Nous reprîmes au retour notre parcours, en courant
à brides abattues, à travers les sinuosités de la route, fuyant
sur le bord du Gave. Bientôt nous atteignîmes la région du
Chaos (*la Peyrada*), et à un contour du chemin, séduit
par la vue enchanteresse, je fis signe au conducteur d'arrêter. Descendu de voiture, je m'empressai de développer
l'appareil photographique sur l'accotement de la chaussée,
ne pouvant résister au désir d'emporter un dernier souvenir de la contrée. Le soleil brillait encore, faisant resplendir les bandes argentées des névés du *Cirque*, qui
s'enlevaient en miroirs étincelants sur les teintes mordo-
rées des roches incandescentes. Cependant l'azur du ciel

avait un peu perdu de son intensité, en revêtant cette apparence laiteuse, qui est l'indice d'un trouble de l'atmosphère. Sans doute le beau temps ne devait pas être de durée.

La vue que l'on embrassait de cet endroit n'était certes pas banale. Au premier plan, gisait l'éboulis formidable des roches écroulées du *Coumélie*, obstruant l'étroite vallée de ses masses incohérentes. Çà et là, disséminés au milieu de ce désert de pierres, se dressaient de rares arbrisseaux, rompant par la teinte claire et la délicatesse de leur feuillage la grise monotonie du calcaire. A côté, dans son lit de roches, le cours gracieux du *Gave*, aux eaux fuyantes et limpides. Plus loin, de chaque côté de la vallée, les pentes nues et escarpées de la montagne, tandis qu'au fond de l'horizon, l'imposante chaîne du cirque déroulait bien haut dans les airs ses volutes élégantes aux tons nacrés. Je saluai au passage la pointe effilée du *Piméné*, perçant la nue, le *Casque* rayonnant et damasquiné d'argent, *la Brèche de Roland*, *le Taillon* et *le Gabiétou*, fiers satellites, qui veillent impassibles aux destinées de la *France* et de l'*Espagne*. Juste en face de moi se trouvait le fameux bloc, dont la saillie fait un promontoire sur la route et dont la masse imposante affecte la silhouette d'une *tête de lion*. Et dans ce paysage mélancolique et d'un caractère sauvage, cette évocation du roi du désert se présentait naturellement à l'esprit pour frapper l'imagination. Remonté en voiture, de nouveau je me laissai emporter à l'allure rapide des petits chevaux tarbes, qui dévoraient l'espace, et insensiblement je donnai libre cours à ma rêverie...

En songeant aujourd'hui à ces belles montagnes, que, plein d'enthousiasme, je suis venu visiter, dont j'ai pu à peine soulever un coin des voiles mystérieux, je les revois par la pensée. Je les rapproche des *Alpes*, mes fidèles amies, pour établir avec elles des termes de comparaison.

A tout bien considérer, je ne doute pas que les *Alpes*,

plus grandioses, ne se révèlent aux yeux du visiteur sous un aspect plus imposant que les *Pyrénées;* car elles l'emportent sur ces dernières, par une différence d'élévation de près de 1.200 mètres. Leurs vallées, plus profondes, ont aussi plus d'ampleur. Les assises de leurs épaulements, leurs contreforts, ont plus de force et de majesté; les arêtes de leur cimes plus de continuité , enfin leurs névés se montrent avec plus d'étendue, surtout en largeur, et leurs glaciers, dans leurs couches verticales ou obliques, s'étalent en masses plus compactes.

Mais, en général, il m'a semblé que la végétation alpestre était moins variée, moins abondante, moins fleurie, que celle des *Pyrénées.* Dans les zones intermédiaires de la *Savoie* et de la *Suisse,* ce sont surtout les arbres à essence résineuse qui dominent, tels que : pins, sapins, épicéas, genevriers et mélèzes. Les eaux, quoique plus abondantes, y sont moins belles, trop souvent salies en été par la fonte des neiges. Les torrents s'y précipitent avec frénésie, comme de véritables trombes, entraînant tout dans leur cours impétueux, se frayant passage au sein même de la roche, creusant des cavernes, des marmites, des gouffres, au milieu de *Cañons* ou défilés infernaux! C'est l'image de la dévastation! L'horreur de ce spectacle a, il est vrai, son genre de beauté, genre terrible, qui saisit, mais ne sourit pas à l'imagination, comme le cours de ces gaves lumineux, qui rejaillissent au soleil en pluie de perles, ou en poussière diamantée!

Moins fournies que celles des *Alpes,* les cascades pyrénéennes sont loin d'en présenter le magnifique épanouissement. Les plus renommées d'entre elles ne sauraient rivaliser d'ampleur avec les *Giessbach,* les *Staubach,* les *Reichenbach* et tant d'autres *bach* célèbres dont la *Suisse* s'enorgueillit. Mais, tout en étant moins écrasantes, elles sont peut-être plus gracieuses, plus aériennes; elles s'encadrent avec plus d'harmonie au sein de la verdure, et s'enlèvent plus brillamment d'entre les rocailles, qui leur servent d'écrins. Il n'est pas non plus jusqu'aux pâturages qui, au voisinage de l'*Espagne*, ne se déploient en teintes plus douces, plus atténuées, que ces tons crus d'émeraude, dont se parent les paysages alpestres. Quant à l'azur du ciel, est-ce une illusion? Il m'a paru infiniment plus tendre, plus clair, plus idéal, sur la frontière ibérique que sur celle de la *Suisse*. Le soleil lui-même, lorsqu'il daigne se montrer, y darde des rayons plus enflammés, allumant des reflets d'apothéose à la cime des monts pyrénéens et les teignant de pourpre incendiaire! Malheureusement, là comme ailleurs, l'astre du jour ne boude que trop souvent, éclipsé par le brouillard, cet *impedimentum*, toujours aussi agaçant, aussi froid, aussi impénétrable, qu'il ait pris naissance dans la *Vallée de Chamonix*, ou dans celle de *Gavarnie*.

Considérées au point de vue de l'esthétique, les deux chaines sont dignes de rivaliser entre elles, par leurs aspects variés et leur caractère propre. Ce que l'une gagne en ampleur, en majesté, en effroyable sauvagerie, l'autre l'emporte, en grâce, en coloris; de telle sorte que l'esprit subjugué ne sait à laquelle décerner la palme d'idéale beauté.

Aux âmes énergiques, solidement trempées, habituées aux grands spectacles de la nature, les *Alpes* offriront plus d'attraits, leur causeront des impressions plus vives. Les natures timides, impressionnables, sensitives et romanesques, se laisseront plus séduire par l'aspect moins terrible et plus riant des *Pyrénées*. L'artiste trouvera là, mieux à portée de sa conception, des sujets d'étude, et sera moins embarrassé pour en rendre les harmonieux effets. Quand on s'attaque à l'immensité, il est si difficile d'en donner un aperçu! Qu'y a-t-il de plus écrasant que le *Mont Blanc?*

On a reproché aux *Pyrénées* l'exigüité de ses glaciers, la parcimonie de ses neiges, en comparaison des masses imposantes étalées au sein des *Alpes*. Le reproche est-il sérieusement fondé ? Tel ne serait point l'avis du *Comte Russell*, car, suivant l'appréciation de cet ardent défenseur de la chaîne ibérique : « Dans les *Pyrénées* il y a juste assez de neige, les *Andes* en manquent et les *Alpes* en abusent. » Ce qui a fait dire à quelqu'un, paraissant avoir une préférence marquée pour les *Alpes* : « Juste *assez*, n'est-ce pas bien près de *pas suffisamment ?* » La vérité est que, par la structure même des assises de leur roche, en zones horizontales, les montagnes pyrénéennes, contemplées du bas des vallées ou de la plaine, n'offrent à la vue que d'étroites bandes de névés d'un médiocre effet. Pour en apprécier la dimension réelle, il faut s'élever à leur niveau et les fouler aux pieds.

On a même été jusqu'à disséquer le calcaire, qui forme la base de la ligne de faîte des *Pyrénées Centrales* (massif du *Mont Perdu*). Ainsi, sous prétexte d'un certain dévergondage d'orientations, et d'inclinaisons de ses crêtes élancées, leurs allures fantaisistes ont été taxées de « Véritables gamineries », et lui, de « gavroche du monde minéral »! Pauvre calcaire, qui n'est pas pris au sérieux, et que l'on veut tourner en ridicule, en l'accusant de nous avoir valu : « l'agaçante séquelle des roches dites à formes figurées, « Sphinx, lions accroupis, têtes de Napoléon et autres curio- « sités obsédantes qui sont au paysage sévère, qui les envi- « ronnne, ce qu'est le coq-à-l'âne, à une pensée profonde[1] ». Pauvre calcaire, voile-toi la face !

Envisagées au point de vue spécial de l'alpinisme, les montagnes pyrénéennes semblent ne devoir jouer qu'un rôle très inférieur, mises en parallèle avec leurs grandes sœurs alpestres. Et cependant, suivant moi, ce serait une erreur de le croire d'une façon absolue. Non pas que je prétende que les ascensions des *Pyrénées* puissent rivaliser avec celles des *Alpes*, en tant que longueur et fatigue; mais sous le rapport de la difficulté vaincue, qui est le

---

1. Taine, *Voyage aux Pyrénées*.

principal objectif de l'ascensionniste, il y a peu de différence. Tel qui a gravi les cimes glacées du *Mont Perdu*, du *Néthou* ou du *Vignemale*, pourra très bien se mesurer avec celles du *Mont Blanc* et du *Mont Rose*. Les intrépides de l'escalade, qui ont réussi à faire le *Balaïtous* ou la *Maladetta*, oseront, sans trop d'appréhension, s'attaquer aux pentes vertigineuses et déconcertantes du *Matterhorn* ou de la *Dent Blanche* dans le *Valais*, voir même de la *Meije*, dans l'*Oisans!* De part et d'autre, les dangers et les difficultés seront les mêmes, nécessitant impérieusement de l'adresse, du sang-froid et du courage. Seulement les *Alpes* étant plus élevées, il faudra plus de temps pour les gravir, et, par suite, déployer une plus grande somme d'énergie et d'endurance.

Néanmoins, malgré leur apparence bénigne, les *Pyrénées* ne sont pas d'un accès aussi facile que l'on serait tenté de le croire. La hauteur relative de leurs cimes induit en erreur le touriste novice, qui, les voyant pour la première fois, juge mal de leur grandeur. Cette illusion tient au mode de la structure géologique de la chaîne. Observez ceci :

« Les Monts Pyrénées sont composés de bandes cal-
« caires et de bandes argileuses, qui se succèdent alterna-
« tivement, et de masses de granit. Ces bancs sont commu-
« nément inclinés d'environ 30° avec la perpendiculaire. »

C'est ainsi que les a définis, il y a plus d'un siècle, un savant géologue du nom de *Palasson*. Il convient d'ajouter à cette description sommaire que par suite des convulsions volcaniques et des soulèvements successifs des couches, il n'est pas rare de rencontrer certaines failles, ayant donné naissance à des strates inclinés à l'horizon de 60 à 80°! D'autre part, la moyenne de l'inclinaison est d'au moins 45°, ne s'abaissant jamais sous un angle plus petit que 20°. Il résulte de cette disposition des roches, que les pentes sont éminemment raides, *dès le bas* de la montagne, et qu'on ne parvient au sommet que péniblement. Il faut de prime abord se livrer à l'escalade, sans transition, aussi l'effort est-il considérable ; de même qu'il est plus difficile de franchir un obstacle, de pied ferme, qu'avec élan.

Dans les *Alpes*, au contraire, la chaîne offrant plus de développement, les montagnes, plus massives, se répandent en ramifications multiples, en épaulements, qui s'étagent les uns au-dessus des autres. De là, des pentes, plus longues, mais relativement moins raides, des terrasses, des plateaux, succédant aux escarpements, qui servent de points de transition avec les cimes supérieures.

C'est pour ces motifs que je me permets de trouver l'ascension pyrénéenne plus pénible, au début surtout, alors qu'à tout propos des accidents de terrain survenant obligent le touriste à de brusques alternatives de montée et de descente. Est-ce à dire qu'il faille s'en plaindre et se laisser rebuter par les obstacles ? Non, assurément ; puisque ce sont, au contraire, ces obstacles qui font le charme de l'ascension. En ce qui concerne les courses extraordinaires, les passages de glaciers et de rochers, réputés difficiles ou dangereux, je m'abstiendrai d'en parler, ne les ayant pas abordés ; mais je ne doute pas qu'on en trouve tout aussi bien dans les *Pyrénées* que dans les *Alpes*.

En résumé, et comme conclusion à cet aperçu rétrospectif, on peut dire que l'aspect des *Pyrénées* soutient la comparaison avec celui des *Alpes*. Il est même difficile d'établir, *à priori*, à laquelle des deux chaînes il faut donner la préférence. Cela dépend du point de vue où l'on se place, et du but qu'on se propose. Qu'il me soit toutefois permis de conseiller aux touristes de commencer par la visite des *Pyrénées*. Ils éprouveront le plus vif plaisir à faire leur connaissance, et déjà familiarisés avec les grands spectacles de la nature, ils seront émerveillés plus tard en présence des *Alpes* grandioses, dont ils comprendront mieux la sublime beauté...

Tandis que, bercé par le mouvement de la voiture et la voix tapageuse du Gave, à côté de la route, j'étais perdu dans mes réflexions, le paysage se déroulait, variant sans cesse d'aspect. Je vis ainsi les cascades déployer en longues traînées leur moire transparente, les rochers allonger leurs ombres violacées, les ponts succéder aux ponts et les hameaux aux villages.

Après avoir brûlé *Gèdre*, puis le hameau de *Sia* et traversé le *Pont Napoléon*, nous prîmes la route de *Saint-Sauveur*, élégante bourgade perchée en encorbellement au-dessus du torrent. Puis de là à *Luz* et à *Pierre-fitte*, nous courûmes, à toute vitesse; car je tenais à gagner *Lourdes* le jour même. Tout ce parcours m'apparut magnifique, et aux approches du soir, la vallée avait pris un aspect vraiment fantastique. Malheureusement, ainsi que je l'avais remarqué, le temps s'était gâté, et le vent, s'étant élevé, se mit à soulever des nuages de poussière. Malgré toute diligence, la pluie nous surprit en route, et l'orage éclata. Il fallut fermer le landau, puis fouette cocher, filer rapidement.

Vers neuf heures du soir, les chevaux avaient dévoré les 50 à 60 kilomètres, qui séparent *Gavarnie* de *Lourdes*, où je fis ma rentrée après quatre jours d'absence.

La ville sainte me parut aussi morne qu'avant mon départ, et l'hôtel presque désert. Je repris possession de ma chambre à deux lits, restée inoccupée, et après souper, je me retirai dans mon *home*. Le lendemain matin, je gratifiai de mon bouquet d'iris la dame préposée au comptoir, qui parut charmée de cette attention, et me fit toute espèce de salamalecs. Je ne gardai pour moi, à titre de souvenir, qu'une tige fleurie, rapportée comme un trophée de cette excursion à *Gavarnie*. La fleur s'est fanée, flétrie depuis longtemps, le souvenir est resté, lui, toujours aussi vivace!

CHAPITRE XIII

Pau. — Le Château Henri IV. — Le Pont Louis XV et les Six Tours
carrées. — La Chapelle. — La Statue de Gaston Phébus. — La
Cour d'honneur. — Les appartements. — La bibliothèque. — La
Place Royale et la Statue de *Lou nouste Henric*. — Dîner à l'Hôtel
Gassion. — Orthez. — Les Gaves de Pau et d'Oloron. — L'Adour.
— Débarquement à Bayonne. — Le chemin de fer d'Anglet. —
Biarritz. — Encore l'Hôtel d'Angleterre !

Quand je mis le nez à la fenêtre, ce matin-là, il tombait
une petite pluie, fine et pénétrante, et le ciel tout embrumé
déroulait dans l'espace ses masses grises. Le temps se
montrait décidément inconstant, dans ce déplorable été,
ne permettant au soleil que de rares et fugitives apparitions. Il fallait en prendre son parti. Au surplus, ne
devais-je pas m'estimer heureux d'avoir été favorisé par
deux journées splendides, l'une à *Luchon*, et l'autre à
Gavarnie, et d'en avoir largement profité ? Mon itinéraire, s'éloignant désormais des montagnes, me faisait
espérer un temps meilleur, avec absence de brouillards.
Car ceux-ci ne se rencontrent guère, en été, qu'à une
certaine altitude. Voulant m'arrêter quelques heures à
Pau, avant d'atteindre *Biarritz*, je me fis conduire à la
gare, après déjeuner.

Puis, ayant pris place dans le train en partance, je
saluai une dernière fois au passage *Lourdes*, son vieux
castel en ruines, sa grotte miraculeuse et sa superbe basi-

lique. Trois quarts d'heure après, la locomotive ayant
fourni d'une traite les 40 kilomètres, qui séparent *Lourdes*
de *Pau*, s'arrêta pour reprendre haleine et me permettre
de descendre de wagon. Dans l'intervalle, le temps s'était
débrouillé, laissant transparaître de larges trouées d'azur,
parmi d'épais cumulus, auréolés par le soleil. Mais la
température était étouffante, et, de nouveau, je me trouvais
en nage au moindre effort.

Laissant à la consigne mes bagages, ne gardant que
mon appareil, je me lançai à la découverte, au sortir de
la gare. Celle-ci se trouve en contre-bas de la ville; aussi
ne fus-je guère embarrassé pour me diriger. Après avoir
traversé une avenue, je pris un raidillon, et, au bout de
quelques minutes, je débouchai sur une vaste esplanade,
près d'un monumental pont de pierre. On y découvre de
là une vue très intéressante.

Captivés un instant par le cours du Gave, coulant à une
assez grande profondeur, mes regards se perdirent du
côté de la plaine, sur un océan de verdure ondulante,
pour venir avec admiration mourir sur l'arête fine et dentelée de la chaîne des *Pyrénées occidentales*.

En face et un peu sur la droite, se profilaient les lignes
élégantes d'un château féodal, flanqué à ses angles de
tours crénelées. Un quai, ombragé et bordé de belles
constructions, délimite de ce côté la ville, bâtie sur un
plateau, que traverse un ruisseau encaissé, l'*Hédas*.
J'admirai ce remarquable panorama, tout en regrettant
que le ciel, couvert à l'horizon, ne me permit de jouir que
d'une vue incomplète des montagnes. Attiré ensuite par
l'aspect imposant du *Château Royal*, j'allai à sa rencontre, en passant devant un hôtel somptueux, merveilleusement situé au centre de l'esplanade. C'est l'*Hôtel
Gassion*, si fréquenté en hiver par les étrangers de distinction, et surtout par Messieurs les *Anglais*.

Il n'est pas un seul voyageur de passage à *Pau*, qui ne
soit allé visiter le *Château*, lequel fut, comme chacun

sait, le berceau du bon *Roy Henri IV*. Quant à ceux qui
n'ont jamais eu la chance de passer par là, ils en ont tout
au moins entendu parler, et ont même pu en lire des descriptions détaillées. Je n'entreprendrai donc pas de refaire
cette monographie, après tant d'autres, plus érudits et
plus documentés. Je me bornerai à donner de ma visite un
aperçu général.

Vu extérieurement, le *Château Royal de Pau* est une
vaste construction de forme bizarre et irrégulière. En plein
midi, en face de la chaîne pyrénéenne, s'étend en esplanade une large façade, à deux étages, ornée d'un perron
en pierre à jour, à double rampe d'escalier, et surmontée
de mansardes à pignons élégants. De chaque côté, sont
flanquées des tours carrées et crénelées (on en compte six),
terminées à leur faîte par des toits pointus avec croisillons
garnis d'auvents. Il y en a par devant et par derrière ; et
chacune de ces tours a son nom, sa date et son histoire. La
plus ancienne, la seule offrant une plate-forme à son
extrémité, est ce qu'on appelle le *Donjon*, ou *Tour de
Gaston Phébus*, située à gauche de l'entrée. Bâtie en
1385, elle est en briques et à quatre étages, élevant jusqu'à
35 mètres de hauteur ses murailles de 2ᵐ,80 d'épaisseur.
La teinte sombre et cuivrée de ces briques, rongées par
l'action du temps, semble disparate, offrant un contraste
singulier avec l'éclatante blancheur du reste de l'édifice.
Au pied de la tour, se trouve la *Chapelle*, basse, sans
caractère, avec sa façade triangulaire, en pierres de taille,
toute tapissée de lierre. Un vieux pont, étroit, qui relie le
château à la ville, aboutit à une terrasse en bastion, qui
conduit dans la *Cour d'honneur*, par une galerie à triple
arcade.

A l'extrémité opposée, au couchant, s'étend une autre
petite terrasse en hémicycle, que commandent de chaque
côté les *Tours de Mazères*, et au centre de laquelle se
dresse, dans un square, la statue de *Gaston Phébus*. Un
pont, jeté au-dessus du ruisseau du *Hédas*, fait communi-

quer de ce côté le château avec une vaste promenade,
plantée d'arbres séculaires.

De cet ensemble, peu harmonieux, mais non déplaisant,
il se dégage, malgré son manque d'homogénéité, une demeure princière, d'aspect sévère, riche et imposant.

A l'intérieur, l'impression première est peut-être moins
heureuse ; car il semble qu'on soit enfermé entre les
murs d'une prison ! Ce qu'on appelle la *Cour d'honneur*
est une enceinte dallée, qui relie les façades et les tours
entre elles. Elle a la forme d'un quadrilatère, étranglé
dans la partie du fond opposée à l'entrée. De chaque côté,
les murs sont si élevés, les toitures si développées, les
clochetons, les pignons, les embrasures si multiples, que
c'est à peine si le soleil peut s'y montrer. Pour découvrir
un pan du ciel dans cette enceinte, il faut lever la tête !
Et alors, malgré soi, on ressent une impression de tristesse, en pénétrant à l'intérieur de ces remparts de forteresse, derniers vestiges de la féodalité, où l'air et la lumière
mesurés, arrivent avec tant de parcimonie. On se sent mal
à l'aise, on est presque inquiet, et il semble qu'à chaque
porte, à chaque croisée, on va voir apparaître la silhouette
de quelque alguazil, ou l'escopette d'un reitre ! Mais quand,
au lieu de hallebardiers, on ne voit, au milieu des becs
de gaz, que l'uniforme peu décoratif de l'employé, préposé à la garde du château, on revient vite de son erreur,
et l'on retombe en plein modernisme. Au fur et à mesure
que se dissipe l'accès de mélancolie, à laquelle succède
bientôt l'admiration, on sent s'éveiller en soi mille sentiments divers, d'intérêt et de curiosité. C'est qu'en effet
cette *Cour d'honneur* est un véritable trésor d'art. Il y a
là d'incomparables bijoux de sculpture, sur lesquels l'œil
ravi s'arrête avec complaisance.

A ses deux étages, la façade principale est ornée de
croisées, à meneaux, délicatement ouvragés. Au rez-de-
chaussée, sont des portes, aux ferrures ciselées, aux fron-
tons magnifiques, tout enguirlandés d'arabesques, autour

des médaillons, des écussons et des initiales entrelacées.
Chaque porte a son genre de décor, chaque croisée également ; et ce sont autant de merveilles de goût et d'exécution. Pourquoi faut-il que, là comme ailleurs, la pierre se soit effritée, et que l'art ait subi la morsure du temps ? Considéré en détail, chacun de ces chefs-d'œuvre de la Renaissance mériterait un examen approfondi et la peine d'être reproduit par l'objectif, le pinceau ou le burin.

L'étroite façade du fond, ornée à gauche d'une tourelle octogonale, garnie de meurtrières, et où se trouve, à droite, l'entrée réservée aux visiteurs, est ajourée au milieu de croisées monumentales. Trois sont superposées et une quatrième est en saillie dans la toiture. Douze médaillons en pierre, encastrés dans ses sombres parois, en rompent la triste monotonie.

Après avoir photographié la vue extérieure du *Château* du côté du vieux pont, ainsi que la *Cour d'honneur*, je voulus emporter, à titre de spécimen, un souvenir d'une porte et d'une croisée. Mais toutes ces opérations m'avaient pris un certain temps, pendant lequel les visiteurs s'étaient succédé sans désemparer ; car les appartements sont visibles tous les jours. Il était près de quatre heures, quand mon travail fut achevé, et ce fut bien juste si, en allant au pas de course, je pus à mon tour effectuer la visite classique. Il s'en fallut même de peu que cette visite ne fût manquée, faute de bon vouloir de la part du gardien. A peine étais-je arrivé dans la *Cour d'honneur*, que celui-ci, voulant profiter d'une fournée d'étrangers, m'avait demandé si je désirais me joindre à eux. Je lui avais répondu qu'étant occupé pour le moment, je verrais plus tard. Cela le dérangea-t-il dans ses petits calculs ? Je ne sais, toujours est-il qu'il ne parut pas satisfait de ma réponse.

Quand, ayant terminé mes opérations photographiques, et bouclé mon sac, j'étais allé prier ce personnage de me faire visiter les appartements ouverts au public, si maintenant moi j'étais disposé, lui ne l'était plus !

Il me dit d'un air rogue, qu'il aurait fallu venir plus tôt, lorsque j'y avais été invité, qu'il était trop tard, et que c'était tant pis pour moi ! Absolument, comme si lui-même eût été le maître de céans !

— Et pourquoi, est-ce trop tard ? lui répondis-je.

— Parce que vous êtes seul, à cette heure, et que pour chaque visiteur je ne puis recommencer le boniment.

— N'êtes-vous pas là précisément pour cela ?

— Ceci n'est point votre affaire.

— Vous croyez? Eh bien, j'attendrai.

Et, patiemment, j'attendis qu'un nouvel arrivant se présentât, étant curieux de savoir quel parti le cerbère prendrait. Au bout d'un instant ne voyant apparaître personne, j'étais sur le point de m'éloigner, lorsqu'à point nommé une société fit son entrée dans la cour. Elle se composait de monsieur, madame et bébé ! Grand, maigre, osseux et légèrement hirsute, tel était monsieur. Vivant contraste, madame était boulotte et de petite taille. Quant à bébé, c'était bien l'être le plus intéressant ; car sous sa voilette discrètement rabattue, je découvris un frais minois, au teint de lys et de rose, aux yeux noirs, à la bouche vermeille et aux dents blanches ! Bébé était une adorable enfant, de vingt ans, à qui on ne saurait rien refuser. Aussi s'étant avancée au-devant du gardien, pour lui demander si l'on pouvait visiter l'intérieur du château :

— Certainement, Mademoiselle, lui répondit celui-ci, la bouche en cœur, veuillez me suivre, ainsi que la compagnie.

M'étant adjoint à la compagnie, je pus donc enfin pénétrer dans le sanctuaire, dont l'entrée m'avait été refusée.

Nous visitâmes plusieurs pièces, en commençant par la *Salle des États*, où je remarquai de superbes tapisseries de *Flandre*, ainsi qu'une belle statue en marbre blanc d'Henri IV.

« Au premier étage, dit *Taine*[1], dans son *Voyage aux
Pyrénées*, on montre une grande écaille de tortue, qui fut
le berceau d'Henri IV (13 décembre 1553). Des bahuts
sculptés, des dressoirs, des tapisseries, des horloges du
temps, le lit et le fauteuil de Jeanne d'Albret (sa mère) ;
tout un ameublement dans le goût de la Renaissance,
éclatant et sombre, d'un style tourmenté et magnifique,
reportent d'abord l'esprit vers cet âge de force et d'effort,
d'audace inventive, de plaisirs effrénés et de labeur terrible, de sensualité et d'héroïsme. »

Au cours de la visite, le cicerone nous donna un détail
inédit qui m'a fait rêver ! Lors de son voyage dans le
Midi, le Président de la République, l'*intègre Carnot*,
passant par *Pau*, s'y était arrêté pour visiter le château.
Les portes lui en furent toutes grandes ouvertes, chose
naturelle, puisque c'est un palais national ; et il eut l'honneur de coucher dans la chambre même d'*Henri IV,*
spécialement aménagée à cet effet ! De même antérieure-
ment, à l'occasion d'un voyage présidentiel en *Corse*,
n'avait-il pas, à *Ajaccio*, visité en détail la maison de
Napoléon ? Pour avoir été petit-fils d'un conventionnel,
imbu des plus pures doctrines égalitaires, il n'en fut pas
moins homme, et tenté en cette circonstance de jouer au
monarque. D'où l'on pourrait tirer cette conclusion, qu'il
n'est si farouche républicain, qui ne soit flatté de s'éveiller
un beau matin dans le lit d'un roi ! Quant à cet infortuné
Président *Carnot*, on serait fondé à croire que sa fantaisie royaliste ne lui aura pas porté bonheur ; car, victime
du stylet de l'anarchiste *Caserio*, il devait, hélas ! avoir
plus tard une fin tragique ! Son successeur, l' « artisan »
Félix Faure, tomba, dit la chronique, dans les mêmes
travers, et vit prématurément se trancher le fil de ses
jours ! Sa mort, aussi imprévue que mystérieuse, donna
lieu à des interprétations diverses. Il eut, du moins,

1. Taine, *Voyage aux Pyrénées*.

l'honneur de sceller un traité d'alliance, entre la *France* et la *Russie*, de recevoir à *Paris* le *Czar* et la *Czarine*, et d'être, à son tour, reçu par eux à *Saint-Pétersbourg*. Combien de rois n'en pourront dire autant ?

Quand on sort de ce *Château de Pau*, ébloui par ce qu'on y a vu, et plein des souvenirs du passé, on emporte avec soi l'impression de choses vécues et tombées dans le domaine de l'oubli. En présence de cet anachronisme, qui éclate à chaque pas, tout dans ce palais, où ne manque que la présence du *Roy*, vous rappelle les fastes de la royauté. On se demande de bonne foi si ces appartements somptueux, ces salons de réception, magnifiquement décorés, ces chambres, ces boudoirs, ne sont pas destinés à resplendir un jour d'un nouvel éclat ; où s'ils sont appelés à rester ensevelis sous la poussière, éternellement déserts, passés à l'état de momies !

Tout en me livrant à ces réflexions, empreintes de philosophie rétrospective, je m'acheminai lentement vers la *Place Royale*. C'est une belle promenade ombragée, bordée d'élégantes constructions, et dont le centre est orné d'une statue monumentale, du bon roi *Henri IV*, en marbre blanc.

Sur le socle, je lus une inscription, latine, pour les lettrés, et béarnaise, pour les autres. *Lou nouste Henric !* A les entendre, ils ne doutent de rien, ces citadins de *Pau !* Le roi *Henri* est un des leurs, il est à eux, et rien qu'à eux ! Du moins, on pourrait le penser.

La statue, due au ciseau d'un artiste italien (*Raggi*), est une œuvre moderne, qui m'a paru plutôt précieusement exécutée qu'intelligemment rendue. Les accessoires semblent primer le sujet et lui font du tort. Qu'on en juge par ce qu'en dit *Taine*, auquel je me reporte volontiers :

« L'armure est d'un fini parfait, à rendre un armurier jaloux. Mais pourquoi le roi fait-il une aussi triste mine ? Son cou est gêné sur ses épaules ; ses traits sont petits, soucieux ; il a perdu sa gaieté, sa verve, sa confiance en sa fortune et sa fière contenance. Il n'a l'air ni d'un grand homme, ni d'un homme bon, ni d'un homme d'esprit ; son visage est mécontent, et l'on dirait qu'il s'ennuie à Pau. »

A en croire le célèbre écrivain, cette statue serait donc l'image du *Chevalier de la triste figure !* On ne se doute pas de la difficulté qu'il y a à rester perpétuellement planté, soit sur le *Pont-Neuf*, soit sur une place publique, et d'y avoir l'air serein !

Comptant arriver le soir même à *Bayonne*, j'allai dîner à l'*Hôtel Gassion*, en attendant le départ du train. Inutile d'ajouter que j'y fus à merveille. Après un repas substantiel, arrosé d'un petit vin de *Jurançon* des plus estimables, je pris le chemin de la gare, en suivant la rampe raide qui y mène directement.

Juste à ce moment un orage éclata. Les lourds cumulus, chargés d'électricité, poussés par des vents contraires, se livrèrent un combat en règle, dont l'issue fut une pluie diluvienne. En un instant, la chaussée devint torrent, les rigoles cascadèrent, et les infortunés piétons prirent des bains de pieds. J'arrivai trempé à la gare ; mais, bientôt après, commodément installé dans un compartiment, je pus m'essuyer et narguer l'averse.

Le trajet de *Pau* à *Bayonne*, soit près de 100 kilomètres par le chemin de fer, s'effectue en moins de trois heures. Jamais parcours ne m'a paru plus intéressant. L'orage s'étant vite calmé, la sérénité était revenue dans le ciel, d'une belle teinte azurée. Au loin, s'étendait la campagne, ondoyante et verte, traversée par le cours du *Gave*.

A *Orthez*, il y eut quelques minutes d'arrêt, pendant lesquelles je pus admirer des ponts pittoresques, une vieille tour en ruines et l'élégante flèche d'une église. Puis, de nouveau, le train s'étant ébranlé, partit à toute vapeur, jusqu'à la station de *Puyoô*, où s'embranchent les petites lignes de *Saint-Palais* et de *Dax*. La voie s'étend toujours parallèlement au Gave, dont le lit pittoresque profondément encaissé, se fraie un passage au travers des rochers à pic. Un peu plus loin, apparaît un autre torrent, le *Gave d'Oloron*, qui se réunit au *Gave de Pau*. Bientôt, les ponts succèdent aux ponts, les eaux abondantes courent limpides comme du cristal, et reflètent le bleu du ciel ou la verdure des berges. Çà et là, des rapides déroulent leur nappe éblouissante, pour se perdre plus bas en chutes gracieuses. Après les cours d'eau se montre un fleuve. Il est vrai qu'il est minuscule, il s'appelle l'*Adour*. D'aucuns disent *la Dour!* Je laisse à plus docte que moi le soin de déterminer le genre! Quoi qu'il en soit, les rives en sont jolies et poétiques. O combien! Je ne m'étonne plus en les apercevant, qu'elles aient tant de fois inspiré *Cigaliers* et *Félibres*, sans compter de nombreux poètes.

Au fur et à mesure que je vois défiler sous mes yeux ces riantes perspectives, je ne puis me lasser d'en admirer l'aspect ravissant, que vient encore rehausser l'éclat de la lumière. Frappées par les rayons du soleil couchant, qui les dore, les saillies des roches s'enlèvent, en tons rutilants, et accusent leur ombre par des teintes violettes; les eaux miroitent et s'irisent; les arbres en bordure découpent leur silhouette élégante, tandis que dans la prairie des vaches nonchalantes s'éparpillent au hasard. Et, plusieurs kilomètres durant, c'est ainsi un continuel enchantement! Puis, peu à peu les accidents de terrain venant à décroître, le paysage devient calme, tranquille, tout à fait plat. Vers la tombée de la nuit, nous pénétrons en gare de *Bayonne*, où je m'empresse de descendre. Quand, après une attente assez longue, je puis enfin réunir tous mes bagages, je me vois assaillir par une nuée de portefaix, qui veulent à toute force s'en emparer. Je ne sais comment m'en débarrasser. L'un se précipite sur ma malle, l'autre sur mon sac de voyage, un troisième fait main basse sur mon appareil! Et je suis obligé de me fâcher, pour rentrer en possession de mon bien, et mettre en fuite cette bande de philistins. M'étant informé, si je pouvais arriver le soir même à *Biarritz*, ce qui me gagnerait du temps, on me répond qu'en effet c'est possible, en allant à la gare du petit chemin de fer, qui relie *Bayonne* à *Biarritz* par *Anglet*. Le dernier train ne part qu'à dix heures.

Sur l'assurance que j'arriverai à temps, j'ai consenti à laisser charger ma malle sur le dos d'un portefaix, qui est resté là à mes côtés, ne me perdant pas de vue. Il saisit, en outre, mon sac et me fait signe de le suivre. Ayant mis en bandoulière mon appareil, dont je n'ai pas voulu me déposséder, me voilà accompagnant mon homme, qui s'en va, d'un pas furtif et silencieux, avec des espadrilles aux pieds. La nuit est tout à fait tombée, sur ces entrefaites, et c'est à la douteuse clarté de becs de gaz, çà et là disséminés, que nous nous dirigeons. Où ? je l'ignore, puisque j'entre pour la première fois dans la cité de *Bayonne*. Tout ce que j'en puis dire, c'est qu'entrevue ainsi dans cette semi-obscurité, elle me fait un effet un peu fantastique. Nous traversons une place, aboutissant à un pont interminable, au bout du quel se trouve un pont-levis. L'ayant franchi, nous pénétrons dans un passage noir entre deux murs de citadelle. Il me semble être en prison, dans quelque casemate ! Mais le portefaix continue sa marche de fantôme, rasant les murs, disparaissant dans le noir des ténèbres, comme s'il voulait se dérober ! Il va si vite, malgré son fardeau, que j'ai peine à le suivre, et bientôt je me sens inondé de sueur.

Après avoir enfilé diverses ruelles, nous débouchons soudain dans un quartier brillamment éclairé, puis c'est un nouveau pont, une autre place, un boulevard, au-devant desquels nous courons, pour de là nous engager dans un dédale de rues. Que sais-je enfin ? D'étranges perspectives s'ouvrent inopinément devant moi. Tantôt, ce sont des mâts de navires, qui dépassent les toits des maisons, et tantôt les flèches élancées d'une cathédrale.

Attaché aux pas de l'infatigable factotum, je le suis aveuglément, me demandant s'il ne va pas bientôt mettre un terme à cette course effrénée.

Après le centre de la ville, que nous venons de traverser, nous tombons dans un faubourg, et ne tardons pas à disparaître dans un endroit sombre et désert. Nous longeons un mur et pénétrons à l'intérieur d'une sorte de souterrain. Là, mon homme s'arrête enfin, et déposant à terre ma malle et mon sac, s'éponge le front; car lui aussi est en nage! Il paraît, du reste, que nous sommes en gare, et que, si je veux partir, je n'ai que juste le temps de prendre mon billet et de faire peser mes bagages. Quant aux voyageurs, je n'en vois aucun autour de moi. Ayant réglé le commissionnaire et pris mes tickets, je monte dans un compartiment, où je suis tout seul. Puis, comme si l'on n'eût attendu que moi pour donner le signal du départ, le petit train, composé d'une minuscule locomotive et de deux voitures, s'ébranle, et disparaît dans une tranchée. Au bout d'un quart d'heure, arrivé à destination, il s'arrête. Le conducteur ouvre les portières et s'écrie : — Biarritz! Tout le monde descend! —

Tout le monde, c'est moi, qui ne sachant où aller, à cette heure tardive, m'empresse de monter dans l'unique omnibus que je vois stationnant.

Quelques minutes plus tard, je faisais mon entrée à l'*Hôtel d'Angleterre* (encore!), où m'échut la traditionnelle chambre au troisième! En ayant aussitôt pris possession, j'eus la satisfaction, en y pénétrant, de voir qu'elle ne donnait pas sur le *derrière*, mais sur la mer! Aussi, une fois mes bagages montés, n'eus-je rien de plus pressé que d'ouvrir la fenêtre, pour jeter un coup d'œil au dehors.

La vue que je découvris me parut enchanteresse, susceptible au plus haut degré d'exciter mon admiration. Juste en face, la plage, incessamment balayée par le reflux des lames expirantes de la marée montante; à l'extrémité de l'horizon, un phare étincelant avec ses feux alternatifs et changeants; enfin directement au dessous, le casino brillamment éclairé à l'électricité! J'étais inondé de lumière, dans cette délicieuse petite chambre, fort bien meublée du reste.

Je restai, plusieurs minutes durant, planté devant la fenêtre, absorbé dans une méditative contemplation, écoutant l'imposante voix de l'océan, n'en pouvant détacher mon regard, fasciné par la lueur phosphorescente des vagues. Un air tiède m'arrivait, embaumé par les parfums terrestres et plein d'émanations salines. La lune resplendissait dans un ciel pur, d'un bleu noir, où les étoiles scintillaient à l'infini. Quel aspect grandiose et féerique! Après la majesté des hautes cimes et la vue des neiges éternelles, se trouver face à face avec l'immensité de la mer! Quel contraste et tout à la fois quelle harmonie!

On n'aborde qu'avec recueillement au seuil de l'infini; et là, exaltée jusqu'à l'extase, la pensée émue s'élance vers le Créateur, pour lui adresser de muettes actions de grâces!

CHAPITRE XIV

Biarritz. — La grande Plage et l'Océan. — Le Palais Biarritz. — Le Phare
et le Sémaphore. — Falaises et récifs. — La Chambre d'amour. —
La Chinaougue. — Le Port des pêcheurs. — La Digue de Cucur-
lon. — Le Port Vieux et la petite Plage. — Le Pont du Diable. —
Côte du Moulin et Côte des Basques. — L'Église romane. — Villa
Marbella. — Le bain à la lame.

« Triste village, sali d'hôtels blancs réguliers, de cafés
et d'enseignes, échelonné par étages sur la côte aride ;
pour herbe, un mauvais gazon troué et malade ; pour
arbres, des tamaris grêles qui se collent en frissonnant
contre la terre ; pour port, une plage et deux criques
vides ! »

Ainsi s'exprime *Taine*[1] au sujet de *Biarritz*. Il faut
croire que l'éminent critique l'a vu sous un bien mauvais
jour, ou plutôt que depuis près de quarante ans qu'il a fait
son voyage, les choses ont bien changé. Le « triste village »
s'est transformé en une délicieuse petite ville, non pas
« salie », mais ornée d'hôtels somptueux, de constructions
monumentales, de villas élégantes, de places, de squares,
de promenades ombragées, où, chaque saison, une foule
d'étrangers viennent s'abattre, comme des oiseaux de
passage. Deux lignes de chemins de fer et une de tramways
à vapeur, arrivant jusqu'à la plage, relient cette cité à
Bayonne, à *Bordeaux* et même à l'*Espagne*.

1. Taine, *Voyage aux Pyrénées.*

Il est bien vrai qu'autrefois, il n'en était pas ainsi. Il y a cinquante ans à peine, ce n'était pas en voiture qu'on allait à *Biarritz*. La route de *Bayonne* n'étant alors qu'imparfaitement tracée, au milieu des terrains mouvants et sablonneux, le cacolet était le seul genre de véhicule adopté. Cela pouvait ne pas manquer de pittoresque, mais aujourd'hui, à l'aurore du xxᵉ siècle, on préfère généralement les chemins de fer, et même les automobiles, beaucoup plus « nouveau jeu ».

De nos jours, il faut être bien peu *dans le train*, pour regretter l'ancien mode de locomotion. La pétrolette a tué le berlingot !

Les progrès de la civilisation, joints aux exigences du luxe moderne, ont fait de *Biarritz* un éden qui, grâce à son climat doucement tempéré, à sa plage magnifique, à sa position exceptionnelle, au milieu des criques et des récifs, à son voisinage de l'*Espagne*, est devenu une station balnéaire des plus courues. Aussi, de tous côtés, des constructions nouvelles se sont-elles élevées, comme par enchantement, coupant agréablement la ligne des falaises, dessinant autour des pelouses des corbeilles fleuries, apportant enfin le mouvement et la vie dans leur entourage. Des *Riviera-Palace*, des casinos offrent à tout venant un lot de distractions variées : Tir aux pigeons, courses de taureaux, de chevaux, de bicyclettes, d'automobiles, batailles de fleurs, promenades en mer et sur la plage, jeux, fêtes, théâtre, concerts, chasse, pêche, bain à la lame, tout s'y trouve réuni à souhait, pour la plus grande joie des visiteurs. Ajoutez à cela des sites ravissants, une température agréable, douce au printemps et à l'automne, et tempérée au gros de l'été, grâce à la brise du large, un ciel rarement brumeux, et par-dessus tout, l'incomparable vue de l'océan, ce charmeur des yeux et de l'esprit !

Je m'étais endormi au bruit des vagues, déferlant à grand fracas contre les récifs de la plage, ce fut également u même bruit que je me réveillai le lendemain matin.

Surpris de prime abord par ce tapage, qui ne m'était point
familier, je me rendis bien vite compte de la situation,
dès que j'ouvris les yeux. Plus matinal que moi, le soleil
avait fait irruption dans ma chambre, et, filtrant à travers
mes rideaux, ses gais rayons me chassèrent du lit. Un peu
confus de ma paresse, d'un bond je courus à la fenêtre
que je m'empressai d'ouvrir. Il faisait un temps délicieux,
dans un ciel azuré, d'une admirable pureté. Fasciné par
la vue de la mer, s'étalant devant moi, superbe et étincelante, n'en pouvant détacher mes regards, plusieurs
minutes durant, je m'oubliai dans la contemplation ! Puis,
je m'habillai prestement, ayant hâte de courir au grand air,
et d'aller de plus près faire connaissance avec la grande
tapageuse.

A quelques pas de l'hôtel, je débouchai sur une esplanade, située en face de l'océan, et séparée de la plage par
des bosquets de tamaris en pente. De là m'apparut la
mer, avec sa côte en hémicycle, ses promontoires, ses
récifs, sa plage, et je découvris *Biarritz*, avec son quai,
son phare, ses bains, ses villas, ses hôtels et ses palais.
Mais ce qui surtout captiva mon regard, ce fut l'océan ! Sa
vue seule l'emportait en magnificence ! Il a tant d'attraits,
le terrible séducteur, qu'on passerait des heures, que dis-
je, des heures, des journées entières à le contempler,
tant ses aspects sont changeants et ses effets merveilleux !
Du haut de cette esplanade, je dominais au loin ce qu'on
appelle la *Grande Plage*. Celle-ci est en pente douce, mollement inclinée vers la mer, tapissée uniformément d'une
épaisse couche de sable fin, et bordée d'une longue jetée
en demi-cercle, vis-à-vis l'*Établissement des Bains*, de
style mauresque.

A l'extrémité de ce quai, l'œil découvre un palais, en
éminence sur une terrasse, qu'entourent des pelouses et de
frais ombrages. C'est l'ancienne *Villa Eugénie*, ex-rési-
dence impériale, sous le règne de Napoléon III, et actuellement transformée en sorte de casino, sous le nom de

Palais-Biarritz [1]. A ses pieds gisent des écueils, contre lesquels la lame vient se briser avec fracas.

Plus loin, dans la direction du nord, à l'extrémité de la falaise, qui s'avance comme une langue dans la mer, se dresse le *Phare*, monument moderne édifié sur la pointe du *Cap Saint-Martin*. Élevé de 47 mètres, il est à l'altitude de 73 mètres, et compte 256 marches. Sa lanterne de verre, placée au sommet de la colonne de pierre, projette jusqu'à 22 milles à la ronde ses feux tournants et colorés.

« Des hauteurs du Phare, dit le guide *Léon*, auquel j'emprunte ces détails, on domine une étendue qui, partant des côtes du *Cap Breton* et des *Landes*, se poursuit à travers les bords contournés du golfe jusqu'au *cap Machican*, en s'étendant sur les *vallées de l'Adour* et de la *Nive*, de la *Nivelle*, de la *Bidassoa*, jusqu'aux montagnes qui séparent l'Espagne de la France, jusqu'aux hautes Pyrénées avec leurs pics élevés et leurs neiges éternelles !

La côte, à laquelle est adossée *Biarritz* offre un coup d'œil des plus pittoresques. Ses falaises découpées en criques, hérissées d'écueils, lui donnent un aspect caractéristique. Elle décrit un vaste arc de cercle, dont la ville bâtie en amphithéâtre occupe le centre, et dont les extrémités aboutissent, celle du nord, au *Cap Saint-Martin*, et celle du sud, au *Sémaphore*, situé sur le *Promontoire de l'Atalaye*. De tous les points, l'œil charmé plane sur l'immensité de la mer, s'étendant à perte de vue, déroulant majestueusement ses lames gigantesques, qui viennent expirer sur la grève, et donnent aux falaises un perpétuel assaut.

Au-delà du *Phare*, en suivant la côte, on arrive à ce qu'on appelle la *Chambre d'amour*, au sujet de laquelle circule une légende suggestive, à l'adresse des amoureux. Là, au fond d'une grotte d'azur, et loin des regards indiscrets, deux amants réfugiés dans ce lieu, s'y seraient oubliés

---

1. Détruit par un incendie le 1ᵉʳ février 1903.

et laissés surprendre par le flot montant, qui les aurait engloutis. *Lugete Veneres cupidinesque !*

En poursuivant la promenade plus loin, au bord de la mer, on pourrait atteindre l'embouchure de l'*Adour*, et, par les *Allées Marines*, gagner la ville de *Bayonne*. C'est, dit-on, une course charmante de trois heures à pied, que, faute du temps nécessaire, j'ai regretté de n'avoir pu faire.

Du *Cap Saint-Martin* au *Promontoire de l'Atalaye* le rivage porte différents noms. C'est d'abord la *Côte du Cout*, au-dessus de la falaise rocheuse qui s'étend du *Cap* à la *Villa Eugénie*, ensuite la *Côte du Moulin*, autrefois dite de l'*Impératrice*, allant jusqu'à l'*Établissement des Bains*. Puis, vient la *Grande Plage*, limitée au sud par une autre falaise à pic, au pied de laquelle se trouve la *Chinaougue*, amas de récifs, semés en désordre et émergeant du sein des flots. A proximité et à la suite, pressés les uns contre les autres, le parc aux huîtres, l'aquarium, des bassins, un petit port, le *Port des pêcheurs*, s'abritent dans l'anse créée par la falaise, érigée en promontoire, et dénommée l'*Atalaye*.

De l'autre côté de ce promontoire, tout hérissé de pointes rocheuses, s'étend la digue, à l'extrémité du *Cucurlon*, rocher conique, percé à jour et surmonté d'une statue de la vierge.

La côte se creuse ensuite en crique resserrée, entre des rochers à pic, pour former le *Port-Vieux*. On y voit là un autre établissement de bains, fréquenté surtout par les enfants et les·personnes qui ne peuvent supporter la violence des lames de la *Grande Plage*.

Le *Port-Vieux* communique avec le *Cucurlon*, par un pont de fer ouvragé, appelé *Pont du Diable*, et qui donne sur la route de *Biarritz* à *Bidart*, par la *Côte des Basques*. Dominée par une belle ligne de falaises abruptes, celle-ci décrit une courbe gracieuse, qui s'en va se perdant du côté de *Saint-Jean-de-Luz*.

Entre la *Côte des Basques* et la *Côte du Moulin*, s'étagent par gradins les habitations de *Biarritz*, tout enguirlandées de verdure, et découpant dans le ciel leurs élégants pignons, surmontés de la flèche élancée d'une église romane.

En fait de promenades, on n'a que l'embarras du choix, soit d'un côté, soit de l'autre ; et partout s'ouvrent d'admirables perspectives sur la mer, qui revêt mille aspects changeants. Nulle part l'artiste n'éprouve de plus fortes impressions, de plus pures jouissances d'esthétique, à la vue des lignes harmonieuses et pittoresques, des teintes chaudes et lumineuses, étalées à profusion devant lui. Nulle part, il ne peut mieux se faire une idée de la majesté de l'Océan, en étudier l'incomparable *maëstria*, en observer le merveilleux coloris. Quant au photographe, il découvre à chaque pas des points de vue séduisants, des motifs pleins d'intérêt, des sujets d'étude captivants. Aussi, pour peu qu'il ait du goût, un bon appareil et du beau temps, a-t-il maintes occasions de les mettre à profit.

Après avoir accordé à la vue d'ensemble de *Biarritz* le large tribut d'admiration qu'elle mérite, je quittai l'esplanade pour me lancer à l'aventure sur la plage. C'était l'heure où la mer étale la recouvre entièrement jusqu'à la jetée. Dire le charme que j'éprouvai à voir les poussées formidables de ces vagues, brillamment éclairées, se développant, se succédant indéfiniment les unes aux autres, se poursuivant, s'atteignant, se dépassant, s'entre-choquant, se superposant, s'abîmant dans une suprême étreinte! Mais ce qui surtout frappait ma vue, exerçant sur tout mon être une véritable fascination, c'étaient ces lames onduleuses, d'allure serpentine, qui près du bord s'élançaient, furibondes, irrésistibles, toutes resplendissantes d'émeraude et d'opale, pour venir expirer, frangées d'écume à leurs crêtes, ou rejaillir en pluie de perles contre les récifs. Je prenais un singulier plaisir à les voir se former au large, à les suivre dans leur course échevelée, à assister à leur

lutte, à l'apogée de leur développement et à leur éva-
nouissement final. J'admirais les teintes si fines, qu'elles
laissaient transparaître, les irisations qui se produisaient
dans leur sein, les reflets multicolores dont elles étaient
parées ! Et dans mon extase, je songeais combien féeriques
sont ces jeux de lumière, qui s'en vont du ciel à l'onde,
et de l'onde rejaillissent jusqu'à l'esprit !...

Tout en rassasiant mes yeux éblouis par cet incomparable spectacle, j'étais arrivé, au hasard de mes pas, à la
Chinaougue, délicieuse petite anse, resserrée entre la
Grande Plage et le *Port des Pêcheurs*. En cet endroit,
la falaise, rongée et minée par les assauts incessants de
l'océan, s'est effondrée, à la suite de quelque formidable
cataclysme. Les débris incohérents, semblables à de
sinistres épaves, gisent inertes dans le sein de la mer,
qu'ils tourmentent et qu'ils déchirent. Les vagues, à
marée haute, s'attaquent à ces dangereux écueils, les
effritent, les lacèrent, les désagrègent, en les recouvrant
d'écume, qui retombe en panaches éblouissants. Un de ces
rochers a été relié à la rive par une élégante passerelle,
et est devenu un lieu de promenade fréquenté des visiteurs.
Par un étroit sentier en zigzag, bordé de tamaris et d'herbes
piquantes, on parvient jusqu'à la cime, surplombante au-
dessus de la mer. De là on jouit d'un splendide panorama,
allant du *Phare* à la *Côte du Moulin*, sur la mer et ses
rescifs, qui ressemblent à des ruines antédiluviennes.
(Taine les compare à « un troupeau de cachalots échoués » !)
Ce fut pour moi l'occasion de déployer l'appareil et de
prendre plusieurs photographies.

En suivant le quai, ménagé au bord de la mer, on se
trouve bientôt en face du *Port des Pêcheurs*, crique
bizarrement découpée en bassins bastionnés, se communiquant entre eux, qu'un promontoire escarpé protège
contre la violence des vents et des flots. J'y vis quelques
canots, à côté de yachts de plaisance, mais peu de navigateurs, la passe à cette heure étant difficile.

Parvenu au pied d'un escarpement, j'eus la mauvaise inspiration de m'engager dans un étroit passage, accroché à ses flancs, et formé par une galerie en planches scellées dans le roc à pic. Et au bout de cent pas, je me vis obligé de rebrousser chemin, cette passerelle vertigineuse étant sans issue, ou allant se perdre dans la mer.

Ayant alors suivi un sentier grimpant à travers la brousse, je débouchai à l'improviste sur une vaste place ombragée et ornée d'une croix. J'étais parvenu à l'*Esplanade de l'Atalaye*, d'où l'on embrasse une vue splendide, sur l'Océan, la côte, les bassins, la *Grande Plage*, la ville *de Biarritz*, son église et ses monuments. Une brise délicieuse, venant tempérer la chaleur du jour, y régnait, et je la humai avec plaisir. Après quelques instants de halte, consacrés à l'admiration et à la photographie, je poursuivis plus loin mon voyage d'exploration.

De l'autre côté du promontoire, d'autres surprises m'attendaient, maintenant mon enthousiasme à un diapason élevé. Je passai près du *Sémaphore*, édifié au sommet d'une colline, d'où les signaux sont envoyés aux navires qui s'approchent de la côte. En cet endroit, la falaise s'abaisse brusquement dans la mer, qui lui livre de terribles assauts. Aussi le roc se montre-t-il fouillé, décharné, déchiqueté, mis à nu et en lambeaux. Là sans relâche, les vagues, se battent autour de lui, le harcèlent, le creusent, le percent à jour, lançant à sa face leurs trombes écumantes, qui le désagrègent et l'ébranlent jusque dans ses fondements. Au-dessus du gouffre, un architecte hardi a jeté le *Pont du Diable*, qui par un tunnel donne accès à la digue construite pour servir de port de refuge. Les assises de ce pont fantastique reposent dans le lit de la mer, et pour offrir le moins de prise possible aux lames, sont reliées au tablier par de simples montants de fer, rivés et boulonnés. La solidité a dû en être sérieusement éprouvée ; mais qui sait combien de temps elle pourra résister à la force de destructibilité de l'Océan ? Il y a quelque chose de plus puissant que la main de l'homme, c'est la furie des éléments déchaînés !

En face du pont, sur une éminence rocheuse, se détache la blanche silhouette de la Sainte Vierge, avec l'Enfant Jésus dans ses bras. C'est *Notre-Dame des Flots*, la vigie sacrée, qui veille au salut des navigateurs, et fortifie les âmes dans les heures d'angoisse. Dirai-je que la personnification de la Divinité dans les œuvres humaines m'a toujours paru manquer d'ampleur, et ne donner qu'une idée très imparfaite de la majesté, en comparaison de l'œuvre de la Nature ? Au *Cucurlon*, c'est ainsi que ce lieu se nomme, plus qu'ailleurs, l'effet produit est mesquin, en présence de l'immensité de l'Océan ! Il est à croire que j'en jugerais autrement, si, en danger, sur un navire assailli par la tempête, j'étais près de naufrager. Tant il est vrai que nos jugements reflètent nos impressions du moment, et que souvent ils sont contradictoires !

De l'autre côté du tunnel, percé sous le rocher de la Vierge, on débouche sur une petite terrasse, qui aboutit à une jetée arquée, dont le parcours est déclaré dangereux en tout temps. La vue s'étend de là à l'infini, sur la pleine mer, dont la ligne se détache nettement à l'horizon, par un temps clair. Les navires qui apparaissent au loin semblent des points perdus dans l'espace, et leurs voiles imperceptibles donnent l'illusion de mouettes légères. Jamais aussi bien qu'en cet endroit, je n'ai ressenti l'impression de l'immensité ! Il faut ajouter que nulle part la mer ne s'étale aussi magnifique, aussi lumineuse, aussi majestueuse ! La moire de ses tons nacrés et changeants reflète l'azur des cieux, et pour les yeux du corps et de l'âme, c'est un charme inexprimable ! L'imposante voix de l'Océan vous invite au recueillement, et, par ses éclats grondeurs, vient seule rompre le silence, pour contribuer au prestige de l'ensemble.

A l'opposé de la jetée, la vue qu'on embrasse est charmante. Le regard se fixe sur une crique, que dominent une tour en ruines et tout un quartier de la ville bâti en amphithéâtre sur la falaise. C'est le *Port-Vieux*, où s'étend une petite plage coquette de sable fin. Là, les enfants s'en donnent à cœur joie, sous l'œil vigilant des papas et des mamans, les gens nerveux se livrent aux douceurs du bain, et les nageurs à leurs ébats. « A l'heure de la marée, on fait galerie, les élégantes viennent y montrer le luxe de leurs dentelles et l'étalage de leurs toilettes. »

Du *Port-Vieux* une belle route en corniche fait communiquer *Biarritz* avec la *Côte des Basques*, ainsi désignée, parce qu'à l'automne les *Basques* y accourent en foule pour s'y baigner. En suivant cette route, on aboutit au village de *Bidart*, et non loin de là aux rochers *de la Gourèppe*, où l'on remarque l'élégant castel de la *Villa Marbella*, propriété d'une Anglaise, séduite par la beauté de ce site pittoresque. Le château est juché, comme un nid d'aigle, sur une saillie de la falaise, qui forme en cet endroit une ligne de brisants, s'avançant en pointe dans la mer. Il est enfoui dans une oasis de verdure, et ceint d'une terrasse bastionnée, à l'abri de l'assaut des vagues. A ses pieds, se déroule l'Océan dans sa magnificence! Décor somptueux, digne à tous égards de tenter le pinceau d'un artiste!

Je passai ainsi une grande partie de la journée, à admirer ces beaux points de vue, étudiant les effets de lumière sur la vague, guettant celle-ci pour mieux la saisir au vol, alors qu'arrivée à son paroxysme, elle vient se briser sur la falaise et retomber en pluie diamantée. Puis, las d'admirer, ayant épuisé mon stock de plaques photographiques, je repris le chemin de l'hôtel, ravi de la promenade, enchanté de mes découvertes. Il était près de cinq heures quand j'y parvins, et comme c'était le moment de la pleine mer, je me dirigeai aussitôt vers l'établissement de bains, afin d'en profiter pour me baigner.

Il y avait foule à la *Grande Plage*, quand j'y arrivai.

Tout le long de la jetée, des promeneurs, des curieux, des badauds, des snobs, allaient et venaient, passant au crible de leurs yeux fureteurs les jolies femmes, les tournures élégantes, les costumes à sensation. Mais croire que tout ce monde fût là pour se baigner, serait une profonde erreur. A la plage, si un certain nombre de personnes se mettent à l'eau, pour se faire voir, un plus grand nombre d'autres veulent voir. C'est une représentation quotidienne, donnée au bénéfice d'une troupe exercée, qu'on serait désolé de manquer, et d'autant plus courue que le spectacle est gratuit. Néanmoins, comme il faisait beau, les baigneurs étaient nombreux ; ce dont je m'aperçus en pénétrant à l'intérieur de l'établissement. Car il me fallut attendre un certain temps pour trouver une cabine libre.

Une fois déshabillé et revêtu du classique peignoir, je me dirigeai vers la plage, dans ce costume élémentaire que la bienséance impose. Fendant les groupes des promeneurs, je traversai rapidement la chaussée, pour fouler aux pieds le sable de la grève. Mais la mer commençant à se retirer, j'avais une certaine distance à parcourir avant d'atteindre le flot.

Je la franchis en courant, et pour avoir suffisamment de tirant d'eau, la pente de la plage étant excessivement douce, je fus obligé de m'élancer au devant de la lame. L'impression première du contact de l'Océan est d'autant plus vive, que la température extérieure est élevée. Au moment où l'on s'immerge dans l'élément liquide, on éprouve une sorte de frisson, qui disparaît bientôt, dès que l'équilibre s'est rétabli dans la circulation. Alors, tout malaise s'étant évanoui, on commence à ressentir les salutaires effets du bain.

A *Biarritz*, celui de la *Grande Plage* est un bain dit *à la lame*. Non seulement, là en effet il y a des lames, mais celles-ci sont incessantes, hautes, larges et violentes. C'est un vrai plaisir de les recevoir,... quand on s'y attend, et qu'on s'est préparé à la réception. Si, au contraire, on se laisse surprendre, la visite est beaucoup moins agréable, souvent même vous fait faire la grimace, en vous obligeant à goûter à l'onde amère. Quoiqu'il en soit, pour qui n'est pas familiarisé avec ses allures, l'aspect de l'océan a quelque chose de terrifiant. Même quand elle veut sourire, jouer et déployer ses grâces, Amphitrite en impose ! Avec sa joie bruyante, ses mouvements désordonnés et son air d'innocence, la sirène ne rassure qu'à demi.

On ne sait que trop combien perfides sont ses caresses, et terribles ses emportements !

Quand j'eus pénétré dans la zone où se tenaient les baigneurs, je pus voir que l'assemblée était nombreuse ; je constatai même qu'elle ne laissait pas d'être houleuse. Il y avait là peut-être cinq à six cents individus, de tout âge, de toute condition, de tout sexe, confondus pêle-mêle, dansant, sautant, disparaissant au sein des flots, comme des bouchons de liège dans une cuve agitée. Toutes ces têtes ruisselantes, ces torses multicolores, ces bras, ces jambes, gesticulant à l'unisson, paraissaient obéir à quelque impérieux mot d'ordre, en se livrant à une sarabande effrénée. Y prenant part moi-même, j'assistai bientôt à cette singulière danse de l'océan, que l'on exécute, bon gré, mal gré, sans en avoir conscience, en pas des plus risqués, pour peu que la lame vous y invite. Dans ces sortes d'ébats chorégraphiques le bruit des vagues sert d'orchestre, et couvre les éclats de voix des danseurs. Sous les pieds, fin et mouvant, le sable fuit, plus doux que le plus moelleux des tapis ; tandis que tout autour clapote l'onde claire en mille ondulations. Du reste, pas la moindre trêve, pas le moindre répit, dans la récréation. Les danses succèdent aux danses, sans discontinuer, et, irrésistible, la valse entraîne les baigneurs dans ses cercles giratoires.

Tel qui, lassé par ce mouvement perpétuel, songe à s'arrêter et à reprendre haleine, se voit à l'improviste enlever et tourbillonner, au milieu des flots bondissants.

Tel autre, se fiant à son adresse et à ses talents natatoires,
esquisse une planche, dans le sillon d'une vague, et soudain est roulé sous l'avalanche liquide, à l'instar d'un
simple fétu de paille, emporté par le vent. L'agitation
est générale, indescriptible : nul ne peut s'y soustraire.
Aussi quelles scènes animées, au sein de cet océan, où
tout le monde grouille ! Les exclamations, les apostrophes,
les notes les plus diverses se font entendre et se mêlent
aux hurlements des lames.

Celles-ci, de leur côté, ne sont pas moins curieuses à
observer. Vous les voyez prendre naissance au large, à
l'état de simples ondulations ; puis, peu à peu s'enfler,
s'allonger, se développer en longues nappes serpentines.
Tranquillement, sournoisement, elles s'avancent au-devant
de la rive, et, au fur et à mesure qu'elles s'en rapprochent,
elles précipitent leur course, se bousculant, se fusant les
unes dans les autres, disparaissant tout à coup pour réap-
paraître plus loin, plus fortes et plus impétueuses. Les
unes, trop tôt formées, s'évanouissent avant d'arriver à la
grève et manquent leur effet. Les autres, colossales,
imposantes, présentent de front leurs masses compactes,
teintées d'émeraude et frangées à la crête d'un long
panache d'écume.

Certaines lames de fond sont dangereuses pour les navigateurs, surtout au voisinage des côtes, à cause des récifs
contre lesquels ils risquent d'être projetés et émiettés.
D'autres enfin, dit-on, arriveraient directement d'*Amé-
rique*, et celles-ci, il ne fait pas bon les recevoir.

En temps ordinaire, quand la mer est calme, elles se
succèdent les unes aux autres, larges et de plusieurs mètres
d'épaisseur. Arrivant impétueusement, à la vitesse d'une
trombe, elles semblent vouloir tout engloutir. Ce sont celles
qui font la joie des baigneurs, qui les accueillent avec
des cris d'enthousiasme. Par exemple, si l'on ne veut pas
être roulé comme un galet, il est à propos de leur rendre
les honneurs. On les salue au passage... en leur tournant

prudemment le dos... et le reste. Au moment psycho-
logique, on se donne de l'élan, et tandis que la lame vous
assaille, on se sent agréablement soulever et emporter
jusqu'au faîte de la vague, qui s'écroule en vous entraînant
dans son abîme. Si préférant rester en place, on attend le
choc de pied ferme, alors le paquet de mer vous submerge
en vous passant par dessus la tête. Il y en a, des braves,
qui faisant face à la lame, éprouvent un singulier plaisir,
à s'enivrer de son contact, en fonçant dedans au moment
de son irruption. Bref, chacun agit à sa guise, et reçoit la
douche comme il l'entend. Après une lame, en vient une
autre, nécessitant la même gymnastique : puis celle-ci est
elle-même remplacée par une suivante, quelquefois à court
intervalle, et ainsi de suite.

L'eau salée, projetée avec une impulsion des plus vives,
fouette le sang et fait rougir l'épiderme. Pour supporter
ce choc sans en être trop déprimé, il faut une certaine
vigueur de constitution. Aussi, le bain doit-il être de courte
durée, pour en retirer un effet salutaire. Trop prolongé,
il épuise, une fois la période d'excitation passée.

Tout le temps de la baignade, sont en vigie des canots
de sauvetage, ancrés dans la mer. Sur la plage, un guet-
teur observe avec soin l'état de la marée, surveille la
direction des courants, sans cesse modifiés, et suivant les
circonstances, fait obliquer les baigneurs dans un sens
ou dans l'autre.

Commençant à ressentir certain serrement de tête, pré-
curseur du frisson, bien que l'eau fût d'une température
agréable, je me hâtai d'en sortir. Ayant rapidement traversé la grève et le flot des curieux, je m'empressai, une
fois dans ma cabine, de plonger les pieds dans le traditionnel baquet d'eau chaude. C'est alors, qu'étant habillé,
on éprouve un véritable bien-être à faire la réaction, en
se promenant au grand air, une cigarette aux lèvres ! On
hume l'un et fume l'autre, avec délices ! Puis, rentré
chez soi on se met à table, avec un appétit féroce, et il

semble qu'on pourrait digérer des pierres! Tant il est vrai
que la mer est encore le meilleur des apéritifs!

La journée du lendemain se passa en flâneries, en promenades photographiques au bord de l'océan. Je profitai
de l'heure de la marée basse, pour prendre les vues de la
plage et des récifs mis à sec. Ce fut ainsi que je réussis
à saisir au vol de curieux ressacs, d'intimes scènes de
baignade, d'intéressants effets de lumière, sur les roches
percées à jour et lacérées par le flot. Et maintenant encore,
en contemplant l'une de ces épreuves, je revois le tableau
que m'a fidèlement traduit mon objectif.

En face du *Cap Saint-Martin*, sous l'œil vigilant du
phare, la mer s'étale lumineuse et calme. Le reflux vient
seul l'animer et franger son bord d'une triple ligne d'écume.
Dans son sein, au milieu des lames, s'est aventurée toute
une famille, le papa, la maman et la Smala, composée de
trois bambins. Ils sont là, debout, dans le sable, avec de
l'eau jusqu'à la ceinture; ils guettent la vague et s'apprêtent
à la recevoir. Mais combien expressives sont les attitudes
diverses! Bien qu'on ne voie les personnages que de dos
et qu'on ne puisse lire sur leur physionomie les impressions
qu'ils ressentent, les sentiments qui les animent ressortent
clairement de leurs gestes, de leur posture. Le père de
famille, un gaillard robuste, aux larges biceps, est entouré
de deux de ses enfants, qu'il tient chacun par la main.
L'aîné sonde du regard l'horizon, tandis que l'autre, crain-
tif, semble implorer aide et protection. La mère, avec son
plus jeune bébé, forme un groupe à part. Dans une attitude
résignée et passive, légèrement courbée et présentant le
flanc à la vague, elle s'apprête à élever son rejeton au-dessus
du flot. Le pauvre petiot, terrifié à la vue de la trombe
qui s'approche, se colle anxieusement contre le sein mater-
nel. Sur ces entrefaites, attendue par les uns, redoutée
par les autres, la lame surgit rapidement, les recouvrant
tous de sa blanche écume...

Pensant trouver nombreuse société au Casino, j'avais

projeté d'y passer la soirée. Je pénétrai dans un grand salon, éclairé, *à giorno*, à l'électricité et somptueusement meublé. Un orchestre complet s'y faisait entendre, et exécuta plusieurs morceaux de son répertoire,… en présence de sièges vides! Quelques âmes en peine erraient, çà et là, se demandant sans doute, comme moi, pourquoi elles s'y trouvaient. Un bal, sans danseurs, ni danseuses, me paraissant aussi dénué de sens, qu'un sourire sans grâce, je quittai ces lieux déserts et peu récréatifs. Puis, rentré au logis, je m'occupai des préparatifs du départ, ayant décidé de me rendre le lendemain à *Hendaye*.

CHAPITRE XV

La Négresse. — Bidart, Guétary, Saint-Jean-de-Luz et la Nivelle. —
La Rhune. — Hendaye et son Casino mauresque. — L'Estuaire de la
Bidassoa. — Le Cap Figuier. — Les Rochers Sainte-Anne et le
canot *l'Éclair*. — Fontarabie et la côte d'Espagne. — Un homme
à la mer ! Le Grand Hôtel d'Hendaye.

Il faisait un temps charmant quand, ayant pris place
dans le train en partance pour l'*Espagne*, je quittai *Biarritz*, après deux jours de séjour. De la cité balnéaire,
j'emportais la plus heureuse impression, ne regrettant
qu'une chose, de n'avoir pu y séjourner davantage, formant un vœu, celui d'y revenir plus tard. Mon billet circulaire me permettant d'aller jusqu'à *Hendaye*, j'avais
résolu de me rendre dans cette localité, afin d'y visiter le
casino, et de profiter de ce déplacement pour toucher
barre à *Fontarabie*. A mon grand regret ce programme
ne fut point exécuté à la lettre. Quand on est si pressé en
voyage, il est rare que l'itinéraire que l'on s'était tracé ne
subisse pas quelque anicroche. Ce sont à chaque instant
des variantes, auxquelles on n'avait pas songé, et qui
s'imposent, sans parler de l'imprévu, qui entraîne des
modifications et des pertes de temps.

Si j'en avais eu le loisir, j'eusse préféré faire en voiture
le trajet de *Biarritz* à *Hendaye ;* car la route est intéressante et le parcours n'est pas long. En chemin de fer,
la distance de 25 kilomètres est si vite franchie, qu'à peine
a-t-on le temps d'admirer la contrée.

Au sortir de la station de la *Négresse*, qui est la gare

de *Biarritz*, à 3 kilomètres de la ville, la voie longe le petit *lac de Mouriscat*, puis s'engage sous un tunnel. Quelques minutes après le train s'arrête en face de *Bidart* premier village basque, perché sur la falaise. De là, jusqu'à *Guétary*, on se rapproche de la côte et la vue s'embellit. A la station de *Saint-Jean-de-Luz*, où descendent beaucoup de voyageurs, le coup d'œil me semble remarquable. Une jolie petite rivière, la *Nivelle*, s'y jette dans la mer, au pied d'une montagne de grès rouge, *la Rhune*, qui sert de limite entre la *France* et l'*Espagne*. Du sommet, on jouit, paraît-il, d'un admirable panorama, s'étendant de *Saint-Sébastien* à l'embouchure de l'*Adour*, et jusqu'au *Pic du Midi de Bigorre*.

Célèbre par la visite qu'y fit Louis XIV, en 1660, à l'époque de son mariage, la ville de *Saint-Jean-de-Luz* apparaît coquette, avec ses maisons aux blanches façades, rayées en losanges, ses villas élégantes, ses forts et ses ruines pittoresques. A l'abri d'une ceinture de falaises argileuses et rocheuses, s'étend une crique, que l'on a cherché à endiguer, et qui forme une belle plage fréquentée des baigneurs, Les lames, déferlant avec rage sur les brisants de la côte, font un tapage d'enfer et se couvrent au loin d'écume éblouissante. Mais, à peine entrevue, la vision s'efface. Au signal donné par la locomotive, le train s'ébranle filant à toute vapeur dans la direction d'*Hendaye*, où il ne tarde pas à s'arrêter. J'en profite pour descendre, bien qu'invité à poursuivre le trajet jusqu'à *Saint-Sébastien*, où précisément se donnent d'intéressantes *corridas à muerte*, sous les yeux de la cour. N'ayant pu vaincre ma répugnance à repaître mes yeux d'un spectacle barbare, mais plein de couleur locale, j'ai perdu là une belle occasion de voir le peuple espagnol aux prises avec sa passion favorite. Toutefois, c'est sans le moindre regret, ayant horreur de ces émotions malsaines.

Cette ville d'*Hendaye*, vers laquelle je me dirige, ne semble m'offrir à première vue rien de remarquable. Elle m'apparaît bâtie sur un côteau, au-dessus d'un estuaire ensablé, semblable à une lagune, et ses maisons carrées, neuves, sans caractère, manquent d'originalité. C'est une bourgade quelconque en train de faire peau neuve. Il convient d'ajouter qu'incendiée en 1813, lors de la guerre d'Espagne, elle n'a pu jusqu'à ce jour réussir à se relever de sa chute. Au fur et à mesure que je pénètre à l'intérieur de ses murs, je suis désappointé et me sens dépaysé. Bientôt même je ne sais que devenir. Au travers de ses rues désertes, j'ai beau sonder du regard l'horizon, ce que j'aperçois dans le fond, c'est bien une chaîne de montagnes, mais de mer, point ! Et dire que je ne suis venu à *Hendaye*, que pour jouir de la vue de l'océan et visiter le casino ! Aussi bien l'un que l'autre, ils me font défaut, à l'heure présente. Où donc peuvent-ils être ? Une simple question au premier venu me renseignerait assurément. Mais il me semble si bizarre de la faire ! Allez donc demander à quelqu'un, où est l'océan, quand on se trouve dans un port de mer ! Ne serait-ce pas s'exposer à passer à ses yeux pour un mauvais plaisant, où peut-être pis encore ? Malgré tout, ne sachant en vérité où me diriger, je me décidai à entrer dans un débit de tabac, et à demander à la marchande, où se trouvait le casino.

— Le casino ? me répondit-elle. Il est au bord de la mer, à trois kilomètres.

— Ah ! Et par où faut-il passer, je vous prie, pour s'y rendre ?

— C'est bien facile. Allez jusqu'au bout de la rue, tournez à gauche, prenez la deuxième rue à droite, suivez-la, et vous aboutirez dans un angle à une échoppe. C'est là que se trouve le bureau de l'omnibus. Quant à la route, impossible de vous tromper ; elle part de cet endroit, et il n'y en a qu'une.

— Merci, Madame, lui répondis-je. Bien obligé. Puis l'ayant saluée, je m'empressai de suivre ses indications, grâce auxquelles je parvins devant l'échoppe en question.

J'y arrivai précisément au moment où l'omnibus allait partir, et je pris place dans le véhicule, en même temps qu'une dame, suivie de sa bonne et de plusieurs enfants, qui vinrent assiéger les banquettes en se démenant comme des lutins à mes côtés. Réveillé par le fouet du conducteur, le cheval partit au grand trot sur la route, plate et droite, qui fuyait devant nous. Peu de temps après il s'arrêtait au seuil d'un vaste édifice. C'était le casino, et nous étions arrivés. En face, à perte de vue, la mer irradiante s'étalait dans son immensité !

Quelque chose d'étrange que ce *Casino d'Hendaye!* Tout à la fois, palais, forteresse, mosquée, il frappe la vue, par ses heureuses proportions, son élégante architecture, et son aspect décoratif. C'est un monument moderne qui affecte le style mauresque. Bâti au bord de la mer, il repose sur une plate-forme, élevée au milieu des dunes. Il se compose essentiellement d'un vaste quadrilatère, entouré sur ses quatre faces d'une galerie à vingt arcades ajourées. Au centre de la façade, se dresse une sorte de bastion carré, à deux étages, dont l'inférieur est également orné d'une galerie à jour, et dont le faîte est en terrasse avec belvédère. A chaque angle de l'édifice, s'élève une tourelle carrée, à deux étages percés de tous côtés de baies en plein cintre, la dite tourelle, surmontée d'une coupole, peinte en blanc et garnie d'un paratonnerre. Ces quatre miradores, de même que la grosse tour du milieu, sont crénelés.

En bas du pavillon central se trouve l'entrée, donnant accès à l'établissement de bains, ainsi qu'au casino situé au premier étage. Au rez-de-chaussée a été aménagé un restaurant, dont les murs percés de larges baies ont vue sur la mer.

Malgré sa carrure, cet ensemble n'est point dépourvu de grâce, étant conçu dans d'harmonieuses proportions. Les ouvertures cintrées du pourtour, les nombreuses découpures des arcades, au travers desquelles l'œil découvre, soit le bleu du ciel, soit le vert de l'océan, corrigent par leur sveltesse la trop grande symétrie des lignes.

Cet établissement est, du reste, admirablement situé, au fond d'une crique, abritant une plage, en pente douce, que les vagues recouvrent à marée haute, et qui est toute tapissée de sable fin.

A côté, s'étend l'*Estuaire de la Bidassoa*, dont les eaux, mi-françaises et mi-espagnoles, s'écoulent au pied de la montagne du *Jaïzquibel*, qui plus loin forme le *Cap Figuier*, avant de plonger dans la mer.

A droite, ce sont des côteaux verdoyants, çà et là parsemés d'habitations, que vient border la falaise, rongée et mise à nu par le flot. Deux épaves, les *Rochers de Sainte-Anne*, gisent mélancoliquement à la pointe, semblables à des obélisques échoués !

En face, à perte de vue, l'océan majestueusement déroule sa nappe ondoyante, que le ciel azure, le soleil fait resplendir, et la lame argente ! Sur le sable doré de la grève, viennent expirer, anéanties par leur long parcours, les grandes lames, aux ondulations serpentines, qui rejaillissent en poussière de diamant !

C'est ainsi, qu'installé à une table du restaurant, en attendant le déjeuner, je savoure avec délices cet imposant spectacle. En véritable fascinateur, l'océan, aussi bien dans ses sourires que dans ses fureurs, vous attire, vous charme et vous ensorcelle tout à la fois !

En pénétrant à l'intérieur de ce palais, je m'attendais à y trouver nombreuse société ; aussi fus-je surpris de le voir presque désert. C'était à peine, si deux ou trois personnes étaient avec moi dans la salle du restaurant, et comme à cette heure la mer s'était retirée, il n'y avait pas de baigneurs sur la plage. Dès lors, je me demandai ce que pouvait signifier ce monument, édifié isolément au bord de la mer, au milieu de dunes stériles, et paraissant voué à la solitude ? Il devait être sans doute de création récente, et n'avait pas encore réussi à attirer dans son sein la nombreuse cohorte des voyageurs. A moins que je ne fusse arrivé un jour de malchance, un de ces jours, qui font le désespoir des hôteliers, quand ils ne voient pas tomber la manne convoitée au fond de leur escarcelle. Après tout, que m'importait ? Je déjeunai de fort bon appétit, et après avoir dégusté un moka brûlant, je me livrai aux douceurs de la digestion, en fumant des cigarettes de la régie française. Que pouvais-je désirer de mieux ?

Cependant, n'étant pas venu jusque-là uniquement dans ce but, j'en vins à songer que d'autres visées s'imposaient à moi, non moins impérieuses. C'étaient celles de mon objectif, jusqu'à présent resté inactif. Étant donc sorti avec mon appareil, je commençai par photographier le casino, face et profil ; puis m'étant avancé sur la plage, j'y vis, à sec, attendant le flot, *l'Éclair*, canot de l'établissement. Une bande de gamins rôdaient tout autour, observant mes faits et gestes. Autant pour me débarrasser de leurs importunités que pour me ménager un joli groupe, je leur dis que s'ils voulaient s'asseoir dans la barque et s'y tenir tranquilles, je les prendrais tous. Ils ne se firent pas prier, et ravis, se précipitèrent à l'assaut de l'embarcation. Chacun ayant grimpé dedans, prit place sur les bancs. Et tandis que le plus fort de la bande restait debout, à l'avant, s'arc-boutant à l'aide du felin d'amarre, un autre, à l'arrière, s'était emparé du gouvernail, barre en mains. Il en résulta une scène maritime bien appropriée et d'un heureux effet. Au premier plan, le canot, avec tous ses petits passagers, s'enlevant avec vigueur sur le sable gris; au second, la mer montante, frangée d'écume, et à l'horizon, profilant dans le ciel leur silhouette rose, les *Rochers de Sainte-Anne* et la falaise abrupte. Tout simplement, un délicieux tableau !

Quand tout fut près, je recommandai le calme et... crac ! je pressai la poire ! L'affaire fut enlevée, je ne pourrai dire, à la satisfaction générale. Car dès que les bambins me virent en train de plier bagage, ils s'empressèrent d'ac-

courir, pour savoir, si c'était réussi et si l'on pouvait voir.
Leur ayant fait comprendre que pour le moment il n'y
avait rien à voir, je les laissai déconfits et penauds. Et pour
un peu plus ils m'auraient reproché de les avoir fait poser.

Dirigeant ensuite mes pas vers les dunes, j'allai vers
l'embouchure de la *Bidassoa*, dont le cours gonflé par le
flux de l'océan, se ridait sous l'influence du vent, en reflétant dans ses eaux, vertes et bleues, les côteaux d'alentour. En tournant le dos à la mer, la vue que je découvris
là était encore fort belle. A droite, se profilait la longüe
arète du *Jaizquibel*, dont les pentes raides venaient se
mirer dans le fleuve, et une cime, opposée à celle du *Cap
Figuier*, dominait la colline, sur laquelle est bâtie la
ville espagnole de *Fontarabie*. De blanches façades d'habitations, des pointes de minarets, l'élégante flèche d'un
clocher, des ruines importantes, s'en détachaient agréablement, du sein de la verdure.

A gauche, c'était *Hendaye*, la cité française, étalée en
amphithéâtre, sur un petit promontoire s'avançant dans
la lagune. Au fond, reposait *Irun*, où se trouve la douane
espagnole. Enfin, à l'arrière-plan, se dessinaient les lignes
doucement ondulées des montagnes de la *Haya*, *des Trois
Couronnes* et de la *Rhune*.

En abaissant le regard, j'embrassai le cours de la *Bidassoa*, étroit chenal, au milieu des bancs de sable, à marée
basse ; mais qui, à marée haute, se développe avec ampleur,
à l'instar d'un lac azuré, que sillonnent de longs traits
d'argent les barques des pêcheurs.

Au bord du fleuve, s'étend la dune, inculte, stérile, avare
de son herbe sèche et prodigue de ses chardons, au feuillage piquant, aux fleurs d'un violet pâle. Un sable rose,
ténu, impalpable, recouvre partout le sol, que le vent
laboure et réduit en nuages de poussière ! Et Dieu sait,
s'il a beau jeu, le vent, au milieu de cet estuaire, tantôt
arrivant des montagnes et tantôt soufflant de la mer !

Justement la tramontane faisait rage autour de moi, me

couvrant de sable, de la tête aux pieds, m'aveuglant, et
me gênant beaucoup. J'étais malgré tout en train de
prendre une vue, quand surgirent trois gamins à mes côtés.
Déguenillés comme des mendiants, noirs comme des cor-
beaux, coiffés d'un sale béret, la tête ébouriffée, le regard
effronté, ainsi m'apparurent ces petits démons, sortis je ne
sais d'où. Ils étaient si laids, que l'idée me vint de les
croquer, à titre de repoussoir, pour faire valoir le paysage.
Les ayant placés au-devant de mon appareil, ils se mon-
trèrent dans un attitude si gauche, avec une mine si gri-
maçante, que leur effet grotesque ne pouvait s'accorder en
rien avec les lois de l'esthétique. Cependant pour les
dédommager de leur peine, je leur distribuai quelques sous,
qu'ils acceptèrent avec satisfaction. Puis, l'heure de la
passe étant favorable, ils me proposèrent de me conduire
en barque à *Fontarabie*. Certes, je n'aurais pas été fâché
d'aborder en *Espagne*, et à défaut de la capitale de l'*An-
dalousie*, d'avoir en passant quelque aperçu de ses villes.
Mais je n'en avais plus le loisir, car je tenais à prendre un
bain au casino. Aussi, voyant que je ne paraissais pas
décidé, mes étourneaux prirent-ils leur volée, courant
s'abattre au bord de la rive, où ils détachèrent la barque
et se mirent à naviguer.

Je les suivis longtemps du regard ; puis, les ayant perdus de vue, je photographiai successivement *Fontarabie*
et *Hendaye*, les deux vigies, qui se regardent en chiens de
faïence. Et tout en reprenant la direction du casino, je
constatai que le temps, jusque-là magnifique, commençait
à se gâter. Insensiblement le soleil noyé dans une longue
bande de nuées grises, s'était voilé. Le vent, fraîchissant
de plus en plus, soulevait à chaque rafale des tourbillons
de sable, et projetait sur la plage des vagues écumantes.
L'océan lui-même, perdant sa belle teinte d'azur, se
nuançait partout de lignes vertes, aux reflets d'opale et
d'améthyste.

Parvenu sur la plate-forme de l'établissement, je vis,

installée dans le canot *l'Éclair* toute une société, composée de dames, de jeunes filles et d'enfants. A ce moment,
le flot arrivait jusqu'aux flancs de la carène, traçant sur le
sable des lignes sinueuses. Au milieu des lames, un peu
plus loin, deux dames, en peignoir sombre, se jouaient, supportant de leur mieux les assauts de l'onde amère. Il ne
m'en fallait pas davantage. De cette petite scène balnéaire,
je fis aussitôt l'objet d'un instantané, dont l'épreuve pourra
être jugée indiscrète, mais que vraisemblablement les personnages ne verront jamais.

Songeant enfin à mon bain, j'allai prendre un ticket, et
lorsqu'à mon tour je fis mon apparition sur la plage, en
costume léger, je la trouvai déserte. Tout le monde avait
disparu ! Le canot lui-même avait démarré. Il n'y avait
plus là, ni baigneurs, ni curieux. Seul, je me trouvai en
présence de l'Océan immense !

C'était l'heure où la mer, commençant à se retirer, laissait de plus en plus la grève à nu. Du reste, le ciel couvert avait pris cette teinte plombée, qui annonce la pluie
à brève échéance, et le vent sifflait très fort. Si je voulais
me tremper dans le sein de la mer, avant d'être mouillé
par l'eau du ciel, il n'y avait pas une minute à perdre.
C'est pourquoi je me plongeai rapidement dans l'élément
perfide, dont la température était douce et agréable.
Toutefois, ayant conscience de mon isolement, je n'osai
guère m'aventurer au loin, de peur d'être emporté par
les lames fuyant au large. Celles-ci, du reste, m'assaillaient avec une violence, plus formidable encore qu'à la
Grande Plage de Biarritz. Ayant peine à m'en défendre
je ne prolongeai pas longtemps la baignade, et, au bout
de dix minutes de gymnastique et de cabrioles ininter-
rompues, je m'empressai de rentrer dans ma cabine.

Dès que je fus rhabillé, je m'informai de l'heure à
laquelle l'omnibus partait pour *Hendaye*. On me répondit qu'il venait précisément de partir et que c'était le
dernier voyage de la journée. Ceci ne faisait pas mon

affaire. N'ayant pas le loisir de m'attarder davantage en ces lieux, je tenais beaucoup à revenir tout de suite· Ce que voyant, quelqu'un arrivé dans l'après-midi, et paraissant avoir ses coudées franches dans la place, s'offrit obligeamment à me reconduire dans sa voiture. C'était une occasion inespérée, que j'eusse volontiers acceptée, si mon inconnu eût été prêt à partir; mais, comme il n'en était rien, je préférai m'en aller à pied. Qu'était-ce après tout? moins de 3 kilomètres, c'est-à-dire une promenade, qui ne pouvait qu'être hygiénique après le bain. Aussi, après avoir remercié ce personnage si courtois, je repris la route *d'Hendaye*, où bientôt après j'arrivai, en même temps que les premières gouttes de pluie.

Étant descendu au *Grand Hôtel* de l'endroit, j'y retins une chambre et demandai à souper. Et quand je descendis à la salle à manger, quel ne fut pas mon étonnement, de reconnaître dans la personne du maître d'hôtel, l'inconnu de tout à l'heure, qui m'avait offert une place dans sa voiture! Arrivé peu après moi, il me souhaita cordialement la bienvenue, en m'apercevant. Du reste, bon vivant, affable, il se montra très obligeant, et eut pour moi mille prévenances.

Rentré dans ma chambre, je procédai, avant que de me mettre au lit, au chargement des châssis photographiques, pour n'en pas perdre l'habitude. Pendant la nuit, j'eus un sommeil agité. Je rêvai que j'étais sur la plage, et que des lames gigantesques me roulaient, m'entraînant dans la *Bidassoa*, jusque sous les murs de *Fontarabie*, au pied du *Palais de Jeanne la folle!* Les songes sont les reflets de nos idées, qui ont traversé notre cerveau ; et ces lueurs passagères s'effacent au grand jour, sous l'influence de la réalité.

> Quel esprit ne bat la campagne ?
> Qui ne fait châteaux en Espagne ?

a dit *La Fontaine*.

CHAPITRE XVI

De Bayonne à Arcachon. — Les forêts de pins des Landes. — Dax
invisible. — Au Teich, apparition du bassin. — Après la Teste de
Buch, Arcachon ! La Baie et sa flotille de barques. — Ville
d'hiver et ville d'été. — Les Dunes. — Château Deganne. — Les
parcs aux huîtres. — A la découverte. — Le Casino pseudo-alcazar.
— Le bain aux algues. — Soirée spectacle-concert, illuminations. —
Sauve qui peut général! — Le Moullo, les villas Pereire et Faust.
— Pluie, départ.

Commodément installé dans un coin de wagon, j'avais
mis le nez à la portière, pour ne rien perdre des aspects
du paysage. Le temps, sans être aussi beau que les jours
précédents, était passable. Il avait plu pendant la nuit,
et de gros nuages, blancs, floconneux, couvraient encore
la voûte du ciel, marbrée, çà et là, de plaques d'azur. Une
brise légère, chargée d'émanations marines se faisait
agréablement sentir. Rafraîchie par l'ondée, la campagne
reflétait les mille éclats de la rosée, qu'avivaient les
rayons du soleil. Ce fut avec un nouveau charme que je
refis le trajet d'*Hendaye* à *Saint-Jean-de-Luz* et à *Biarritz*, admirant les merveilleux effets de lumière des
vagues miroitantes, allant, tantôt monter à l'assaut des
falaises, et tantôt mourir sur la grève. Et ce me fut un
véritable enchantement, aussi bien des yeux que des
oreilles : car, si rien n'est captivant, comme la vue de

l'Océan, rien aussi n'est imposant, comme sa voix formidable!

A *Bayonne*, le train stationna quelques minutes, puis repartit dans la direction de *Dax*. Je revis avec plaisir les gracieuses rives de l'*Adour*, qui forme au *Boucau* un petit port, et, quelques kilomètres plus loin, au-delà de *Labenne*, vient déverser ses eaux limpides dans le *Golfe de Gascogne*. C'est à partir de là, que commencent les immenses forêts de pins, qui s'étendent sur une bonne partie du département des *Landes*. A *Dax* nouvel arrêt du train, pendant lequel je cherche en vain à apercevoir la Ville et les établissements thermaux, alimentés par sa fontaine chaude. A *Morcenx*, la ligne bifurque, d'un côté sur *Mont-de-Marsan*, et de l'autre sur *Lamothe*, dans la direction d'*Arcachon* et de *Bordeaux*. Partout le sol est plat et la campagne triste. L'œil ne découvre, à perte de vue, que d'interminables forêts, d'essences variées, parmi lesquelles dominent les arbres résineux. Ainsi aperçu, à vol d'oiseau, le paysage me paraît d'une monotonie désespérante. Il y a cependant quelques intéressantes échappées à travers les perspectives des clairières et des longues avenues.

Cette contrée doit être le paradis des hôtes des bois, qui sont là en sûreté relative, et peuvent s'ébattre en toute liberté, sans trop risquer d'être inquiétés. Car tout le pays, des kilomètres durant, a l'air désert. En dehors de quelques maisons forestières, on n'y découvre aucune habitation. Il est cependant parcouru, ne serait-ce que pour la récolte de l'essence résineuse, qui découle des pins, dont l'aubier a été incisé. C'est ainsi que par la plaie béante, des lèvres rouges comme du sang, se distille, goutte à goutte, le liquide, précieusement recueilli dans des récipients. Rien que pour entailler les arbres, placer les vases et les vider, ce ne doit pas être une mince surveillance, ni une sinécure!

A *Lamothe*, les voyageurs se rendant à *Arcachon*, changent de voiture; pas pour longtemps par exemple, car il n'y a que quinze kilomètres à parcourir.

Dès la station du *Teich*, on commence à apercevoir le bassin, et après avoir dépassé celle de la *Teste de Buch*, chef-lieu de canton, bâti au pied des dunes, on pénètre bientôt dans la gare d'*Arcachon*, où tout le monde descend. Et chacun ayant hâte d'arriver se précipite, ses menus bagages à la main, vers la porte de sortie. Au dehors, sur le quai d'embarquement, stationnent les nombreux omnibus, les équipages fringants, les voitures modestes, attendant la cohorte des voyageurs.

On se case comme on peut. Dès que les malles, les paniers, les caisses, les colis de toute sorte sont empilés sur l'impériale, le conducteur fait claquer son fouet, puis, d'un vigoureux coup de main, enlève sa cavalerie, qui piaffe d'impatience. Lancé au grand trot, l'attelage soulève des nuages de poussière, en suivant les avenues sablées qui conduisent en ville. En quelques minutes, on se trouve transporté à la porte d'une demeure hospitalière, et descendu du véhicule, on n'a plus qu'à retenir son logement ou à en prendre possession, si l'on a eu la précaution de le retenir à l'avance.

M'étant présenté à l'*Hôtel Continental*, un des meilleurs d'*Arcachon*, je fus heureux d'y avoir, au rez-de-chaussée, une chambre très convenable. Dès que j'y fus installé, je m'empressai de passer à la salle à manger pour déjeuner. Je vis une pièce, spacieuse, somptueusement aménagée, mais pour le quart d'heure absolument déserte, bien que ce fût l'heure du repas. Les convives préférant manger en plein air et jouir en même temps du spectacle de la mer, étaient tous réunis sur une longue terrasse dominant la plage. Là, le couvert était proprement mis, à de petites tables séparées et pour la plupart occupées.

M'étant établi à l'une d'elles, je laissai errer mon regard au-devant de moi, en attendant les mets commandés au garçon. Ce que j'aperçus était curieux et plein de couleur locale. Pour s'en faire une idée, il faut se représenter la position topographique d'*Arcachon*, dont les maisons, assises au pied des dunes, viennent se mirer dans la rade immense, qui s'étale en face d'elles.

Qui aurait vu cette ville, il y a cinquante ans, aurait sans doute quelque peine à la reconnaître aujourd'hui. A l'origine, ce n'était guère qu'une modeste bourgade de pêcheurs, aux habitations chétives, d'aspect misérable. Mais au fur et à mesure que la prospérité, la vogue et la richesse y ont afflué, le luxe s'est montré, transformant l'humble village en une cité élégante, animée, n'ayant rien à envier à la civilisation la plus raffinée.

De nos jours, c'est une des stations balnéaires à la mode, d'autant plus fréquentée, qu'à proximité de deux grandes villes, *Bayonne* et *Bordeaux*, elle offre aux étrangers, en toutes saisons, ce qu'ils recherchent avant tout, le confort et l'agrément. On y accourt et l'on y séjourne, aussi bien en hiver qu'en été, grâce à sa plage uniforme, à son climat tempéré, et à ses bienfaisantes forêts de pins, qui abritent et parfument les dunes. Et, de fait, *Arcachon* s'est dédoublé. Il y a la *Ville d'été* qui s'étend au bord de la mer, en face de la rade, où l'on navigue et l'on se baigne, et la *Ville d'hiver*, celle-ci enfouie comme un lézard dans le sable fin, au milieu d'ombrages à feuillage persistant. Chacune de ces deux villes a sa saison, sa physionomie, son monde spécial. L'une, calme, silencieuse, toute en villas coquettes, en chalets d'architecture variée, en habitations de plaisance, repose mystérieuse au sein des dunes, transformées aux alentours en éclatants parterres de fleurs, et donne asile aux heureux du jour qui fuient les frimas. C'est la Cité d'hiver, fréquentée, à l'arrière-saison, par les Anglais, les Russes et en général les personnes délicates, soucieuses de leur santé.

L'autre, animée, bruyante, toute en dehors, fait face à la rade, éparpillant ses hôtels, ses blanches constructions sur le bord du bassin qui les enserre. C'est la station, le bain de mer des enfants, par excellence, où sans danger

ils peuvent, du matin au soir, se livrer à leurs ébats, sur
le tapis moelleux de la plage. C'est le rendez-vous des
familles, accourues pour respirer la brise marine, chargée
d'émanations salines et embaumée par les essences aro-
matiques de la forêt voisine. Naturellement, on s'y baigne,
on y canote, on y pêche, on y fleurte, on y potine, ferme.
A de certaines heures, là, l'élément liquide est aussi
peuplé que l'élément solide ; et l'un et l'autre, aux prises,
semblent ne faire qu'un dans la mêlée générale. Rien de
récréatif, comme l'aspect de la rade à ces moments d'animation.

Le flot monte et la mer déroule ses lames brisées, qui
viennent doucement expirer sur le sable de la grève.
Chaque habitation a sa plage particulière y aboutissant,
que séparent les unes des autres des voies d'accès, bordées
de murs. Il résulte de cette disposition, que l'on est chacun
chez soi, et que l'on n'a pas à redouter les regards indiscrets, ou des voisinages désagréables. On peut se rendre
directement de sa demeure à la mer, sans avoir à passer
par le crible des milliers d'argus, qui pullulent ailleurs.
On y rentre de même, pour gagner son *home* et s'y reposer,
au milieu de tout le confort désirable. Mais aussi, faute
de pouvoir embrasser d'un coup d'œil la succession de ces
plages sectionnées, la vue générale est-elle limitée. Il va
sans dire qu'une fois dans l'eau, toute ligne de démarca-
tion ayant disparu, l'espace s'étend à l'infini. On peut
ainsi aller et venir, et, si on le désire, passer en revue
tous les bains d'*Arcachon*, en longeant la rive.

Veut-on jouir du panorama de la côte et de l'ensemble
de la rade ? On frête une embarcation. Il y en a là une
véritable flotille : Canots de promenade, péniches, yoles,
esquifs, barques à voiles, bâteaux de pêche, yachts de
plaisance, attendant à l'ancre que les promeneurs aient
jeté leur dévolu sur eux. Si la brise est favorable, on va à
la voile, sinon on nage à l'aviron. Toutes ces embarcations
circulent, s'entrecroisent, glissent, dansent, au gré du flot

miroitant, qu'elles constellent de minuscules points noirs.

De temps à autre quelques rares voiliers traversent la rade, les ailes largement déployées, semblables à des mouettes légères, de proportions gigantesques. Au milieu d'un mouvement incessant, le décor se renouvelle, sans cesse varié, captivant le regard, occupant l'esprit.

Tout en faisant honneur au déjeuner, je pris un réel plaisir à contempler ce spectacle nouveau pour moi. Puis, quand ma faim fut apaisée, j'eus hâte de courir à mon tour sur la plage, impatient de braquer mon appareil, sur les innombrables sujets de genre qui s'offraient à mes regards. Pour bien des gens, ce qui fait le charme de la plage d'*Arcachon*, c'est moins la vue de la mer, que la foule des flâneurs, des baigneurs et des curieux qui s'y trouvent. Par les belles après-midi ensoleillées, mais tempérées par la brise venue du large, tout le monde se donne rendez-vous sur le sable, qui tapisse la grève ; et chacun s'y installe à sa fantaisie. Pendant que garçons et fillettes, bébés de tout âge, torturent de leur pelle le sol friable, y creusent des trous, y font des tranchées, y construisent des redoutes, des fortins, dont ensuite ils se disputent avec ardeur la possession, les mamans, à l'ombre des tentes, devisent entre elles, leur ouvrage à la main. Les papas, un cigare à la bouche, parcourent d'un œil distrait leur journal, ou esquissent un somme. Et l'on voit les snobs, galants et empressés, en complet de flanelle blanche, la boutonnière fleurie, passer et repasser devant les belles madames, et papillonner autour d'elles, en quête d'un sourire ou d'un trait à décocher. L'heure du bain est impatiemment attendue par les désœuvrés, qui espèrent toujours découvrir quelque chose d'inédit, et par les baigneurs, qui s'en donnent à cœur joie, *coram populo !* On assiste au spectacle avec entrain, et dans l'action générale, chacun est aise de jouer son rôle en conscience. Du reste, le moindre incident est prétexte à sensation, provoquant les lazzi de la galerie, attentive et gouailleuse. Rarement il a

de l'importance. Un bain de pieds intempestif, une coiffure qui s'envole à la mer, un caniche noir, qui joue avec
le flot et vient, tout dégouttant, se secouer dans vos jambes,
un enlisement subit dans le sable mouvant, un plongeon
inattendu, une toilette tapageuse, un déshabillé sensa-
tionnel, une indiscrétion du vent, un rien, suffisent pour
défrayer les conversations légèrement aux abois.

Une théorie d'ânes microscopiques, d'aspect débonnaire,
attelés en cacolet, fait la joie des enfants, qui s'amusent à
les faire galoper dans le sable, et le désespoir des muletiers, auxquels ils échappent. Enfin, entre temps, sous les
feux convergents des assistants, les détectives, Kodacks,
photo-jumelles, argus, et autres engins de même nature
surgissent, mystérieux et inquisiteurs, dérobant à la plage
ses secrets les plus intimes. Si leur apparition fait sourire
quelques-uns, en revanche elle exaspère certaines gens,
moroses ou inquiets, qui ne se soucient nullement de
voir divulguer leur incognito. Quant à l'opérateur, impas-
sible, lui, il éprouve un malin plaisir à presser le bouton,
au bon moment, et content du tour qu'il vient de jouer à
la galerie, il s'en va plus loin, à la découverte.

Le temps n'était pas d'une pureté parfaite, quand,
armé de mon appareil, je me mis en devoir de parcourir
la grève. La mer s'était retirée, laissant la plage à nu,
recouverte de varechs limoneux, qui entravaient la marche.
Ici le sable, loin d'avoir la solidité et la finesse, remar-
quées à *Biarritz* et à *Hendaye*, me parut grossier, mal-
propre, et de désagréable inconsistance. Je m'y enfonçais
jusqu'à la cheville, sinon davantage, en passant au travers
de véritables fondrières, en même temps que j'étais saisi
à la gorge, par une forte odeur saumâtre.

Ayant pris deux vues de la rade, avec ses bateaux, ses
barques et ses rameurs, je me dirigeai vers une estacade,
que j'aperçus se profilant au large. C'était la passerelle ou
ponton sur pilotis, qui sert d'embarcadère aux bateaux à
vapeur affectés à la traversée du bassin. Quand j'y parvins,

il y avait là de nombreux pêcheurs à la ligne, qui, s'évertuant à tremper leur fil dans l'eau, ne me parurent guère récompensés de leur peine. Des badauds suivaient avec un intérêt concentré les moindres déviations des bouchons, contemplant la scène béatement. Et en pareille circonstance, je me suis souvent demandé, lesquels avaient le plus de patience, du poisson, du pêcheur ou du curieux? Le poisson a toujours le temps de se faire prendre, le pêcheur attend qu'il soit pris, mais le curieux, lui, qu'attend-il? Mystère!

De cet estacade, on embrasse un charmant coup d'œil, sur la plage et les côteaux ombragés, qui forment le boulevard maritime d'Arcachon, en reliant la ville d'été à la ville d'hiver. On aperçoit de là une élégante construction, de style renaisssance, bâtie en terrasse au bord de la mer. Ses toits élancés sont ornés de nombreux pignons pointus, et le centre de l'édifice est occupé par une tour octogonale que termine une lanterne à jour. J'interrogeai un passant pour lui demander quel en était l'heureux propriétaire. Il m'apprit que ce palais s'appelait le *Château Deganne*, et qu'il avait été légué à la ville par le châtelain qui primitivement le destinait au Prince Impérial, de funèbre mémoire. Cette demeure princière, placée juste en face de la rade, délicieusement enclavée dans un nid de verdure, me sembla tout à fait décorative et digne de figurer dans ma collection. Après lui avoir fait l'honneur d'une plaque, je repris le chemin du logis pour dîner.

Toute la journée du lendemain se passa en flânerie sur la plage, et en manœuvres photographiques. Je commençai d'abord la matinée, par une visite aux *Parcs aux huîtres*. Il faut, pour s'y rendre, exécuter une traversée. Mais ce n'est point la mer à boire, et il n'est pas indispensable de faire auparavant son testament; il suffit de se confier à une barque de pêcheur.

Au départ, le calme étant au plat, le pilote fut obligé de faire force de rames. Parvenus au milieu de la passe, nous eûmes à lutter contre la violence du courant, qui tend à faire aller à la dérive les embarcations. Au bout de peu de temps de navigation, nous arrivions à destination, sur l'autre rive du bassin. Le terrain, sur lequel nous venions d'aborder, était plat, sablonneux, aux trois quarts submergé, et divisé en une infinité de loges, appelées *claires*, séparées les unes des autres par des claies. Partout le sol était sillonné de petits canaux, pour l'écoulement des eaux à marée basse, et d'innombrables ruisselets s'épandaient de tous côtés. Ce ne fut pas chose facile que d'y prendre pied. Je fus obligé de grimper sur le dos du pilote qui, peu solide, ne me trouva pas léger, et faillit, en franchissant un petit bras, faire la culbute, lui et son fardeau. Heureusement, il ne fit que faillir, car outre le désagrément que j'aurais eu à me mouiller, mon appareil se serait très mal trouvé de boire un coup.

Nous arrivâmes, l'un portant l'autre, en face d'une vieille coque de navire, échouée sur le sable, et tranformée en buvette. C'était un de ces nombreux pontons de garde, qui sont échelonnés tout le long des *Crassats*, bancs de sable découverts à marée basse, sur lesquels sont installés les parcs aux huîtres.

Avant de pénétrer dans cette hacienda d'occasion, ma première visite fut pour le palais des huîtres. Quand je dis *palais*, ce n'est pas que les mollusques, acéphales, hermaphrodites, si goûtés des gourmets, soient logés sous des lambris dorés ; mais ils n'en occupent pas moins de véritables lieux de réception.

De nos jours l'ostréiculture est toute une science, d'autant plus mise en application que ses produits sont plus appréciés. Il y en a peut-être qui s'imaginent que les huîtres sont comme les champignons, qui poussent en une nuit. Ce serait une grossière erreur de le croire. Non seulement elles ne poussent pas en une nuit, mais il leur faut plusieurs années pour devenir marchandes, c'est-à-dire pour atteindre la taille minimum d'au moins cinq centimètres de diamètre! En cela, elles ressemblent aux écrevisses, avec lesquelles elles vont de pair souvent... sur la table des amis de *Lucullus*.

C'est au printemps que le frai des huîtres, alors laiteuses et impropres à l'alimentation, est habilement recueilli, sur des tuiles creuses, préalablement blanchies à la chaux et empilées, la partie concave en dessous, dans des cages en bois, goudronnées, fixées dans le sable et recouvertes par l'eau de mer. Au bout de trois mois environ, ces tuiles, pour ainsi dire fécondées, se recouvrent de *naissins* d'huîtres, à l'état embryonnaire, qui sont soigneusement détachés de leur support, passés au crible, et répartis dans des compartiments, sortes d'*ambulances*, inventées par M. *Michalet*, ostréiculteur d'*Arcachon*. Là les mollusques se développent peu à peu. Au bout de trois autres mois, il est procédé à leur écrémage, et ceux qui ont le degré de force voulu sont semés dans les *claires*, ou parcs, où ils grossissent, s'engraissent et prennent leur forme plate. Et croirait-on qu'un séjour de trois à quatre ans dans une *claire* soit nécessaire pour obtenir de belles et bonnes huîtres ? c'est ainsi pourtant!

Le mollusque d'*Arcachon* a une réputation européenne, et bien qu'en général sa taille soit exigüe, il est très estimé pour sa saveur franche et sa digestion facile. La production moyenne du bassin d'*Arcachon* n'était pas moins, à la fin du XIX⁰ siècle, de 300 millions d'huîtres, par an! Or, si l'on songe qu'une huître mère peut pondre près de 100.000 œufs dans l'année, on arrive au chiffre fantastique de trois milliards, qui représente une jolie somme de bénéfices! Aussi la prospérité ne fait-elle que croître, d'année en année, dans ce pays fortuné. Chaque habitant veut posséder un ou plusieurs parcs, afin de s'adonner à l'ostréiculture. Avec les facilités actuelles des moyens de transport et l'extension considérable prise par les colis postaux, rien de plus commun que la dispersion aux quatre coins de la France des savoureux mollusques.

Les *claires d'Arcachon* n'abritent pas rien que d'excellentes huîtres sous leur sable fin. On y trouve également d'énormes paquets de moules, qui s'attachent aux goëmons, parmi les brandes et les jeunes pins, appelés *pignons*, servant de limites et de remparts aux parcs. Mon marinier, tout en me faisant l'historique de l'huître, m'ayant fait remarquer ces amas de moules, m'en offrit obligeamment un chapelet. Et, séance tenante, je me mis à l'égrener. Du reste, je les trouvai délicieux, ces bivalves, d'une fraîcheur idéale, et je fus tant et si bien affriandé, que je complétai la petite débauche, par un certain nombre d'huîtres, servies sur le ponton.

Après ce lunch, qui me fit l'effet d'un régal, je pris le panorama d'*Arcachon*, et sitôt l'appareil replié, je songeai au retour. Une bonne brise s'était élevée, devant nous promettre une rapide traversée. Le pilote ayant démarré son embarcation, et mis de côté ses avirons, devenus inutiles, déploya la voile. Bientôt après nous voguions, avec la légèreté d'un cygne, sur la surface onduleuse du bassin. La brise fraîchissant au fur et à mesure que nous avancions, et ayant plus de prise, gonflait notre voile, qui claquait au vent, en soulevant sur notre passage des franges d'écume. A chaque saute, car nous étions obligés de louvoyer, il fallait faire attention à la manœuvre, et avoir soin de baisser la tête, pour ne pas être bousculé. Grâce à cette allure vive, nous eûmes rapidement franchi la distance, qui sépare les parcs d'Arcachon, où nous débarquâmes en face de l'hôtel. Ayant remercié l'adroit nautonnier, qui m'avait ramené à bon port, je rentrai au logis, chargé d'un volumineux paquet de moules, que j'avais réservées pour la bonne bouche.

Après déjeuner, profitant du beau temps, je partis à la découverte, sac au dos. Ayant pris la direction du boulevard de la plage, bordé d'hôtels, de villas, de cottages enfouis dans la verdure, j'aperçus, dressant fièrement sa pointe dans le ciel, la flèche gothique de l'église. Et aussitôt je voulus la photographier. Mais, après m'être approché du monument, qui me parut élégant et bien ordonné, ce fut en vain que je cherchai un endroit propice pour dresser mon appareil. Tantôt, c'étaient des murs ou des arbres qui faisaient obstacle, et tantôt, trop près, je ne pouvais embrasser assez de champ pour reproduire la haute structure de l'édifice. J'eus beau l'examiner sous toutes ses faces, m'éloigner, revenir sur mes pas, il me fallut renoncer à mener l'opération à bien. Dans l'espoir de me dédommager ailleurs, je m'engageai dans une avenue, qui de détours en détours m'amena dans des parages inconnus. J'étais parvenu dans la *ville d'hiver*, qui est délaissée pendant la saison d'été, et dont les larges baies, percées à perte de vue parmi les pins et les genevriers, m'apparurent mornes et désertes. En ces lieux, il régnait à cette heure un profond silence, que seule venait troubler la voix plaintive du vent dans les ramures ; de plus, l'air ne circulant qu'avec peine sous ces ombrages touffus, la température se montrait étouffante. Je remarquai au passage plusieurs villas, d'apparence somptueuse, ou savamment édifiées, des squares frais, des pelouses fleuries, des essences variées d'arbres et d'arbustes, un ensemble enfin cossu et smart. Mais au bout d'un certain temps de cette promenade, au hasard d'avenues s'entrecroisant et se poursuivant à l'infini, je finis par être inondé de sueur. Marchant ainsi à l'aveuglette, sans plan, je ne risquais, ni plus ni moins, que de me perdre dans la forêt.

Après avoir longtemps erré, d'ici delà, j'arrivai inopinément à l'entrée d'un parc, aux arbres séculaires, orné de corbeilles de fleurs, d'allées soigneusement ratissées et de pelouses finement tondues. Ayant pénétré dans cet éden, je découvris, au détour d'une allée, une construction, de style bizarre, de forme étrange et de couleur heurtée, qui vint frapper ma vue. J'étais en présence, ne vous déplaise, du *Casino d'Arcachon !*

J'avoue que je ne connais pas plus le *Palais de l'Alca-*

 çar que celui de l'*Alhambra*, autrement que par leur brillante renommée. Je me suis seulement laissé dire qu'ils avaient été bâtis par les *Maures*. Je n'en doute pas, car ils en étaient bien capables. Mais que ceux-ci aient été pour quelque chose dans l'édification du *Casino d'Arcachon*, on me le fera difficilement croire !

S'il est permis de penser que le casino d'*Hendaye* se présente, avec une certaine ampleur, qui se justifie aux yeux d'un homme de l'art, celui d'*Arcachon* a beaucoup d'ampleur, mais celle-ci m'a paru ne pas se justifier du tout.

Autour d'un vaste quadrilatère de murs, percés en ogives moresques, doubles et surbaissées, imaginez une immense vérandah, soutenue elle-même par des colonnettes servant de traits d'union entre un toit plat à l'italienne, aux angles arrondis, et une galerie ornée de balustrades à jour. Flanquez cette enceinte d'un escalier monumental, à double révolution, droit et garni de chaque côté d'une rampe ouvragée, de piliers octogonaux, à bandes alternativement blanches et noires, supportant au rez-de-chaussée le poids de l'édifice. Superposez par-dessus un deuxième étage, également recouvert d'un toit plat et carré, en saillie. Trouez la façade principale d'une large baie, dessinée en plein cintre, et protégée par un auvent gigantesque, à colonnettes et arcades, pareillement recouvert d'un troisième toit, plat et carré. Au-dessus de tout cela, dressez deux énormes coupoles, en forme de gâteaux de Savoie, armez-les à leur faîte de paratonnerres, et joignez-y des minarets crénelés, aussi bardés de fer. Enfin, sur la bordure de tous ces toits, laissez courir des découpures légères, festonnant comme des frises dans les chalets alpestres. Dans les encoignures, disséminez, par-ci par-là, des becs de gaz, montés sur socle en pierre. Semez, au pied des escaliers, des corbeilles de fleurs, et tout à la ronde jetez une verdoyante guirlande de pins.

Ainsi vous apparaîtra ce monument, prodigieux et polychrome, qui tout à la fois tient du palais mauresque, de la mosquée, du temple hindou, de la pagode chinoise ou japonaise, du chalet, de la boîte à musique-hall, du joujou, du toc, et qui fait l'effet d'un mirifique trompe-l'œil !

De l'intérieur, je ne dirai rien, ne l'ayant pas visité. Qu'y fait-on ? Sans doute ce que l'on fait dans tous les casinos de *France* et de *Navarre*. A coup sûr, on n'y va pas pour enfiler des perles !

Je me contentai, quant à moi, d'en prendre la vue extérieure, alors qu'un jardinier, armé d'une lance, arrosait les parterres d'alentour. Puis, satisfait de ma petite opération, qui me coûta cinquante centimes, l'entrée du parc n'étant pas gratuite aux étrangers, je repris à pas lents le chemin de l'hôtel.

C'était l'heure, où, le soleil commençant à s'incliner à l'horizon, la mer à descendre, le moment était propice pour se baigner. Or, mon voyage m'eût semblé incomplet, si j'avais négligé de me plonger dans la baie d'*Arcachon*.

A peine arrivé sur la plage, je m'empressai donc de revêtir le costume traditionnel, et, tout frissonnant, d'entrer au sein de l'onde amère. Comme il était assez tard, la plupart des baigneurs avaient disparu. De même qu'à *Hendaye*, j'eus mes coudées franches et pus, tout à mon aise, me livrer à mes ébats. Malheureusement ce n'était plus le bain à la lame. A peine un léger remous venait-il de temps en temps bouillonner autour de moi, soulevant à mes pieds le fond vaseux et sablonneux, me couvrant de varechs, mous et gluants. L'eau n'était pas froide, car la température avait été chaude dans la journée ; mais elle me parut louche et peu engageante. Quelle différence avec cette vague écumante de *Biarritz*, plus limpide que le plus pur cristal ! Au bout d'un quart d'heure, vaguement employé à barboter comme un caniche, je mis fin à cette petite scène, dans laquelle je jouais le rôle de comparse, aux yeux de la galerie.

Après dîner, ne sachant comment tuer le temps, je

retournai au casino, où se donnait ce soir-là une grande
fête annoncée, *urbi et orbi*, à l'aide d'affiches et de tam-
bourins. Spectacle, concert, feu d'artifice, disait le programme.

Le spectacle était commencé, quand j'arrivai, et la salle
bondée de spectateurs. On jouait je ne sais plus quelle
opérette. J'en goûtai quelques bribes, qui me semblèrent
bien mesquines, à côté de la voix imposante de l'Océan,
naguère écoutée avec recueillement.

Le Concert eut lieu en plein air, à l'issue du spectacle.
L'auditoire nombreux s'assit en silence, au milieu de la
pelouse, où des sièges avaient été rangés, sous des pins
maritimes. Attentive et recueillie, l'assistance jouit du
premier morceau, qui fut magistralement enlevé par un
orchestre, plus bruyant que brillant. Il convient d'ajouter
qu'à l'occasion de la fête on inaugurait un kiosque, édifié
entre le théâtre et le Casino, et pour la circonstance éclairé
à giorno. Des girandoles de lanternes vénitiennes, chi-
noises, japonaises, décrivaient d'élégantes arabesques dans
la verdure, suspendues en inflexions gracieuses dans les
allées du parc, ou adroitement accrochées aux branches
des pins. La chaleur assez forte dans la journée, était à
cette heure agréablement tempérée par la brise nocturne.
Malgré tout la température était lourde, comme si quelque
orage se préparait. Les étoiles au firmament brillaient
d'un éclat particulier, et de temps à autre le ciel s'embra-
sait de lueurs électriques. Tandis que sur terre des êtres
humains se livraient au charme harmonique, dans le ciel
il se préparait une musique d'un autre genre, avec accompagnement de grosse caisse. De prime abord, on ne parut
pas y prendre garde.

Après une pose de quelques instants, l'orchestre entama
le second morceau. Mais, dès les premières mesures, le
vent sournoisement se mit de la partie, semant de sa voix
plaintive des fugues non prévues au programme, agitant
d'abord mollement l'extrémité des rameaux, puis fréné-

tiquement les branches elles-mêmes. Dès lors ce qu'il était facile de prévoir arriva. Avant d'être allumé, le feu d'artifice préluda. Pour commencer, ce fut une lanterne qui, follement secouée, devint flamboyante, au grand effroi des spectateurs assis dessous. Puis, à celle-ci en succéda bientôt une autre, non moins flamboyante. Peu après, deux, trois, une kyrielle, brûlèrent à la fois, répandant tout autour des jets de flammes, mêlés à une pluie de bougies en fusion ! On les laissa mélancoliquement brûler ; on s'en amusa même, tout en s'en garant du mieux possible. Et pendant ce temps, les musiciens électrisés, poursuivaient leur œuvre, tout entiers à leur mélodie et insensibles à la fureur des éléments.

Profitant d'une légère accalmie, ils s'étaient mis à attaquer le troisième morceau. Ce fut alors que le vent, ayant fait irruption de plus belle, des rangs entiers de lanternes flambèrent, simulant un petit incendie. Il y eut bientôt, dans l'herbe et voltigeant dans l'air, une myriade de flammèches, à laquelle succéda une obscurité profonde. Le ciel s'était rapidement couvert de gros nuages noirs, les étoiles avaient disparu, tandis qu'au loin se faisait entendre le bruit du tonnerre. Cependant il ne pleuvait encore pas. Des éclairs, sillonnant la nue de lueurs phosphorescentes, plaquaient sur les visages des teintes blafardes. Indifférent jusqu'alors, ou subjugué par les accords harmonieux de l'orchestre, le public commença à se montrer inquiet. A ce moment, la plupart des auditeurs désertèrent, peu soucieux d'essuyer l'orage, qui devenait menaçant. Il ne resta bientôt plus que les enragés dilettantis, ou ceux qui, attendant l'exécution complète du programme, voulaient en avoir pour leur argent. Ai-je dit qu'à l'issue du concert il devait y avoir un feu d'artifice ? En tout cas, il s'en préparait un quelque part, qui devait être le bouquet de la fête.

Une trentaine de spectateurs grillaient de voir mettre le feu aux pièces ; mais celles-ci brillaient par leur absence.

Soit que le mauvais temps fût escompté, soit qu'on eût attendu à la dernière minute pour monter les pièces, afin de les soustraire à l'humidité nocturne, il n'y avait rien de prêt. Seuls, des poteaux, fixés dans le sol, se dressaient, semblables à un calvaire, devant le rond-point du casino. Il était plus de onze heures, or, quelque diligence que l'on fît, on ne pouvait espérer pouvoir tirer avant minuit le feu d'artifice annoncé ! Et comme de toute évidence l'orage éclaterait auparavant, le mieux était de s'en aller. Déjà même de larges gouttes de pluie s'étaient mises à tomber, emportées par une violente rafale, au milieu de tourbillons de poussière. Ce fut le signal d'un sauve qui peut général. Je me hâtai de reprendre le chemin du logis, heureusement non distant de là. Allongeant le pas, talonné par l'averse qui se déclarait, aveuglé par les éclairs qui sillonnaient la nue, j'arrivai juste à l'hôtel, au moment où éclatait la tourmente, au milieu du fracas de la foudre et d'une pluie diluvienne. L'orage dura une bonne partie de la nuit, et le tonnerre gronda furieusement, tandis que blotti sous mes couvertures, je me rappelais les mots du poète : *Suave mari magno !*

Le lendemain, le ciel barré de longues bandes grises, qu'un pâle soleil avait peine à dissiper, dénotait encore le trouble de l'atmosphère. La journée s'annonçait accablante, et les averses étaient de nouveau à redouter. Devant quitter *Arcachon* dans l'après-midi, je voulus profiter de la matinée, pour faire une promenade en voiture dans la *ville d'hiver*. Étant donc monté dans un véhicule, je dis au cocher de prendre la route du *Moullo*. Au début tout alla bien. Le soleil brillait par intervalles, faisant resplendir la verdure lavée par la pluie de la nuit. En homme expert à conduire les étrangers, l'automédon me fit passer devant les villas les plus renommées, en parcourant les larges avenues tracées dans le bois. Il me fit remarquer la *villa Pereire*, située près du *Moullo*, comme étant l'une des plus belles. Je ne vis là qu'une sorte de chalet, dont l'aspect extérieur ne me parut avoir rien de monumental. Mais la *villa Faust*, que je découvris plus loin, me plut davantage.

De style composite, genre mauresque, tenant tout à la fois de la mosquée et du castel, cette dernière présente une façade triangulaire, tailladée en escaliers, et surmontée à son faîte d'une urne décorative, une tour octogonale en pierres de taille agrémentées de créneaux, un clocheton en forme de campanile, des balcons ajourés, ainsi qu'une galerie en arcades à colonnettes de marbre. L'ensemble en est à la fois cossu et coquet, bien qu'un peu à l'étroit, au milieu des arbres qui l'enserrent de toutes parts, masquant l'air et la lumière. En dépit d'un marronnier touffu, qui me cachait en partie la façade de cette élégante villa, je lui fis les honneurs de ma chambre noire. Et tandis que j'opérais, une mystérieuse beauté, quelque *Marguerite*, observait mes faits et gestes, derrière les rideaux tirés d'une fenêtre. Comme si elle n'eût pas mieux fait de s'étaler au grand jour, de façon à ce que j'aie pu avoir le plaisir de lui offrir, à titre de souvenir, un spécimen de son image !

Sur ces entrefaites, une légère ondée étant survenue, je me décidai à rentrer. Au sortir d'une avenue de création récente, bordée de constructions neuves, nous débouchâmes devant la belle façade du *Château Deganne*, qui me servit à utiliser ma dernière plaque. Puis, rentré à l'hôtel, je m'empressai de solder la « douloureuse », et de me rendre à la gare. J'avais vu d'*Arcachon* ce que je désirais en voir, et, d'ailleurs, je n'avais pas le loisir d'y prolonger mon séjour. Et aujourd'hui, si je fais appel à mes souvenirs, voici l'impression qui m'en est restée. Pour qui ne la connait pas, la contrée peut sans doute paraître intéressante ; mais il y a trop de sable, trop de dunes, et pas assez de mer. Sous ce rapport *Arcachon* m'a fait regretter *Biarritz*. Il est vrai qu'en compensation, il y a les huîtres ! Dame ! On ne peut pas tout avoir !

CHAPITRE XVII

Bordeaux et la gare Saint-Jean. — Averses. — Cours de l'Intendance.
Le Quai de la Navigation et le Pont de pierre. — Fontaine monumentale. — La Porte de la Place du Palais. — Les Colonnes Rostrales
des Quinconces. — La Cathédrale et son clocher. — Le Rapide.
Incident. — En gare de Marmande ! — De l'Océan à la Méditerranée.

D'*Arcachon* à *Bordeaux*, par la voie ferrée, on compte
environ 60 kilomètres. En train express cette distance se
franchit en une heure. Nous arrivons, en quelques
minutes, à la *Teste-de-Buch*, pour de là brûler les petites
stations de la *Hume*, *Gujan-Mestras*, où existe un établissement de bains de mer, le *Teich*, et enfin *Lamothe* où
les voyageurs pour *Bordeaux* changent de voiture. Bientôt après se présente la mélancolique contrée des *Landes*,
dont le paysage est empreint d'une physionomie spéciale.
A perte de vue le terrain s'étend, plat, désert, boisé.
Presque pas de culture, sur un sol d'apparence maigre et
sablonneuse. Partout l'immensité de la forêt, çà et là cou-
pée de longues lignes. Les pins succèdent aux pins, avec
monotonie. Parmi eux sont clairsemées quelques essences
de chênes, châtaigniers, chênes-lièges, alternant avec les
bruyères et les marécages. Ces vastes solitudes, que
viennent égayer, de distance en distance, quelques huttes
de charbonniers, rappellent certains aspects *des Dombes*,
et, comme elles, distillent la tristesse. Mais voilà *Pessac*,

et aussitôt la série des vignobles célèbres se montre. Des constructions de toute sorte surgissent de terre, annonçant l'approche de la grande ville. Peu après, le train s'étant engagé sur un immense pont viaduc, ne tarde pas à faire son entrée dans le hall de l'ancienne capitale de la *Guyenne*.

Nous sommes à *Bordeaux*, et nous y arrivons précisément au moment où il tombe une averse, drue et serrée, qui inonde la chaussée. Nous venons de pénétrer dans la gare de *Saint-Jean*, située à une extrémité de la ville, à l'opposé de celle de la *Bastide*, de même que sont, à *Lyon*, les gares de *Perrache* et de *Vaise*.

Après la reconnaissance des bagages et la visite de l'octroi, chacun s'empresse de prendre place dans l'un des nombreux omnibus stationnant au dehors. Je me hisse dans le premier venu, et me laisse emporter à travers des rues et des quais, où la circulation m'apparaît des plus actives. Après un faubourg, nous pénétrons au cœur de la cité, passons devant le théâtre, et enfilons une large avenue, qui s'appelle le *Cours de l'Intendance*. L'omnibus s'étant arrêté à la porte d'un hôtel, je n'ai plus qu'à descendre, car je suis arrivé. Pendant tout le trajet la pluie n'a cessé de tomber !

Après avoir pris possession d'une chambre, je vais dîner au restaurant, et consacre la soirée à faire une promenade de reconnaissance, à travers les quartiers environnants. Il serait plus exact de dire que je vais simplement à la découverte, car c'est pour la première fois que je foule aux pieds le pavé de *Bordeaux*.

Les devantures des magasins ne me paraissent, ni plus ni moins riches, que celles de *Lyon* ou de *Marseille*. Les étalages y sont aussi brillants que décoratifs. Ce qui me frappe, dans la grande artère que je suis, c'est le nombre considérable de chemisiers, de bonnetiers, de marchands de chaussures. Leurs magasins abondent dans ces parages, où ils semblent s'être tous donné rendez-vous. L'endroit

au surplus paraît très fréquenté, à en juger par la foule
des passants, qui de chaque côté de la chaussée sillonnent
le trottoir. Naturellement celle-ci est traversée par de
nombreux tramways, des omnibus, des automobiles, des
pétrolettes, des sapins, des équipages, qui filent rapidement
créant sur leur passage une certaine animation. On sent
qu'on est dans une grande cité, en plein centre commercial
et industriel. Malheureusement, je n'y connais pas âme
qui vive, et sans plan, je ne sais de quel côté me diriger.
Aussi, de peur de m'égarer, n'ai-je rien de mieux à faire,
que de rentrer au logis pour me coucher.

Le lendemain matin, je me levai d'assez bonne heure,
et songeai à l'emploi judicieux de mon temps, n'ayant que
la journée à consacrer à la visite de *Bordeaux*, avec la
perspective d'une nuit blanche à passer en chemin de fer.
Ce ne devait pas être après un simple séjour de vingt-
quatre heures, occupées à flâner à l'aventure, que je pouvais me flatter d'avoir une connaissance même superficielle
de la ville. Certes, j'aurais été bien embarrassé d'en faire
une description quelconque, si j'y avais songé. Mais telle
n'était pas mon intention, n'ayant d'autre ambition que
de prendre des vues photographiques, afin de pouvoir rapporter quelques souvenirs de mon passage dans cette cité
maritime. Étant sorti de l'hôtel, je commençai par m'offrir
un solide déjeuner, dans un café restaurant, où ma bonne
fortune me conduisit. C'était sans doute un lieu *select*,
car la cuisine me parut recherchée et les mets étaient
exquis. Quant au vin, ai-je besoin d'ajouter, qu'il était
d'un goût et d'un bouquet des plus agréables ? En peut-il
être autrement à *Bordeaux*, le pays par excellence des
crus célèbres ? Quoi qu'il en soit, je ne pourrais que recommander aux gourmets, qui voudraient faire un fin repas,
cet estimable établissement, dont le nom a pu m'échapper
mais dont le souvenir délicat m'est resté gravé dans l'esprit.
Après ce succulent déjeuner, ayant endossé mon sac photographique, je me dirigeai vers le quai.

La *Gironde* est là ce que le *Rhône* est à *Lyon* ; avec cette différence, qu'à *Lyon*, la navigation est plutôt sommaire, tandis qu'à *Bordeaux*, le port abrite toute une flottille d'embarcations. Les grands navires du commerce y sont à l'ancre, dressant dans les airs les cimes de leurs mâts empanachés, soulevant leur coque sous l'action du flot, lançant du haut de leurs cheminées des panaches de fumée, au milieu des stridents appels des sirènes. Les grues gigantesques étendent leurs bras puissants, pour soulever comme des plumes les fardeaux les plus lourds ; les poulies grincent, les cabestans se tendent, les agrès tirent à se rompre, et par enchantement le vaisseau se trouve délesté de sa cargaison. Les bateaux-pilotes, les pontons accrochés aux flancs des voiliers, assurent leurs évolutions, parmi un dédale de chaînes et d'amarres. De sveltes *Steam-boat* en miniature, véritables *mouches* du coche, s'élancent à la surface de l'onde, brisée et jaunâtre, volant à gauche et à droite, pour faire escale aux divers embarcadères. Et, grossie par ses nombreux affluents, la *Gironde* s'étale majestueusement dans son lit, que le flux et le reflux de l'océan viennent sans cesse agiter. Tout ce mouvement prodigieux, cette activité fébrile, tant sur terre que sur eau, donnent à l'importante cité maritime un caractère grandiose, bien fait pour captiver le regard de l'observateur et parler à son imagination. On resterait en vérité des heures entières, à contempler d'un œil émerveillé ce curieux spectacle, suivant avec un intérêt soutenu les phases diverses de l'action.

Ce fut ainsi que, parvenu sur le *Quai de la Naviga-* *tion*, lorsque je vis se dérouler devant moi ce décor magique, je fus réellement saisi d'admiration. Sans doute, il est beau de contempler les grandes scènes de la nature, impressionnant d'assister à la lutte des éléments en furie; mais, admirer le génie de l'homme, constater la puissance de son intelligence, l'activité dévorante qu'il sait déployer aux prises avec la matière, est un spectacle non moins

captivant, bien fait pour élever l'esprit, et lui faire apprécier les progrès de la civilisation.

Séduit par le prestigieux spectacle, je ne puis résister
au désir d'en fixer le souvenir sur une de mes plaques. Me
voilà donc au milieu des portefaix et des matelots, étalant mon appareil sur le bas-port, tandis qu'un groupe de
gamins m'environne. J'opère instantanément, puis je replie
bagage, au grand désappointement des badauds, qui tous
voudraient être pris et demandent à voir. Poursuivant
ensuite mes pérégrinations le long du quai, je me dirige
du côté du *Pont de pierre*, qui me rappelle, à certains
égards, l'ancien pont de la *Guillotière* à *Lyon*. Comme
lui, en dos d'âne, il fait communiquer la ville avec ses
faubourgs, et, dans son long parcours, est sans cesse sillonné par une fourmilière d'allants et de venants. On
découvre du haut de ses parapets, soit en amont, soit en
aval, une vue très intéressante. Dominant le cours du
fleuve, d'un coup d'œil on embrasse un vaste panorama
sur ses deux rives. Là encore, j'aurais voulu pouvoir
m'établir pour opérer, mais le courant d'air trop violent,
joint au torrent incessant de la circulation, m'obligèrent
à y renoncer. Mais, en revenant sur mes pas, en face du
quai, au milieu d'une petite place, mon attention fut atti-
rée par une fontaine monumentale, dont l'aspect décoratif
et les lignes élégantes me séduisirent. Debout sur le socle
d'une colonne, à laquelle elles sont adossées, je vis trois
naïades en bronze, vêtues de leur chasteté, répandant
tranquillement le contenu de leurs urnes à leurs pieds.
Une vasque, également de bronze, montée sur un piédestal
en pierre, orné de tritons et de dauphins, recevait le
triple jet, qui s'épandait en larmes dans un bassin circulaire. Celui-ci d'une blancheur telle qu'on l'aurait pris pour
du marbre ou de l'albâtre, se trouvait entouré d'une bordure grillagée et d'une fraîche couronne de fleurs. Tout en
admirant les harmonieuses proportions de cette fontaine,
qui se détachait en reflets cuivrés sur le ciel, je dressai

l'échafaudage de mon appareil au nez d'un sergent de ville, qui se demanda tout d'abord s'il allait le tolérer. Mon aspect n'ayant rien de subversif à ses yeux, non seulement l'agent de l'autorité ne s'opposa pas à mon projet, mais encore il voulut bien m'en faciliter l'exécution, en éloignant, d'un geste impératif, les visages des gamins collés à mon objectif, et importuns comme une nuée de frêlons. Vivement intéressé à mon opération, qu'il suivait d'un œil anxieux et complaisant, pour un rien, il eût intercepté la circulation, tant il était désireux du succès. Il m'avait sans doute pris pour un professionnel ! Après l'avoir remercié de son urbanité, je laissai la foule ébahie se disperser, puis je filai à mon tour.

Place du Palais, enclavé entre des maisons modernes d'assez piètre apparence, se trouve un curieux spécimen d'architecture. C'est une porte féodale du XIIe siècle, monument historique trop bien conservé. L'ayant aperçu en passant, je m'empressai de franchir un passage voûté, qui de l'autre côté donne sur une place étroite et pavée. Et de là m'apparut dans sa simplicité cette originale beauté. Ce qui la caractérise, c'est une sorte de tour, à machicoulis et meurtrières, avec croisée à meneaux au milieu, et lanterne à belvédère au-dessus d'un toit aigu, flanqué de deux poivrières, ardoisées et pointues. Une tourelle à pignon fait corps avec elle sur la gauche. Quelle en peut être l'origine ? Quelle est son histoire ? Quelle est sa destination actuelle ? Autant de points d'interrogation, que je me posai en vain ; auxquels le premier *Bordelais* venu eût été sans doute en mesure de répondre. A défaut de renseignements, comme la vue m'en plaisait, je me décidai à la prendre, ce qui fut l'affaire de quelques minutes.

Revenant ensuite à mon point de départ, en remontant le quai, je débouchai sur une immense esplanade, entourée d'arbres séculaires. C'est la *Promenade des Quinconces*, la plus vaste de la ville, et d'où la vue s'étend au loin sur la *Gironde*, les navires et les verdoyants côteaux qui bornent l'horizon. Deux monumentales *Colonnes Rostrales* portant en saillie, sculptées en pierre, des proues et des ancres, et surmontées à leur cime de statues allégoriques, s'en détachent du côté du quai, semblables à des vigies défendant l'accès de la cité. Bien que d'un effet un peu bizarre, ces pseudo-obélisques, rappelant vaguement ceux de la *Piazzetta* à *Venise*, font assez bonne contenance. S'enlevant au premier plan, ils donnent à l'ensemble du paysage certain caractère de grandeur et d'élévation, en harmonie avec les mâtures élancées, qui surgissent du sein des flots. Ce me fut l'objet d'une dernière photographie, puis je songeai à reprendre le chemin de l'hôtel. Comptant quitter *Bordeaux* le soir même, pour aller à *Nîmes* par le rapide, j'avais à faire mes préparatifs de départ.

Après dîner, comme était arrivé ce fameux quart d'heure de *Rabelais*, qui se renouvelle si souvent en voyage, j'en profitai pour faire mes adieux au gérant de l'hôtel. Très aimablement celui-ci me questionna, pour savoir si j'étais satisfait de ma visite, et si j'emportais de *Bordeaux* une bonne impression.

— A propos, ajouta-t-il, vous avez vu la *Cathédrale ?*

— La *Cathédrale ?* Non, répondis-je. Je ne sais pas même où elle est.

— Oh ! Alors, vous ne pouvez partir sans aller la voir.

— Je le regrette, mais il est trop tard, je n'en ai plus le temps.

— Si. Vous le pouvez encore avant le départ de l'omnibus.

Elle est tout près d'ici, à peine à cinq minutes de distance.

— Est-elle donc si remarquable ? répartis-je.

— Magnifique! Monsieur. Du pur gothique flamboyant!

— Vraiment! Eh bien, j'y vais. Où faut-il passer ? je vous prie.

— Suivez le *Cours*, jusqu'à la première rue à gauche, et celle-ci jusqu'à une place ornée de squares. Vous y serez.

— Merci bien, à tout à l'heure.

Ce disant, je partis à la découverte de la *Cathédrale*, au risque de manquer l'omnibus et le train. Heureusement l'hôtelier ne m'avait point trompé, la place n'était pas loin, et j'y fus bientôt. Subitement alors se dressa devant moi la superbe silhouette de l'église, que j'eus à peine le temps d'entrevoir et d'admirer. Loin de moi la pensée de prétendre que ce ne soit pas un fort beau morceau d'architecture, mais en le contemplant, pourquoi fus-je frappé de voir que le clocher n'était pas attenant à la nef? Comme il en est séparé par un assez grand vide, il en résulte qu'il y a deux édifices au lieu d'un, et qu'ils ne sont complets ni l'un ni l'autre. Si j'en avais eu le loisir, j'aurais examiné en détail les belles sculptures, les délicates ciselures, qui ornent le monument et me semblèrent d'un fini achevé. Mais, ayant dû me borner à en faire le tour, au pas de course, ce fut en grande hâte que je revins à l'hôtel. Les œuvres d'art veulent être contemplées avec recueillement et sans précipitation.

Il me fallut courir jusqu'au bureau des omnibus du chemin de fer, situé place du Théâtre, et je crus que jamais nous n'arriverions à cette gare de *Saint-Jean*, tant la patache allait lentement. Enfin, je pénétrai dans le hall et bientôt après dans un wagon, où j'eus la chance d'avoir un coin. Les autres étaient déjà occupés par trois voyageurs.

L'heure réglementaire du départ avait sonné. Déjà toutes les portières avaient été fermées, et le signal donné par le chef de gare. Lentement, au coup de sifflet, la machine ayant docilement obéi, avait démarré, entraînant à sa suite les nombreuses voitures du train. Cependant celui-ci n'avait pas encore quitté le quai, lorsque mettant le nez à la portière, je vois un homme, lancé à toute vitesse, courir après.

En même temps, j'entends des agents, acharnés à sa pour-
suite, s'écrier :

— C'est trop tard! Vous ne partirez pas. Halte là!
Arrêtez-vous. Arrêtez-le!

Mais cet homme ne courait plus, il volait, dépensant à
cette action une énergie extraordinaire! Laissant en arrière
les employés, qui voulaient s'opposer à sa fuite, en un
clin d'œil il fut à la hauteur de mon compartiment, et là
un facteur compatissant lui ouvrit la portière. Après avoir
lestement enjambé le marche-pied, l'inconnu vint comme
une trombe faire irruption dans notre wagon, et à demi
pâmé, s'effondrer sur une banquette, à côté de moi! Je
refermai la portière, tandis que le train lancé dépassait le
hall, et que, furieux, le chef de gare invectivait de sottises
le malheureux subalterne, qui avait favorisé l'évasion.
Puis bientôt nous fûmes en pleine campagne dévorant
l'espace...

Tout ceci s'était passé si rapidement, que c'était à peine
si l'on avait pu s'en rendre compte. En voyant ce compagnon, arrivé *in extremis*, leur tomber dessus, les voyageurs n'avaient pu s'empêcher de lui faire grise mine. Le
quidam en question était en blouse! De haute stature, de
forte corpulence, paraissant de quarante à quarante-cinq ans,
le teint basané, le regard pénétrant, c'était ce qu'on peut
appeler un vigoureux gaillard. Évidemment, quelque
irréprochable que fut sa mise, au point de vue de la décence
et de la propreté, elle décelait en lui une condition sociale
différente de celle de ses voisins. Il est rare en effet
qu'on voyage en 1re classe, vêtu d'un bourgeron. n'en
déplaise aux partisans de cet ex-député socialiste, qui
naguère, pour épater la galerie, prétendant importer cette
mode au Parlement, n'a réussi qu'à se couvrir... de ridicule.
Dans sa précipitation notre voyageur avait donc dû se
tromper de voiture. Cette idée était la plus rationnelle, à
moins cependant que cette irruption dans notre compartiment ne fut un coup monté, et ne cachât quelque noir

dessein. Mais devant l'attitude du personnage, cette dernière hypothèse ne pouvait être envisagée sérieusement.

Dès qu'il eût repris ses esprits, se rendant aussitôt compte du lieu où il se trouvait, il eut conscience de son erreur. Alors, s'adressant à la cantonade, il crut devoir s'excuser de la liberté qu'il avait prise, de s'introduire ainsi dans notre compagnie, et comme personne ne lui répondait, peu soucieux d'engager des pourparlers avec lui, il ajouta :

— Oh! messieurs, croyez bien qu'il n'y a aucune préméditation de ma part. J'ai vu le train qui partait, j'étais en retard, or, comme je tenais absolument à ne pas le manquer, je n'ai pas hésité, j'ai couru après, et je suis monté; un peu, il est vrai, malgré les employés.

— Oui, hasardai-je, au risque de vous faire couper les jambes !

— Oh! Pour çà, non, fit-il. Je ne risquais rien.

— Comment! Vous ne risquiez rien? Le train était en marche !

— Oui, mais il n'était pas lancé, et moi j'étais bien sûr de pouvoir le rattraper, en courant un peu fort.

— Quand on est gros, comme vous, répartis-je, et plus de la première jeunesse, soit dit sans vous offenser, on n'est guère leste. On peut trébucher, et alors un malheur est vite arrivé.

— Détrompez-vous, monsieur, je suis très leste. Malgré ma taille et ma corpulence, je vous assure que j'ai les muscles déliés et très solides.

— Je n'en doute pas. Vous avez réussi à monter sans accident, c'est bien, mais ce n'en était pas moins une imprudence. De plus forts et de plus agiles que vous ont succombé en pareille circonstance.

— C'est possible; mais après tout, il le fallait! Si j'avais manqué ce train, je ne sais pas ce que je serais devenu! Dans tous les cas, cela aurait eu des conséquences déplorables !

— Il est toujours fâcheux de manquer un train, répliquai-je. Toutefois, après celui-là il en est d'autres.

— Ah! Monsieur, vous ne pouvez vous douter de l'embarras cruel dans lequel je me serais trouvé. Je puis bien vous l'avouer, et sans doute vous l'avez déjà remarqué, ajouta-t-il, je n'ai pas l'habitude de voyager en 1re classe. Mes moyens et ma condition ne me le permettent pas. Si maintenant je me trouve où je suis, c'est que j'y suis entré par mégarde. On m'a ouvert une portière, et ouf! je me suis précipité au travers. Mais ne vous figurez pas, que je ne me sois pas vite aperçu de mon erreur. Oh! ne riez pas! je jure que je ne l'ai pas fait exprès, et vous m'en voyez tout confus!

— Et pourquoi, rirais-je? Ce qui vous arrive est peu de chose en somme, une simple question d'argent.

— Oui, et c'est bien là ce qui me gêne. Dans ma précipitation, je n'ai pas eu le temps de prendre de billet, et cela va m'obliger à donner des explications aux employés, qui pourraient bien ne pas les accepter. Qui sait même, si je ne risque pas d'être arrêté?

— Arrêté! fis-je. Mais pourquoi donc? On n'arrête que les malfaiteurs!

— Monsieur, je suis un honnête homme, croyez-le bien.

— Vous ai-je dit le contraire?

— Non, mais à vous entendre, on pourrait soupçonner ce qui n'est pas.

— Je ne vous accuse pas. Vous me parlez, je vous réponds, voilà tout. Au demeurant, vous me paraissez un peu chatouilleux, et je crois que le mieux sera d'en rester là.

Un moment interloqué par ma réponse, il reprit presque aussitôt :

— Je serais désolé de vous avoir blessé, mais comprenez donc, monsieur, j'ai ma fierté, moi! Je ne suis qu'un modeste marchand de lait, c'est vrai. Chaque nuit, je pars de mon village, et, au point du jour, j'arrive dans la banlieue de *Bordeaux*, que j'approvisionne. Eh bien! Pour rien au monde, je ne voudrais faire du tort à qui que ce soit. Ayant toujours agi loyalement, je n'ai jamais rien eu à me reprocher. Aujourd'hui, ce qui me fâche, c'est que ma conduite puisse être mal interprétée. Oui, j'ai peur qu'on me juge sur de fausses apparences.

— On n'a pas à apprécier votre conduite. Vous paierez le prix de votre place et tout sera dit.

— Et si l'on ne me croit pas, comment prouver mon dire ?

— Vous descendez à quelle station ? Allez-vous loin ?

— Oh ! Non. Heureusement, je m'arrête à *Cadaujac*, et... dans quelques minutes nous y sommes.

A ces mots, jetant un coup d'œil par la portière, le marchand de lait devint subitement pâle, et je le vis près de défaillir. D'une voix altérée, il s'écria :

— Mais, je ne me trompe pas ? Est-ce Dieu possible ? Ah ! Quel malheur !

Très intrigués par ces interjections et cet air navré, les assistants attendirent en silence.

Aussitôt il reprit :

— Quel est donc ce train, où je suis ?

— C'est celui de 7ʰ,20, dit son voisin de gauche.

— 7ʰ,25, vous voulez dire ?

— Non, fit l'autre. C'est bien 7ʰ,20, d'après l'indicateur.

— Alors, comment se fait-il qu'il ne s'arrête pas à *Cadaujac?* Nous avons déjà dépassé la station de *Saint-Médard*, et je reconnais les environs de *Beautiran!*

— C'est bien simple ; nous sommes en rapide.

— En rapide ! J'ai pris le rapide ? Ah ! Malédiction !

Un rire homérique accueillit ces paroles, et de livide qu'elle était, la face du voyageur malgré lui devint écarlate. Crispant les poings, roulant dans leur orbite des yeux furibonds, notre homme s'agita sur la banquette, ne sachant sur qui déchaîner sa colère. Et pendant ce temps-là, le train filait toujours à toute vapeur !...

Après quelques minutes d'accalmie, l'orage gronda de nouveau, soulevant sur nos visages impassibles un sourire sardonique. Si elles ne nous laissent pas froids, les infortunes des autres nous mettent parfois en gaieté.

— Tonnerre de Dieu ! s'écria tout d'un coup le malheureux, furieux et désespéré. En voilà une déveine ! Ah ! Il ne manquait plus que ça ! Le rapide ! Et moi, qui suis sans billet et qui ne puis descendre ! Mais sans doute, il va s'arrêter à *Beautiran*, ce train de malheur ! J'en serai quitte pour faire à pied les 10 kilomètres, qui séparent cette station de *Cadaujac*. Bast ! j'en ai bien fait d'autres ! Et s'il ne s'arrêtait pas là ? Le rapide, il ne s'arrête pas souvent ! Quelqu'un de vous sait-il où il s'arrête ?

— Oui, lui répondit-on. A *Marmande*.

— A *Marmande* ? Dans le *Lot-et-Garonne* ? Oh ! non, c'est trop loin !

— C'est ainsi cependant.

— Et j'irais courir à 70 kilomètres de chez moi, alors que je suis si pressé et attendu ! Ah ! C'est impossible ! A tout prix, il faut que je descende. Ouvrez-moi, je veux sortir !

— Vous êtes fou, répondis-je. Y pensez-vous ?

— Ouvrez-moi, vous dis-je ! Il faut que je saute !

— Eh bien, non, on ne vous ouvrira pas ! Non, vous ne sauterez pas !

— Mais puisque je vous dis qu'il le faut !

— Ah ! Vous nous ennuyez à la fin ! Tâchez donc de rester tranquille, ou sinon, je fais jouer le signal d'alarme. Vous avez commis une gaffe, ne l'aggravez pas, en perdant la tête. Du calme, un peu de sang-froid, que diable !

A ces mots, soit que notre attitude déterminée lui en eût imposé, soit qu'il eût conscience du danger auquel il allait de nouveau s'exposer, s'il donnait suite à son projet insensé, il parut y renoncer.

Changeant alors de mode, il se répandit en lamentations, en jérémiades infinies, qui n'étaient guère plus récréatives que son accès de fureur. De l'histoire, très incohérente, qu'il débita, je ne retins que ceci : Il venait de passer à

Bordeaux trente-six heures au chevet d'un enfant gravement malade : il avait promis à sa femme de revenir le soir même au logis ; s'il n'arrivait pas, celle-ci penserait, ou que l'enfant était mort, ou qu'il était survenu à lui-même quelque accident. En outre, depuis deux jours, ayant fait faux bond à sa pratique, il était obligé de repartir cette nuit, à deux heures du matin, pour amener son lait à *Bordeaux*, et jamais il ne le pourrait, s'il allait jusqu'à *Marmande !* Par-dessus tout, la question d'argent le préoccupait. Il déclara qu'il avait heureusement sur lui un billet de banque de cent francs, grâce auquel il espérait pouvoir satisfaire aux exigences de la Compagnie du chemin de fer. Malgré tout, il était désespéré, entremêlant dans ses doléances, le cas de l'enfant, qui était condamné, sa nuit à *Marmande*, son lait qui ferait défaut, sa femme inquiète, et son billet, qu'il voulait absolument laisser en nantissement. Et tout cela lui trottait par la tête, à l'état de salmigondis, que sans cesse il ressassait.

Des quatre voyageurs, qui se trouvaient avec lui dans le compartiment, deux n'avaient pas pipé mot tout le temps de la scène ; c'étaient des Anglais ! Le troisième et moi, avions seuls supporté le choc, en tàchant de ramener le calme dans l'esprit troublé de l'infortuné. Je ne sais trop pourquoi, il m'avait plus spécialement pris à partie, m'obligeant à soutenir le colloque. Sa colère avait fini par tomber. Après mes sages paroles, il paraissait plus résigné et moins inquiet sur les conséquences de son équipée. Pour achever de le rassurer, je lui dis :

— En somme, dans ce qui vous arrive, il n'y a pas de quoi vous lamenter. Puisque vous avez de l'argent, il vous sera facile d'arranger les choses. L'erreur que vous avez commise ne vous est pas particulière ; elle peut arriver à tout le monde, et se reproduit encore assez fréquemment. Moi qui vous parle, je l'ai commise deux fois dans le même trajet, de *Paris* en *Bourgogne*. Au départ de la capitale, j'ai commencé par me tromper de train, en prenant le rapide au lieu de l'express, et à *Chalon*, en prenant l'express au lieu du train omnibus ! Vous voyez donc que vous n'êtes pas le seul à vous tromper. Vous êtes, il est vrai, sans billet, en 1ʳᵉ, et cela complique l'affaire. Mais il ne faut pas vous en exagérer l'importance. Quand le train s'arrêtera à *Marmande*, vous descendrez et vous expliquerez à l'employé chargé du contrôle, que, parti précipitamment de *Bordeaux*, vous avez cru prendre le train omnibus de 7ʰ,25, qui s'arrête à votre station à 7ʰ,38, et que, monté dans le rapide, vous n'avez pas eu le temps de prendre de billet. Qu'après avoir reconnu votre erreur, vous n'avez pu descendre, le train étant en marche, que vous avez été contraint de venir malgré vous jusqu'à *Marmande*, et que vous avez les motifs les plus pressants pour rentrer chez vous.

Si vous avez été poli avec l'employé, et il faut toujours l'être, celui-ci reconnaîtra certainement la véracité de votre dire et vous aidera à réparer la faute. Enfin, dans le cas, peu probable, où il ferait des difficultés et se montrerait intraitable, exigez de lui la même politesse dont vous userez à son égard, et au besoin appelez-en au chef de gare. Demandez ce que vous devez et payez, quitte plus tard à adresser une réclamation, en restitution, si la somme réclamée vous paraît exorbitante.

— Si je donnais mon billet de cent francs, pensez-vous qu'il suffise ?

— Pour être venu de *Bordeaux*, malgré vous ? Oh ! oui, largement ; mais ce serait une pure bêtise. Vous n'aurez, je vous le répète, qu'à donner le prix qu'on vous réclamera après explications. Maintenant, s'il y avait un train omnibus se dirigeant de *Marmande* sur votre station, il ne faudrait pas hésiter à le prendre. Ce serait peutêtre un moyen de rentrer chez vous dans la nuit ou de bon matin ?

— C'est, ma foi, vrai, et vous avez bien raison. Je vous remercie infiniment de vos conseils, Monsieur ; mais je n'ai pas d'indicateur, et je ne sais quelles sont les heures des trains. Si vous en aviez un, vous me rendriez un grand service de me renseigner.

Ayant alors consulté le livret *Chaix*, je répondis :

— Vous avez justement un train, qui part de *Marmande* à 10ʰ,10 du soir. Or nous allons y arriver à 8ʰ,25 ; vous aurez donc bien le temps de le prendre.

— Et à quelle heure arrive-t-il à *Cadaujac ?*

— A *Cadaujac ?* Il ne s'y arrête pas ; c'est un express !

Mais il arrive à 11ʰ,17 à la station de *Beautiran*, d'où vous pourriez vous faire conduire à domicile en voiture particulière, à moins que vous ne préfériez faire la route à pied, ou passer la nuit dans cette localité.

— Oh ! s'il en est ainsi, je suis sauvé ! Merci, Monsieur, mille fois merci ! Avant une heure du matin, je serai chez moi, et à deux heures, prêt à repartir avec ma carriole.

— Vous n'aurez guère eu le temps de vous reposer.

— Qu'importe ! Je dormirai plus tard. Je suis, du reste, habitué à n'avoir que peu de sommeil. Toutes les nuits, je suis en route, et c'est à peine si je dors quatre ou cinq heures.

Désormais tranquillisé, ce pauvre homme envisagea sa position, sous un aspect moins obsédant. Cela me permit de jouir d'un calme relatif, que j'employai jusqu'aux dernières lueurs du jour à contempler la campagne environnante. Après avoir traversé les côteaux de ces vignobles célèbres, qui ont fait au *Bordelais* une réputation universelle, successivement nous passâmes à *Barsac*, à *Langon*, à *Saint-Macaire*, où l'on remarque une vieille église au clocher hexagonal, à *la Réole*, bâtie sur une des rives de la *Garonne*, et enfin à *Marmande*, où le train s'arrêta, à la nuit close. Au moment de quitter notre wagon, l'homme à la blouse s'adressa encore à moi pour me prier d'expliquer son affaire au chef de gare. Mais je me récusai, ne connaissant aucunement ce personnage. Ce fut alors que mon vis-à-vis, qui s'apprêtait également à descendre, s'of-

frit à parlementer. Non seulement il connaissait le chef de
gare, mais encore il avait à lui parler. C'était un inspecteur de
la Compagnie du *Midi!* Il avait tout vu, tout entendu, n'avait
pas dit grand'chose ; mais avait beaucoup observé. En
galant homme, il tira d'affaire le pauvre diable, en quelques
mots placés à propos, et ce dernier, ravi et reconnaissant,
revint jusqu'à mon compartiment me renouveler ses remerciements. Puis, il disparut, et notre train en fit de même,
s'enfonçant dans les ténèbres de la nuit. Jamais depuis je
n'en ai entendu parler.

Agen! cinq minutes d'arrêt. *Montauban*, *Toulouse*, *Castelnaudary*, *Carcassonne*, *Narbonne*, *Béziers*, *Cette*,
ces noms résonnèrent vaguement à mes oreilles endormies.
A ce moment, ayant jeté un coup d'œil, à travers la vitre
de la portière, j'eus la satisfaction de voir le reflet de la
lune dans la mer. Ce fut ainsi qu'en l'espace de quelques
heures, je venais de franchir la distance d'une mer à
l'autre, de l'*Océan* à la *Méditerranée!* A force de dévorer l'espace, nos petits-fils finiront par trouver la terre trop
petite !

Après *Cette*, ce fut *Montpellier*, brûlé au retour
comme à l'aller, puis *Lunel* négligé, et enfin *Nîmes*, où
s'arrêta le train à 4ʰ,42 du matin, au moment du lever de
l'aurore. Je m'y arrêtai, un peu étourdi par le verbiage de
l'homme au lait, et par la nuit blanche, que je venais de
passer.

CHAPITRE XVIII

Nîmes. — La Gare et ses couloirs. — L'Hôtel du Luxembourg et l'Église
Ste-Perpétue. — L'Esplanade et la Fontaine Pradier. — Le Palais de
Justice. — Les Arènes. — La Maison Carrée. — La Statue d'Antonin.
— Le Jardin de la Fontaine. — Les Bains et le Temple de Diane.
— La Tour Magne. — La Cathédrale, les Boulevards, les cafés. —
Les Églises. — Les Portes d'Auguste et de France. — Retour.

Dans la lueur indécise de l'aube naissante, elle m'apparut singulière cette gare de *Nîmes*. Avec ses couloirs souterrains et ses marches d'escaliers, il semble qu'on va disparaître dans quelque catacombe! Et voilà qu'au moment où l'on s'y attend le moins, on débouche dans la salle des pas perdus, où l'on n'a plus qu'à reconnaître ses bagages. A la porte stationnent les omnibus des hôtels, peu assiégés à cette heure plus que matinale.

Je pris place dans l'un d'eux, le conducteur chargea ma malle, secoua son attelage, et nous partîmes.

Nous enfilâmes une belle avenue déserte, qui aboutit à une vaste esplanade de forme circulaire, ornée à son pourtour de squares ombragés et au centre d'une fontaine monumentale. Puis, tournant à droite, le cocher se dirigea vers une église et s'arrêta tout près, à la porte d'un hôtel, d'aspect confortable. Invité à descendre, je franchis le seuil de l'*Hôtel du Luxembourg*, un des meilleurs et des plus cossus de la ville. Me faire aussitôt indiquer ma chambre, et monter mes bagages, fut mon premier soin; je m'empressai ensuite d'ouvrir toute grande la fenêtre.

J'étais au premier, et la vue donnait sur les jardins de l'esplanade, qu'un serviteur vigilant était en train de rafraîchir, une lance d'arrosage à la main. Du reste, la cité paraissait encore endormie, et rares étaient les passants. Comme toujours à *Nîmes*, le temps était magnifique. Pas le moindre nuage au ciel, délicatement teinté d'azur et d'opale. Une fraîcheur à peine sensible était répandue dans l'air, absolument calme, que les rayons du soleil levant allaient bientôt dissiper. Bref, c'était une de ces délicieuses matinées d'été, comme on en voit tant dans le *Midi*, mais qui se font souvent désirer dans d'autres contrées moins favorisées. Aspirant avec délices cet air pur, qui m'arrivait embaumé par le parfum des fleurs environnantes, j'admirai longtemps cette sérénité de la nature. Une lumière éclatante, d'une limpidité parfaite, s'irradiait partout à profusion, faisant resplendir les émeraudes des verdures, bleuir le ciel, rougir les toits, scintiller les ardoises, et blanchir les habitations. Le sol de la chaussée, les trottoirs, le pavé, en étaient inondés et reluisaient avec éclat. Tout ce que je voyais, tout ce qui m'entourait, tout ce que je découvrais, de mon œil inquisiteur, m'apparaissait net, propre et radieux. De retour au *Midi*, de nouveau j'étais enveloppé, subjugué, émerveillé, par la splendeur de son coloris, et en butte à ses effets de mirage!

Après quelques minutes, consacrées au recueillement et à l'admiration, trouvant qu'il était de trop bonne heure pour courir les rues, je résolus de ne sortir qu'après quelques instants de repos. Il était à peine six heures, mais je n'eus pas même l'idée de me coucher. Confortablement installé dans un bon Voltaire, goûtant une quiétude parfaite, je ne tardai pas à fermer les yeux. Ce fut le bruit de la rue, combiné avec celui des tramways, qui vint me réveiller. Un peu honteux de m'être oublié si longtemps, car il était près de dix heures à ma montre, je me décidai à sortir.

Nîmes, comme *Arles*, sa rivale, est une vieille ville,

rendue célèbre par ses *Antiquités Romaines*. Sous ce rapport les deux cités offrent entre elles certains points de similitude. C'est ainsi que chacune a ses arènes consacrées aux courses de taureaux. Mais, où elles diffèrent, l'une de l'autre, c'est que *Nîmes* est blanche, aérée, ouverte, tandis qu'*Arles*, est noire, mal percée, n'offrant aux pas de l'étranger qu'un dédale de ruelles tortueuses, qui en font un vrai labyrinthe. En sortant de l'hôtel, je m'attendais à voir encore de vieux murs décrépits, des arcades sombres, des rues étroites, des places exiguës ; et dès les premiers pas, je fus agréablement surpris de me trouver dans un quartier moderne, tout pimpant neuf.

Une église de style gothique (*Sainte-Perpétue*), un peu lourde, un peu massive, mais cependant assez décorative, vint d'abord frapper ma vue. A en juger par la netteté et la blancheur de la pierre taillée, elle me parut de création récente, et n'avoir rien de commun avec les *Antiquités Romaines*.

Je me dirigeai vers l'*Esplanade*, attiré par l'élégante *Fontaine* qui en occupe le centre. Debout sur un socle octogonal, la *Ville de Nîmes*, personnifiée par une noble dame, en marbre blanc, la tête coiffée d'une enceinte crénelée, le regard inspiré et fier, se tient majestueusement drapée dans un long péplum ! A ses pieds, quatre personnages allégoriques, également en marbre blanc, se prélassent, dans des attitudes méditatives, contemplant d'un air mélancolique le mince filet d'eau, qui s'échappe de leur urne. Quatre vasques, à courbure élégante, recueillent le précieux liquide, qu'elles rejettent ensuite par des gueules de lions largement ouvertes. Un grand bassin circulaire s'étend par dessous, presque au niveau du sol, où des corbeilles de fleurs s'étalent en nuances variées. Une grille, en fer forgé, délicatement ajourée, protège le soubassement du monument, que des candélabres à double lanterne encadrent symétriquement. Cet ensemble m'a paru harmonieux au possible, poétique et distingué.

Les têtes ont une fine expression, le modelé est correct, les draperies légères, et les poses variées, bien qu'un peu abandonnées, en ce qui concerne les attributs de la ville. Le groupe, tout entier d'une blancheur éclatante, s'enlève avec grâce sur le bleu du ciel, ressortant à merveille du sein de la verdure, où il est enfoui. C'est l'œuvre réussie d'un statuaire de talent, *Pradier*, qui a voulu laisser un souvenir à sa ville natale. Et celle-ci doit être fière d'un pareil hommage, qui lui fait autant d'honneur qu'à l'artiste lui-même.

Un esprit critique — (il y en a toujours) — pourrait peut-être reprocher à cette fontaine, d'être trop avare de son eau, et aux bouches, par où celle-ci s'échappe, de paraître malades ; mais on l'accuserait avec raison de ne voir que le petit côté des choses.

J'avoue que telle que je la vis, elle me parut de fort agréable aspect, et que, plusieurs minutes durant, je restai en contemplation devant elle, cherchant à la détailler et à l'admirer sous toutes ses faces. Je choisis ensuite le point le plus favorable pour la photographier, qui était, à cette heure, celui où, encadrée dans la verdure, elle se détache entre le fronton du *Palais de Justice* et le *Kiosque* de la musique. Une fois l'opération faite, sentant qu'il était l'heure de déjeuner, je rentrai à l'hôtel tout proche.

Quand j'eus fait honneur au repas de table d'hôte, en compagnie de nombreux « Ambassadeurs » de commerce, grands politiciens en chambre, qui discutèrent tout le temps, je me lançai de nouveau à la découverte, chargé de mon appareil. Je n'avais avec moi, ni plan, ni guide d'aucune sorte. Seulement, avant de partir en voyage, j'avais consulté un ami obligeant qui, connaissant *Nîmes*, m'avait dit :

L'emplacement occupé par la ville ressemble à un vaste quadrilatère, à angles arrondis. A l'intérieur, vous découvrirez la cité et ses vieux quartiers. Un beau boulevard leur sert d'enceinte, donnant, d'un côté, sur l'*Esplanade*, et aboutissant de l'autre, à la promenade du *Jardin-de-la-Fontaine*. C'est dans ce parcours que se trouvent la plupart des *Antiquités Romaines*, que vous ne manquerez pas d'aller voir. C'est aussi dans ces parages que sont les plus beaux cafés et que l'animation est la plus grande. Entre l'*Esplanade* et le *Boulevard*, tout près du *Palais de Justice* sont les *Arènes*, qu'il faut également visiter.

Ce fut sur ces données, que m'étant dirigé à l'entrée du *Boulevard Saint-Antoine*, du côté des *Arènes*, je ne tardai pas à découvrir leur imposante silhouette se profilant dans le ciel.

L'impression première ressentie à la vue de ce monument est une sensation de stupeur. On reste frappé tout d'abord des dimensions colossales de l'édifice, que l'on embrasse d'un coup d'œil, des assises puissantes qui en forment la base, des matériaux énormes qui ont servi à son édification. Ces proportions gigantesques, auxquelles nous ne sommes pas habitués, avec nos constructions modernes, grêles et mesquines, paraissent fabuleuses et nous donnent une idée de la force de conception des anciens. Quand par la pensée, on se reporte à l'époque très reculée, à laquelle les *Romains* construisirent cet amphithéâtre, on ne peut s'empêcher d'admirer sa hardiesse et la résistance que l'œuvre a su opposer à l'action destructive du temps !

Vues de l'extérieur, les *Arènes* de *Nîmes* présentent l'aspect d'une immense rotonde, composée d'une double galerie d'arcades superposées, que des pilastres et des colonnes séparent les unes des autres, et qui sont surmontées à leur faîte par un encorbellement circulaire. Les arcades sont à plein cintre, fermées par une grille, au rez-de-chaussée, renforcées au premier étage à l'intérieur, et construites en énormes pierres de taille, de même que l'édifice tout entier. J'en comptai jusqu'à vingt, dans la partie hémisphérique qui me faisait face ; ce qui en ferait quarante en tout. Les galeries du bas servent de débouchés au torrent de la circulation, et celles du haut de couloirs et de corridors, donnant accès sur la plate-forme du sommet. L'ensemble du monument présente un caractère grandiose, qui sans avoir l'ampleur imposante du *Colisée* de *Rome* peut cependant donner une idée de sa majesté.

Les lignes courbes fuient harmonieusement dans la perspective aérienne, et par leur légèreté, viennent atténuer ce qu'il peut y avoir de lourd dans la masse générale. Les murailles ont subi les assauts du temps ; couvertes de cette patine, si chère aux artistes, elles s'égayent, çà et là, des débris d'une folle végétation, suspendue aux ogives des arcades. Malheureusement il a fallu restaurer certaines parties en ruines ; et partout où la pierre grossièrement taillée a remplacé les vides, elle jure, par sa blancheur criarde, avec les tons mordorés d'à côté.

A l'encontre des autres édifices de *Nîmes*, celui-ci est sombre, presque noir, et comme enfumé en certaines parties. Les touristes anglais, qui viennent le visiter, peuvent ainsi admirer l'œuvre de vandalisme, accomplie par leurs compatriotes, qui en 1417 s'emparèrent de la ville et dévastèrent les *Arènes*. Près de cinq siècles se sont écoulés depuis cette époque néfaste, et le monument porte encore, incrustées dans ses flancs, les traces des blessures que lui firent stupidement les fils de la *Perfide Albion !*

L'intérieur de l'édifice, aménagé pour les grands spectacles et spécialement pour les courses de taureaux, si fort en honneur dans le *Midi*, est disposé en gradins. Ceux-ci, élevés en amphithéâtre, en escaliers, en paliers à hauteur des arcades, se terminent tout en haut par un immense parapet circulaire, qui couronne la cime de l'enceinte. Au centre, de plain-pied avec le sol, se trouve la piste, découpée en ovale, et séparée des gradins par une barrière en planches. De distance en distance, des mâts sont dressés, servant, soit à l'éclairage, soit à la décoration des velums, guirlandes, drapeaux et oriflammes.

Là encore d'importants travaux de restauration ont été nécessaires. La plupart des gradins endommagés ont été remis à neuf, ce qui certes peut avoir son utilité, mais ce qui enlève beaucoup d'originalité au cachet général. Tous ces assemblages de pierres, les unes fraîchement taillées, et les autres rongées par la vétusté hurlent à qui mieux mieux dans leur nudité, et ainsi accolés, ils semblent mal à l'aise. Il est vrai que dans quelque cinquante ans d'ici, quand le temps aura effleuré de son aile meurtrière ces murailles, le vieux et le neuf, mariés ensemble et enfin réconciliés, vivront désormais en parfaite harmonie, si toutefois messieurs les *Anglais* le permettent.

Quand on a vu les *Arènes* de *Nîmes* et celles d'*Arles*, il est permis de se demander auxquelles des deux il faut donner la préférence. Or, le jugement que l'on portera à cet égard sera, je crois, bien différent, suivant le point de vue que l'on envisagera. Sous le rapport spécial du but que ces édifices ont été destinés à remplir, c'est-à-dire des spectacles, l'amphithéâtre de *Nîmes* me paraît devoir l'emporter sur celui d'*Arles*. Les dimensions en sont plus grandes, les gradins sont plus nombreux et en meilleur état. Dix mille spectateurs, vingt mille, et peut-être davantage, peuvent, commodément assis, assister aux fêtes qui s'y donnent. Mais, envisagées purement au point de vue de l'esthétique et du pittoresque, les *Arènes d'Arles*, plus élevées, semblent plus coquettes, d'une découpure plus dégagée, d'une architecture plus légère, d'un aspect moins monotone. Les grandes arcades à jour, qui en surmontent les plus hauts gradins, se profilent dans le ciel en courbes gracieuses, laissant au travers de leurs baies se dessiner d'élégantes silhouettes. Les tours carrées, flanquées en vis-à-vis, viennent encore ajouter à la décoration de l'édifice, et lui donner un surcroît de force et de légéreté.

Les *Arènes* de *Nîmes* peuvent être appelées à défier l'action des siècles, tant elles paraissent inébranlables;

alors que plus fragiles, celles d'*Arles* se seront effondrées et nivelées, au même degré que son *Théâtre Romain*. Ce sera alors le cas de s'écrier : *Sic transit gloria mundi!* Oui, tout cela est possible, mais, en attendant, il passera encore beaucoup d'eau, sous le pont... d'*Avignon!*

Après avoir longtemps cherché un endroit favorable, pour photographier l'extérieur des *Arènes*, et l'avoir enfin découvert, dans une rue perpendiculaire, je pris, en deux fois, la façade du monument. Ayant ensuite pénétré à l'intérieur, j'y trouvai des ouvriers clouant des planches dans la piste, et même un toréador, en train de s'exercer à franchir la barrière, à l'aide d'une perche. On se livrait aux préparatifs nécessités par la représentation, affichée aux quatre coins de la ville, pour la journée du lendemain. J'avais là une occasion toute trouvée d'assister à une *Corrida à Muerte*, spectacle nouveau pour moi, et susceptible de m'offrir un certain intérêt. Avouerai-je que je résistai à la tentation, n'ayant, d'une part, pas le loisir de prolonger mon séjour dans le *Midi*, et, de l'autre, étant peu désireux de m'initier à ces émotions malsaines et cruelles. Je sais bien qu'après cet aveu je vais être approuvé par les uns, et critiqué par les autres ; mais que m'importe! En cela, comme en beaucoup d'autres choses, il faut avoir le courage de son opinion, dût celle-ci paraître une faiblesse!

Il était près de quatre heures, quand m'étant engagé sur le *Boulevard Saint-Antoine*, et ayant successivement dépassé, le *Collège*, l'*Église Saint-Paul*, l'*Hôtel Manivet* et le *Théâtre*, j'arrivai en face de la construction coquette et rectiligne, appelée *Maison Carrée*.

C'est encore une œuvre datant des *Romains*, et l'un des plus beaux spécimens de l'art architectural ancien. Rectangulaire de forme, de dimension assez restreinte, mais admirablement proportionnée, ce temple, car il affecte plutôt cet aspect que celui d'une maison, ce temple se compose d'une pièce unique, à laquelle on accède par un portique, relié au fronton triangulaire, par six colonnes cannelées à chapiteau corinthien. La façade regardant le boulevard est ornée de dix colonnes du même style, dont huit sont encastrées dans la maçonnerie. Un toit recouvert en tuiles creuses, et se partageant en deux pentes à partir de l'arête du milieu, recouvre l'édifice, que protègent deux tiges de paratonnerres. Tout autour de l'encorbellement rectangulaire courent des frises, délicatement sculptées et du plus pur dessin. Des amphores, des statuettes, des sarcophages, des pierres tombales, des vitrines que l'on aperçoit du vestibule d'entrée, indiquent que cette *Maison Carrée* à été convertie en un *Musée d'Antiquités*.

N'ayant pas le temps d'en visiter l'intérieur, et voulant en avoir au moins l'image extérieure, j'allai m'installer sur le trottoir en face.

Un cocher de fiacre qui stationnait là, observant mes mouvements, daigna me dire que j'étais au bon endroit, et que beaucoup d'autres, avant moi, avaient déjà pris la photographie du monument.

— Et il est plus que probable, lui répondis-je, que je ne serai pas le dernier.

Ayant plié bagage, une fois l'affaire faite, je vis un peu plus loin, dans l'axe d'une avenue traversée par un canal, la statue antique d'*Antonin*. Mais elle me parut fruste et d'un intérêt médiocre.

Arrivé à ce point, au lieu de continuer à suivre le boulevard dont la ligne décrit une courbe en cet endroit, je traversai un pont élevé au-dessus d'un canal, et me dirigeai le long d'une avenue. Celle-ci conduit au *Jardin de la Fontaine*, l'une des principales attractions de la ville.

Nîmes, comme *Arles*, a ses *Arènes*, qui font les délices de leurs habitants, fanatiques des courses de taureaux. *Arles* a sa promenade des *Aliscamps*, dont elle se montre fière ; mais c'est un cimetière, et l'on conçoit que la vue des pierres tombales n'ait rien de bien récréatif, pour un étranger du moins.

Tout aussi pleine des souvenirs de l'antiquité, la promenade favorite des *Nîmois* est un lieu ravissant, sorte d'éden, ombragé et fleuri, que le visiteur parcourt avec plaisir. Il a été dénommé, *le Jardin-de-la-Fontaine*, et il est situé aux portes de la ville.

L'avenue partant du *Boulevard Saint-Antoine*, près de la statue d'*Antonin*, y mène directement, en longeant le canal, garni d'écluses, qui en vient. Si l'on en juge par la hauteur des parapets et la profondeur de ce canal, il faut croire qu'en temps normal l'eau y joue un certain rôle. Je dis, il faut croire, car le jour où j'y passai, le lit était à sec, ne charriant que les feuilles desséchées des platanes, qui bordent la rive. On peut se demander quelle est l'origine de cette source mystérieuse, que l'on s'est appliqué à capter à grands frais, et qui parfois s'échappe ainsi sans laisser de traces. Quoi qu'il en soit, la capture a été jugée bonne, car elle remonte à une haute antiquité, si, comme on le prétend, elle date des *Romains*.

Ce n'est pas seulement la légende qui veut qu'en cet endroit ces derniers aient bâti un temple, dont les débris auraient été disséminés aux environs. Il en reste encore de nos jours des vestiges apparents, et les belles ruines du *Temple* et des *Bains de Diane* sont là pour convaincre les plus incrédules.

Au milieu d'une esplanade, au pied d'une colline boisée de tamarins et d'essences résineuses, sous des ombrages séculaires, parmi des parterres de fleurs éclatantes et d'arbustes exotiques, palmiers, dracénas, aralias, ficus et autres, apparaît la *Fontaine*, circonscrite dans un vaste bassin de pierre. Une élégante balustrade, aussi blanche que le marbre, l'enclôt, décrivant tout autour un immense quadrilatère.

Au centre du bassin, s'élève, en belle perspective, un groupe également en pierre. Dans une pose nonchalante,

assise sur un rocher et personnifiant la source, une naïade
est là, très légèrement vêtue, déversant le trop plein de
son urne, qu'elle soulève avec effort. A ses pieds et autour
d'elle, des amours, gras et joufflus, lutinent entre eux.
Une première enceinte, sorte de bastion carré, décoré à
chaque angle d'un vase monumental, à la panse délicatement cannelée en ligne serpentine, sert de cadre à ce gracieux tableau. Une pelouse finement tondue en tapisse le
pourtour. D'autres amours, non moins gras et joufflus,
soutiennent les vases de leurs bras potelés, ou se jouent
au bas des socles enguirlandés.

Dans l'enceinte s'étend le bassin, large et profond, où
reluit une eau limpide et fuyante. Une élégante colonnade
de marbre suit le pourtour, servant de support à des
galeries mystérieuses, que la lumière ne caresse que discrètement.

Ce sont les *Bains de Diane*, ne vous déplaise, et il est
défendu aux vulgaires mortels de s'y aventurer. C'est en
vain que je porte mes regards de tous côtés, je ne puis
parvenir à découvrir le moindre *Actéon !* En revanche,
dominant la situation, le dieu *Pan*, de grandeur surnatu-
relle, tenant d'une main un gourdin et de l'autre son
chalumeau, m'apparaît semblable à une vaste cariatide !

Au premier aspect, tout cela ne laisse pas de sembler
un peu étrange et légèrement rococo. Il n'est pas facile de
s'expliquer le pourquoi de ces divers personnages, de
démêler ces attributs appartenant à différents âges. Si
réellement ces *Bains de Diane* datent des *Romains*, tout
l'entourage semble appartenir aux siècles de *Louis XIV*
ou de *Louis XV*. Quoi qu'il en soit, l'effet est décoratif,
et l'ensemble s'enlève merveilleusement sur les fonds de
verdure qui l'encadrent. Il est regrettable que l'action du
Temps se soit si cruellement fait sentir sur toutes les
sculptures. En trop d'endroits, la pierre est corrodée, et
les pauvres amours, aussi bien que la nymphe, paraissent
couverts d'une lèpre hideuse ! Par contre, la partie la plus

ancienne, celle au niveau de l'eau, est très bien conservée et semble dater d'hier.

Non loin, à deux pas d'une belle salle d'ombrage, on montre à l'étranger les ruines du *Temple de Diane*. Mais ne pénètre pas à l'intérieur du parvis qui veut. Une solide grille à barreaux de fer en défend l'entrée, qu'un custode vigilant consent à vous ouvrir, si on l'en prie.

Une baie monumentale s'ouvre au-devant du visiteur. Elle se compose de blocs de pierre énormes, à peine dégrossis, qui sont juxtaposés et reliés entre eux, sans le moindre ciment, rien que par leur propre poids et leur degré d'inclinaison. La voûte, à elle seule, est un miracle d'équilibre, que le gardien stylé ne manque pas de vous faire remarquer. De chaque côté et à la même élévation, sont des ouvertures, carrées et oblongues, semblables à de gigantesques meurtrières.

Cette baie, d'une épaisseur invraisemblable, qui explique sa conservation jusqu'à nos jours, donne accès dans une pièce assez grande, à ciel ouvert, dont l'ornementation architecturale est un vrai bijou. Ce que l'art grec peut rêver de plus pur, de plus correct, s'est trouvé réuni là, au milieu des débris. Ce n'est plus qu'une ruine, et même une ruine dévastée, et pourtant elle est encore splendide, unique en son genre ! En entreprendre la description n'est point chose facile. Il est possible à la rigueur de donner l'illusion du neuf, du fini, du poli, de l'achevé, de faire en un mot admirer une œuvre dans tout l'éclat de sa splendeur ; mais on est impuissant à ressusciter ce qui est mort, à redresser ce qui est chancelant, à reconstituer ce qui n'est plus qu'à l'état de lambeaux. Là, l'œuvre humaine est si vieille, elle se montre si caduque, qu'on n'ose y toucher, de peur de la voir s'effondrer et disparaître !

De cette salle, vrai musée d'antiquités, que l'on a transférées depuis quelques années dans la *Maison Carrée*, où elles font moins d'effet, on passe dans une autre pièce, espèce de corridor, à voûtes successives, par où arrive d'en haut le jour, clair et limpide.

En présence de ces vestiges de trente siècles d'existence, on reste stupéfait, et à les contempler dans leur immuabilité, on ne sait ce qu'on doit le plus admirer du génie de l'homme, ou de la force de résistance de la matière! Quelle serait longue et instructive leur histoire, si ces pierres pouvaient la raconter! Combien de temps dureront-elles encore? Sans doute plusieurs milliers d'années, car elles semblent indestructibles; et quand enfin elles seront, comme toutes choses, réduites en poussière, elles auront vu défiler devant elles plusieurs cycles de l'humanité!

En face de la grille du *Temple de Diane* une buvette prévoyante a été installée. A l'ombre des ifs et des vieux arbres, on trouve là des chaises et des tables. Il faisait très chaud le jour où j'y fus, et ce n'étaient certes pas les opérations photographiques auxquelles je venais de me livrer, qui avaient pu me rafraîchir. J'étais donc fort altéré. Je ne sais si l'on me servit à boire de l'eau de la *Fontaine*, ou si on alla la puiser au *Bain de Diane;* mais, mélangée à quelques gouttes d'absinthe, je la trouvai délicieuse.

Avant de rentrer en ville, étant revenu vers le bassin, je gravis les escaliers en terrasse, qui conduisent en haut de la colline au belvédère de la *Tour Magne.*

C'est encore une ruine très ancienne que cette tour à trois étages, construite en pierres de taille, et qui jadis avait sept faces. Quand j'arrivai au pied, on me demanda si je voulais monter à l'intérieur pour admirer le beau panorama, que, de la plate-forme du sommet, l'on découvre sur la ville et ses environs. Mais, la journée s'avançant, mes instants étaient comptés. Remerciant donc le gardien, je me bornai à prendre la photographie de ce monument, dont l'extérieur me parut plus massif qu'élégant. Puis, satisfait de l'emploi de mon temps, je repris à pas lents le chemin de l'hôtel, en suivant les boulevards, et en passant à proximité de la *Porte d'Auguste*.

En me rappelant toutes ces choses remarquables que je venais de voir, je ne regrettai point de m'être arrêté à *Nîmes*. Dans un aperçu aussi superficiel, je ne pouvais certes me flatter d'en avoir fait une visite bien approfondie. Je n'emportai pas moins une excellente impression du chef-lieu du département du *Gard*, qui, tant par son aspect extérieur que par ses curiosités spéciales, mérite d'être considéré, comme une des plus belles villes de la *Provence*. Antiquités rares, monuments superbes, églises décoratives, cafés somptueux, promenades, places, boulevards ombragés et animés, ciel pur, tout s'y trouve réuni pour le plaisir des yeux et l'agrément des citadins. Que peut-on désirer de mieux ?

.   .   .   .

Le lendemain de bonne heure, je repris le chemin de la gare, et partis par l'express dans la direction de *Lyon*. Je passai à *Tarascon* et à *Avignon*, sans m'y arrêter ; puis à partir de *Valence*, je fis mes adieux définitifs au *Midi*.

ÉPILOGUE

Ainsi se termina ce voyage au *Pays des Pyrénées*, dans cette contrée bénie du soleil, dont les ardeurs peuvent être redoutables en été, mais qui éveille dans l'esprit du voyageur tout un monde d'idées, tant par les aspects pittoresques de ses montagnes et de ses vallées et par la magnificence du spectacle de la mer, que par les trésors artistiques de ses vieilles cités.

Rentré dans mes pénates, après une assez longue absence, je rapportai de mes pérégrinations un certain nombre de clichés photographiques. Mon premier soin, de retour au logis, devait être, en les développant, de recommencer le voyage. Mais ce ne fut que longtemps après, soit plusieurs années, que j'eus les loisirs nécessaires pour le refaire de nouveau, cette fois, sur le papier. Ce ne fut pas, hélas! la moins laborieuse! Quant à dire la plus intéressante, qu'il plaise au lecteur d'en juger!

FIN

AU PAYS DES PYRÉNÉES

TABLE DES MATIÈRES

Pages.

CHAPITRE XV

CHAPITRE XVI

CHAPITRE XVII

CHAPITRE XVIII ET DERNIER

LIBRAIRIE PHOTOGRAPHIQUE

Ch. MENDEL, éditeur

PARIS. — 118, Rue d'Assas. — PARIS

BIBLIOTHÈQUE GÉNÉRALE DE PHOTOGRAPHIE

Manuel pratique de photographie. — Les opérations photographiques. Le matériel, formules, etc. Un volume broché avec figures........................ **0 75**

Photominiature. — Par L. Dormoy. Manuel pratique (3° édition)............... **1 »**

Retouche. — Traité pratique de la retouche des épreuves positives et négatives. 3° édit. Un vol. de 120 pages............... **1 »**

Chimie. — Description raisonnée des opérations photographiques, développements, fixages, virages, renforcements, etc. 2° édition. Un volume de 120 pages....... **1 »**

Physique photographique. — Etude des phénomènes d'ordre physique qui se produisent au cours des opérations photographiques, depuis le moment où la lumière arrive sur la plaque jusqu'à l'obtention de l'épreuve terminée................ **3 »**

LES RÉCRÉATIONS PHOTOGRAPHIQUES

Trucs, Ficelles, Procédés d'atelier, Amusements, Epreuves comiques, etc., etc. Un beau volume grand format de 225 pages avec gravures et planches............. **6 fr.**

Formulaire. — Recueil des recettes, procédés, formules d'usage courant....... **1 »**

Dictionnaire donnant tous les termes employés en photographie avec leur explication précise.......................... **3 »**

Les insuccès dans les divers procédés positifs et négatifs avec les moyens de les éviter........................... **3 »**

Agrandissements. — Manuel pratique et procédés à l'usage des amateurs..... **2 »**

Photographie vitrifiée mise à la portée des amateurs. Procédés complets pour l'exécution. La mise en couleurs et la cuisson des émaux photographiques, miniatures, vitraux, etc. Un volume de 200 pages avec figures............................ **3 »**

La Photographie Artistique
COMMENT L'AMATEUR DEVIENT UN ARTISTE

Un beau volume grand format avec 11 gravures et 16 planches hors texte........ **12 fr.**

Epreuves à projections (les). — Tirages par contact, tirages à la chambre noire par transfert, coloriage, montage, etc... **1 »**

Lanterne à projections (la). — Un vol. avec 38 gravures.................. **1 25**

Optique photographique. — Traité complet formant un fort vol. grand format de 350 pages avec 140 gravures....... **10 »**

Radiographie. — Manuel expérimental avec figures et nombreuses planches..... **2 »**

LA PHOTOGRAPHIE PRATIQUE

Résumé des connaissances à acquérir pour faire de BONNES PHOTOGRAPHIES
Un fort volume grand format avec 170 gravures originales................... **3 fr. 50**

Année photographique (l') paraît tous les ans et forme une revue complète du mouvement de la photographie pendant l'année écoulée : Découvertes, perfectionnements, nouveautés, applications, formules nouvelles, etc. Chaque année forme un beau volume avec nombreuses gravures.

Année 1899 parue en 1900.......... **3 »**
Année 1900 parue en 1901.......... **3 »**
Année 1901 parue en 1902.......... **3 »**

Photo-Guides du touriste aux environs de Paris, donnant la description de chaque localité avec l'indication des points à photographier, des sites intéressants, monuments, conseils, orientation, heures convenables, 4 vol. rel. avec nombreuses grav. et plans.
Département de la Seine............. **2 50**
   — de Seine-et-Oise........ **2 50**
   — de Seine-et-Marne...... **2 50**
Grande banlieue.................. **2 50**

AGENDA DU PHOTOGRAPHE ET DE L'AMATEUR

Photographique, Littéraire, Scientifique, Anecdotique, Humoristique
Paraît depuis 1895. Chaque année forme un beau volume avec nombreuses gravures. **1 fr.**

PHOTO-REVUE

JOURNAL DES AMATEURS DE PHOTOGRAPHIE

Paraissant tous les DIMANCHES

Abonnement d'un an, France, **6 fr.** — Étranger, **8 fr.**

TOURS, IMPRIMERIE DESLIS FRÈRES, 6, RUE GAMBETTA, 6.   N° 118.